AF570225

L'Argentine germanophile et le mythe du IVe Reich

(1880-1955)

Jean-Pierre Blancpain

L'Argentine germanophile et le mythe du IVe Reich

(1880-1955)

Du même auteur

La Tradición campesina alemana en Chile, Academia chilena de la Historia, Santiago, 1969, in-8°, 70 p.
Les Allemands au Chili, 1818-1945, préface de Pierre Chaune, Lateinamerikanische Forschungen, Bd.6, Böhlau Verlag, Cologne-Vienne, 1974, in-8°, XXXII + 1162 p. (Prix Strasbourg 1975, Fondation Freiherr v. Stein, Hambourg).
Los Alemanes en Chile, prologue d'Alvaro Jara, Coll. « Histo-Hachette", E.P.C., Santiago, 1985, in-8°, 209 p. (2e et 3e éd., 1978).
Francia y los franceses en Chile, prologue de René Charó, Coll. « Histo-Hachette", E.P.C., Santiago, 1987, in-8°, 355 p.
Les Araucans dans l'histoire du Chili des origines au XIXe siècle. Une épopée américaine, Lateinamerikanische Forschungen, Bd.26, Universität Erlangen-Nürnberg, Verwurt-Verlag, Francfort/Main, 1990, in-8°, 215 p., Bibli., glossaire, (rééd. L'Harmattan, 1996).
Migrations et mémoire germaniques en Amérique latine à l'époque contemporaine, Contribution à l'étude de l'expansion allemande outre-mer, Coll. « Les mondes germaniques », P.U.F., Strasbourg, 1994, in-8°, 355 p.
Le Chili et la France, Coll. « Recherches Amériques latines », L'Harmattan, Paris, 1999, in-8°, 239 p.
Immigration et nationalisme au Chili, 1810-1925. Un pays à l'écoute de l'Europe, Coll. « Recherches Amériques latines », L'Harmattan, Paris, 2005, in-8°, 319 p.
Les Juifs allemands et l'antisémitisme en Amérique du Sud, 1930-1950, L'Harmattan, 2008, in-8°, 250 p.
Les Européens en Argentine. Immigration de masse et destins individuels (1850-1950), L'Harmattan, 2011, in-8°, 232 p.

5-7, rue de l'École-Polytechnique, 75005 Paris
www.harmattan.com
diffusion.harmattan@wanadoo.fr
ISBN : 978-2-343-09744-2
EAN : 9782343097442

Hans-Heinz ALTMANN gewidmet

et

Pour Holger M. MEDING

En toute amitié

« L'histoire s'oppose à ce qui aurait pu être, à toute présentation fausse ou falsifiée, irréelle, du passé, à l'utopie, à l'histoire imaginaire, au roman historique, au mythe, aux traditions et aux légendes pédagogiques – ce passé en alléluias que l'orgueil des Etats modernes inculque dès l'école primaire aux âmes innocentes de leurs futurs citoyens. »

Henri-Irénée MARROU, De la connaissance historique, *1954*

« L'Eglise avait puisé dans ses immenses richesse pour nous aider à gagner l'étranger. Dans le silence et le secret, l'aspiration de vainqueurs insensés à la vengeance et au châtiment fut ainsi efficacement combattue ».

Hans Ulrich RUDEL, Trotzdem: Krieg-und Nachkriegszeit, *Goettingen, 1950*

«Pour moi comme pour le peuple argentin tout entier, Nuremberg fut une infamie, une funeste leçon pour l'avenir. Les vainqueurs auraient dû perdre la guerre. Je l'ai souvent dit : ce procès a été la pire monstruosité que l'histoire ne pardonnera jamais ».

T. LUCA de TENA, Yo, Juan D. Perón. Relato autobiográfico, *Barcelone, 1976*

« Le livre était « la patrie de l'apatride ». Pas seulement le Livre juif, en hébreu ou en traduction, mais aussi Goethe et Schiller, Theodor Storm et Heinrich Heine, même les œuvres en platt *de Fritz Reuter qui nous reliaient à la patrie perdue [...]Je lisais sur un banc public, ce « morceau de patrie » en main, vivant dans un autre monde que celui qui aurait dû être encore le nôtre... »*

Hans-Heinz ALTMANN, Muttersprache- Heimat der Heimatlosen ?, *Bollschweig, 1992*

« Le mythe servit les intérêts des Etats-Unis contre l'immigration des techniciens étrangers [...] Le IVe Reich entra dans l'univers des comédies de night-club et des romans populaires. Cette fantasmagorie, c'est ce que les Américains connaissaient de l'Argentine en temps de guerre ».

Ronald C. NEWTON, The « Nazi Menace » in Argentina, 1931-1947, *Stanford, 1992*

« Les engagements des arrivants étaient toujours individuels [...] L'existence d'une communauté d'exilés assermentés n'aurait pas de sens [...] Ils avaient des contacts personnels, mais pas question d'organisation structurée. »

Holger M. MEDING, Flucht vor Nürnberg? Deutsche und Österreichische Einwanderung in Argentinien, 1945-1955, *1992*

TABLE

AVANT – PROPOS

ALLEMAGNE 1945 - 1948

« IL FAUT QUE LES HOMMES RESTENT OÙ ILS SONT »

Dans le cadre d'une réorganisation générale de l'équilibre politique européen, l'extinction (*Ausschaltung*) de l'Allemagne, son exclusion de la scène diplomatique internationale et sa mise sous tutelle par les vainqueurs constituaient les buts de guerre officiels des Etats-Unis. Les coalisés s'étaient mis d'accord à Yalta sur la nécessité d'une occupation conjointe du pays vaincu sous l'autorité d'une Commission de contrôle commune, sur l'exigence de réparations et sur l'impératif de démilitarisation, d'épuration et de dénazification de la société allemande.

Hostile à la politique de la République Argentine dans les conférences panaméricaines[1], germanophobe intraitable – comme le vice-président Wallace et en accord avec Roosevelt et Churchill –, ennemi juré de la communauté germanophone d'Amérique latine qu'il tenait pour une menace latente sur la sécurité de l'hémisphère, le secrétaire au Trésor Henry Morgenthau avait recommandé la désindustrialisation de l'Allemagne à convertir en Etat agricole et pastoral, amputée de nombreux territoires et condamnée à l'internationalisation de ses réseaux de transport et de ses ressources énergétiques et minières, à commencer par la Ruhr[2].

Le projet d'occupation entériné à Potsdam en juillet 1945 fixait à la ligne Oder-Neisse, du moins provisoirement, la nouvelle frontière orientale de l'Allemagne, au bénéfice de la Pologne « décalée » vers l'Ouest, plus

[1] Cf. *Infra*, Première partie, chap.IV, Notes 1 à3, p.59sq.
[2] Cf. H. MORGENTHAU Jr., *Germany is our Problem*, New York, 1945.

homogène culturellement, et cela en attendant la conclusion d'un traité de paix général.

Pour les vaincus s'ajoutait l'exode inéluctable et tragique vers l'Ouest des populations germanophones des régions perdues – 115 000 km², le quart du territoire du Reich en 1937[1], après 70 000 km² déjà annexés en 1919[2] –, de quoi éveiller, ou réveiller, les vocations migratoires de beaucoup de déshérités voyant dans l'Amérique du Sud, et d'abord l'Argentine généreuse, germanophile et hospitalière, le « Pays des merveilles »[3].

Parmi ceux qui, nombreux, avaient opté pour une destination platéenne, et en dehors des « grands coupables » recherchés et en fuite, beaucoup d'anciens soldats – des Waffen-SS volontaires ou incorporés de dernière heure –, des marcheurs déterminés à se réfugier à l'Ouest à tout prix (dits *Zugewanderte*), des bi-nationaux n'ayant de cesse d'avoir été rapatriés outre-Atlantique, mais surtout, et par centaines de milliers, des expulsés (*Vertriebene*) des régions annexées – Silésie, Poméranie, Prusse orientale –, chassés de vieilles cités allemandes prestigieuses et riches, mais détruites par les bombardements ou les combats : Breslau, Stettin, Danzig, Königsberg ; au bas mot, quelque 12 ou 13 millions de personnes, plus de 2 ou 3 millions de Sudètes, mais moins les 2 ou 3 millions de gens ayant péri dans cet exode.

Enfin *Donauschwaben* et *Siebenbürger* transylvains, Hongrois et Roumains « administratifs », officiellement « personnes déplacées », étaient autant d'Allemands « raciaux » (*Volksdeutsche*), comme ceux de Posnanie, de Yougoslavie – sans doute encore un demi-million – ayant émaillé, dans le cadre de l'*Auslandsdeutschtum* européen, la vieille mosaïque austro-hongroise danubienne dangereusement démembrée en 1919-1920.

Evaluer le nombre des Allemands, des Autrichiens et autres germanophones partis pour l'Argentine en 1945-1955 n'est pas simple. Les

---

[1] En réalité 103 000 km² au bénéfice de la Pologne, le reste, 12 000 km², correspondant au Nord de la Prusse orientale déjà isolée depuis 1919 par le « Couloir de Danzig » ; les provinces perdues, 12 millions d'habitants en 1937, fournissaient alors 95% du cuivre allemand, 55% du zinc, 65% des ressources en potasse, cf. Yves BRANCION, *La Ligne Oder-Neisse, frontière de guerre*, La Table ronde, 1968.

[2] Soit 7 millions d'habitants, le 1/10ᵉ de la population allemande, le 1/8ᵉ de la capacité productive du pays (régions de la Posnanie ou *Wartheland* et de la Pomérélie)

[3] « Hinsicht ist Südamerika wirklich ein Wunderland » A. BUCKELEY, *Auswanderung nach Amerika*, Dokumente, Nr. 8, Munich, 1947. Cité par Holger H. MEDING, *Flucht vor Nürnberg? Deutsche u. österreichische Einwanderung in Argentinien, 1945-1955*, Lateinamerikanische Forschungen, Bd. 19, Böhlau, Cologne-Vienne-Weimar, 1992, p.9.

critères sont variables, incertains et controversés concernant l'identité sociologique et déclarative des intéressés.

C'est bien, pour l'heure, une cohue de désespérés qui errent sur les routes ; terrorisés, affamés, écumant les campagnes, mêlés aux travailleurs étrangers – là encore, des millions –, aux prisonniers de guerre libérés, aux déportés et survivants des camps détruits ou abandonnés et dont les gardiens tentent de se confondre avec eux ; ils fuient les zones de combat et l'irrésistible assaut invasif des armées soviétiques, immense reflux dont il est peu d'exemples depuis les grandes invasions.

Comment donc se représenter l'âpreté, l'atrocité sans doute exceptionnelle des combats ? En février 1945 sont tués 19 000 des 22 000 hommes des divisions SS *Totenkopf* et *Wiking* partiellement faites de *Volksdeutsche* hongrois ou roumains, prises au piège à Budapest, et dont à peine 700 hommes parviendront à s'échapper[1].

De janvier à mai 1945, c'est une offensive soviétique ininterrompue et foudroyante, temps d'épouvante et de surenchère dans l'horreur d'une guerre menée à un contre dix, mais où l'agresseur allemand refoulé est d'autant plus farouche qu'il est près de sa perte. Lui répondent, au mépris de toutes les conventions, y compris celle de Genève ignorée par l'URSS, les pires exactions de la soldatesque russo-sibérienne déchaînée, déferlante meurtrière et primitive, incontrôlable, même par ses propres officiers :

> Des colonnes de réfugiés sont mitraillées ou écrasées sous les chenilles des chars. Des familles entières brûlées vives dans leurs maisons. Des femmes violées et crucifiées aux portes des granges. Des enfants jetés dans des auges à cochons. Jamais l'Europe n'avait connu un tel assaut de barbarie depuis les grandes invasions [...] Des prisonniers de guerre alliés, des déportés même, préfèrent se laisser entraîner vers l'Ouest dans cet immense exode plutôt que d'attendre une libération de l'Armée rouge[2].

---

[1] Historien des SS, Guido KNOPP rapporte que leur chef, Karl Pfeffer v. Wildenbruch, refusant de capituler, les aurait conduits « comme des moutons, à l'abattoir » et que les Soviétiques, assoiffés de vengeance, auraient exécuté en grand nombre et sans autre forme de procès les Russes servant dans les rangs allemands, ainsi que tous les Waffen-SS faits prisonniers, cf. G. KNOPP, *Die SS*, Bertelsmann, Munich, 2002 (trad. *Les SS*, Presses de la Cité, 2004, p.383).

[2] Ph. MASSON, *Histoire de l'armée allemande, 1939-1945*, Paris, Perrin, 1994, pp.457-458.

Derrière la retenue naturelle à l'historien, bien des témoignages directs, implacables, bouleversants, légitimant son propos[1] et aidant à corriger une vision unilatérale de la guerre.

Dans une *Histoire de l'Europe depuis 1945*, Tony Judt est revenu sur ce temps d'horreur insurpassable :

> « ... Les hommes adultes, s'il en restait, et les femmes de tous âges furent les premières victimes à Vienne, suivant les rapports des dispensaires et des médecins. Les soldats soviétiques violèrent quelque 8700 femmes dans les trois semaines qui suivirent l'entrée de l'Armée rouge dans la ville.
>
> A Berlin, elles furent encore plus nombreuses et sans tenir compte du nombre inconnu de femmes violées dans les villages et villes lors de l'avance soviétique en Autriche et en Allemagne [...] Hitler et Staline, à eux deux, déracinèrent, expulsèrent, transplantèrent, déportèrent et dispersèrent quelque 30 millions de personnes entre 1939 et 1945[2]. »

Au-delà de ces tragédies, la situation sanitaire et sociale de l'Allemagne six mois encore après la guerre – 1945 étant l'année zéro – est angoissante, les vocations migratoires, seules échappatoires, y sont contrecarrées par les mesures draconiennes qu'imposent les autorités de tutelle, partiellement levées seulement en août 1947, plus franchement fin 1948.

A la pénurie alimentaire et à une situation sanitaire déplorable[3], au démontage des usines générateur de chômage, joignez les contraintes multiples de l'administration étrangère – tandis que les prisonniers en URSS y resteront nombreux et pour longtemps encore[4] –, les déclassements et les interdits

---

[1] H. A. JACOBSEN, *Der Zweite Weltkrieg in Chronik und Dokumente*, Darmstadt, 1960. Témoignage repris par Jean QUILLIEN, *Histoire de la Seconde Guerre mondiale, Mémorial-Ouest-France*, 1995, pp.332-334. Ne pas oublier, parmi d'autres, le terrifiant bombardement de Dresde (13-15 février 1945), cité dépourvue d'objectifs militaires avec un afflux de réfugiés silésiens fuyant l'avance soviétique ; 1400 appareils de la R.A.F. et 400 forteresses volantes américaines font, en deux jours, au moins 140 000 morts, plus qu'à Hiroshima (voir D. IRVING, *La destruction de Dresde*, Laffont, 1945).

[2] T. JUDT, *Après-guerre 1945, Histoire de l'Europe depuis 1945*, A. Colin, 2007, pp.35-97.

[3] De 700 à 800 calories par jour en 1946. Dans la seule zone britannique de Berlin, on enregistrait pour décembre 1945 un taux de mortalité infantile dépassant 25%, plus de 1000 cas de typhoïde et 2000 de diphtérie dans l'ensemble de la population. Une personne sur 4 ou 5 souffrait de tuberculose, dysenterie, de pellagre ou d'impétigo. T. JUDT, *Après-guerre 1945*, *op.cit*., p.37.

[4] Sur 5,7 millions de prisonniers russes en Allemagne, 3,7 millions sont morts en captivité (P. STREIT, *Keine Kameraden. Die Wehrmacht und die sowjetischen Kriegsgefangenen, 1941-1945*, Stuttgart, 1978). Sur 3 115 000 prisonniers allemands en URSS, plus du tiers, soit plus d'un million, étaient décédés avant mars1949, cf. E. MASCHKE, *Zur Geschichte der deutschen Kriegsgefangenen des Zweiten Weltkrieges*, Bielefeld, 1962-1965. Des milliers d'entre eux seront jugés en captivité pour crimes de guerre (*Kriegsverurteilten Schwerverbrecher*), cf. M. LANG, *Stalins Strafjustiz gegen deutschen Soldaten. Die*

professionnels, les exigences d'une dénazification pourtant effective dans les esprits depuis Stalingrad et même plus tôt[1].

Pour les Alliés, volontairement ignorants d'une opposition nationale au régime hitlérien pourtant précoce, résolue, admirable d'héroïsme dans tous les milieux socio-culturels – ouvriers et syndiqués, politiques, militaires, religieux, universitaires et intellectuels[2] –, tous les Allemands méritaient d'être tenus en suspicion. Il est fait bien peu de cas, en effet, des épreuves infligées aux adversaires du nazisme, la résistance intérieure étant volontairement réduite au groupe de la « Rose blanche » et aux conjurés du 20 juillet 1944[3] ; on ignorait tout autant les conditions morales qui, la guerre venue, allaient faire évoluer l'opposition de façon encore plus dramatique, posant des cas de conscience insolubles et déchirants aux mobilisés : hâter l'effondrement du nazisme au prix de la mort de camarades et de la défaite de l'Allemagne, donc d'une indiscutable trahison[4]. Effroyable dilemme dans lequel étaient enfermés les meilleurs, tant d'officiers de qualité ! De quoi, pour le jeune lieutenant Helmut Schmidt, se sentir schizophrène, alors qu'à l'étranger l'écroulement du IIIe Reich s'accordait avec la victoire sur l'occupant et le retour à la liberté[5].

Massenprozessen gegen deutschen Kriegsgefangenen in den Jahren 1949 und 1950 in historischer Sicht, Hameln, 1981.

[1] « In der zweiten Kriegshälfte, als die Zumertungen an die Leistungskraft und Leidenschaftsfähigkeit immer grosser und die Anlässe für politische Zuversicht immer seltener wurden, began die Entnazifizierung der Deutschen », N. FREI, *Der Führerstaat. Nationalsozialistische Herrschaft 1933-1945*, Deutsche Geschichte der neuen Zeit, 5. Aufl, Munich, 1997, p.166.

[2] Bilans de P. HOFFMANN, M. MOMMSEN, *Alternative zu Hitler. Studien zur Geschichte des deutschen Widerstandes*, Munich, 1995 ; C. v. ROON, *Widerstand im Dritten Reich*, Beck'sche Reihe, Munich, 1994 ; G. WEISENBORN, *Der lautende Aufstand*, Rohwolt, 1953, ouvrage loué à juste titre par A. GROSSER dans sa *Démocratie de Bonn* en 1960. Entre janvier et mai 1944, 300 000 arrestations ont été opérées ; il y a eu 35 000 exécutions dans les prisons de Brandenburg et de Plötzensee de 1939 à 1945. Des intellectuels – peintres, musiciens, acteurs, scientifiques, journalistes, romanciers – ont été arrêtés, emprisonnés, torturés, exilés ou condamnés au silence par centaines, cf. Listes de G. WEISENBORN, *Der lautende..., op.cit.*, pp.267-270.

[3] Noté par A. GROSSER, préface de l'ouvrage de Weisenborn, p. 12.

[4] Traducteur de Weisenborn, Raymond PRUNIER commente, p.370 : « Le terme de résistant entretient une confusion avec l'exemple français, le maquisard du Vercors s'appuie sur l'évidence d'une terre à défendre ou à reconquérir [...] le résistant allemand, au contraire, doit vouloir la défaite ou, pour le dire plus crûment, il doit accepter que des milliers de compatriotes meurent dans cette guerre injuste dont Hitler fut le déclencheur ; il doit aller jusqu'à le souhaiter et l'absurdité de sa situation peut se résumer ainsi : je suis un traître, car ainsi je suis fidèle à mon pays ; plus ma traîtrise sera grande, plus je serai patriote. Où ces résistants ont-ils trouvé la force de dépasser cet effroyable dilemme ? [...] Ils l'ont puisée dans ce que les croyants nomment « la foi », que je nommerai « la force de l'esprit ».

[5] « Avec mes camarades de combat (et aujourd'hui encore), nous avons ressassé la même question, et nous ne sommes jamais parvenus à trouver la réponse satisfaisante [...] Pour m'exprimer autrement, je dirai que les victoires d'Hitler nous affectaient comme êtres humains », lettre de Hans Ludwig BLANK à Günter WEISENBORN, *ibid.*, p.299. « Il n'y avait qu'une possibilité de conserver son honneur, c'était précisément d'être prêt à subir tous les déshonneurs », écrit le pasteur Niemöller pour qui « le seul choix possible pour

On pense au *Général du diable* de Zuckmayer. Malgré le séjour dans les camps d'un million d'opposants dès avant 1940, la capitulation sans condition exigeait le silence sur ce martyrologe et le refus de tenir compte des actions de résistance – résistance frontale et sans concession (*Widerstand*) ou passive, sociétale et subjective dans la vie courante et jusqu'à la désobéissance civile, *Resistenz* proposée par Broszat comme frein comportemental à l'emprise du nazisme sur les esprits et les cœurs. Alfred Grosser est ici catégorique :

> « Non, les Allemands n'ont pas suivi aveuglément Hitler. Oui, il y a eu des oppositions, des résistances allemandes. Pendant longtemps, cette révolte a été occultée, a été niée hors d'Allemagne et notamment en France [...] Les Alliés ont tout fait, pendant la guerre et au lendemain de la défaite allemande, pour qu'Hitler apparaisse comme l'incarnation de la totalité de la communauté allemande. Le refus de prendre connaissance des messages de la résistance allemande et l'exigence de la capitulation, puis la prise en charge complète de la souveraineté allemande par les vainqueurs, supposaient la non-existence d'une autre Allemagne, d'une Allemagne autre... »[1]

Dans *Les résistances à Hitler*, Gilbert Merlio insiste sur l'attachement des Anglo-Saxons à une reddition sans condition de l'Allemagne et sur leur refus de reconnaître l'alternative proposée par les opposants à Hitler. La célébration de la réconciliation franco-allemande ne mériterait-elle pas un hommage, même tardif, à l'héroïsme de ces résistants dont on fait si peu de cas ?

Pour quelque 8 millions de membres du parti nazi en Allemagne – et un demi-million sur 7 millions d'Autrichiens –, on comptait, fin 1945-début 1946, dans la seule zone d'occupation américaine en Allemagne, environ 3 300 000 victimes d'épuration administrative, soit 28% de la population ; sur l'ensemble du territoire allemand, 250 000 personnes étaient alors internées, dont 130 000 dans 13 camps américains, 28 000 dans le plus important, Darmstadt.

---

demeurer fidèle à soi-même et à son pays était de choisir la voie de cette honte et la suivre [...] jusqu'à la fin amère ».

[1] Préface du livre de Weisenborn, p.10. Sous la direction de James Friedmann, le « Cercle de Buenos Aires » des intellectuels austro-allemands antifascistes patronnait un réseau mondial où figuraient des dizaines d'écrivains de langue allemande en exil, des Mann à Brecht, Freud, Musil, Toller, Tucholsky, Tillich et Weill, cf. Ronald C. NEWTON, *The « Nazi Menace » in Argentine, 1931-1947*, Stanford Univ. Press, 1992, Chap. 10, pp.156-179.

Fondement juridique de la dénazification, les interrogatoires conduits par le CIC (*Counter Intelligence Corps*) devaient laisser à certains détenus des souvenirs inoubliables et amers, tel ce « Questionnaire » (*Fragebogen*) d'Ernst v. Salomon, pénible et savoureuse procédure inquisitoire, extravagante autant qu'inutile[1].

Or, pour un criminel « grand coupable » ou « coupable activiste, militariste ou profiteur » (selon la nomenclature systématique adoptée) condamné au même titre que les organisations supérieures du parti (NSDAP, SA, SS, SD, Gestapo) et relevant des catégories I et II, combien, parmi les aspirants au départ d'Allemagne, appartenaient aux séries III (« coupables de seconde zone n'ayant mérité qu'une peine légère avec circonstances atténuantes ») ou IV ou V, simples citoyens « passifs » ou ayant même subi un préjudice reconnu pour s'être opposés à la tyrannie ?[2]

Si enfin les suspects en question ont bien bénéficié de la loi dite de « libération » (*Befreiungsgesetz*) de mars 1946, des freins sérieux étaient mis à cette émancipation et à leur réhabilitation complète avant l'instauration d'un pouvoir démocratique par la « loi fondamentale » de la République fédérale.

Tous les comparses (*Mitläufer*) n'avaient bien été que des nazis « passifs », soit par conditionnement éducatif obligé, soit par défaut de vigilance ou de discernement quant à l'excellence allemande proclamée et à la pseudo-régénération hitlérienne[3]. Or, pour le législateur allié, l'adhésion au parti nazi ne pouvait avoir résulté que d'un choix délibéré en pleine connaissance de cause, et par la seule référence au programme hitlérien générateur de l'abominable.

---

[1] Publié en 1955 par l'auteur des *Réprouvés* et de l'*Histoire des corps francs*. Arrêté comme « grand coupable » présumé – alors qu'il n'était pas membre du parti nazi et que sa femme était juive –, l'écrivain nationaliste sera rossé par des *Kapos* sadiques aux camps de Nattenberg et de Langwasser où il passera une année entière avant d'être reconnu innocent et libéré pour avoir été emprisonné « par erreur ». Le questionnaire comportait 131 questions touchant la vie personnelle : origine, parenté, identité, études, emplois exercés, religion, relations, services militaires et grades, engagements politiques, aboutissant à des conclusions erronées, fantaisistes et sans le moindre intérêt. Faute de documents perdus dans les bombardements ou l'exode, nombre de prisonniers étaient dans l'impossibilité de fournir des réponses satisfaisantes ou les attestations et preuves demandées. Même procédure en Autriche entre occupants et occupés. Dans ses souvenirs *Entre la libération et la liberté*, le Dr. Gruber, ministre des Affaires étrangères autrichien de 1945 à 1951, évoque ce questionnaire familier à tous les bergers du Tyrol, sanctionné par des discussions interminables, éprouvantes et absurdes.

[2] Sur ce répertoire, C. FITZ-GIBBONS, *Denazification*, M. Joseph, 1969, pp.209-214 ; P. SERANT, *Les vaincus de la Libération*, R. Laffont, 1964, pp.38-63 ; S. COURTOIS, *Le jour se lève. L'héritage des totalitarismes en Europe*, Ed. du Rocher, 2006, pp.334-342.

[3] « Leur crime ? Une adhésion au parti sur le papier ne représentant en aucune manière des adhésions vraies au régime », pour Robert d'HARCOURT, *Les Allemands aujourd'hui*, Hachette, 1948, p.51.

Nombreuses étaient les raisons de désespérer et de quitter à jamais l'Allemagne et l'Europe – du moins jusqu'au tournant pris en mars 1947 par Truman et annonciateur de guerre froide contre les initiatives soviétiques. S'esquisse alors un changement d'attitude vis-à-vis de l'Allemagne occupée. La révision de la politique d'épuration conduit à l'allègement ou à la remise de peines, au report ou à l'annulation de procès prévus et à la libération anticipée de gens pourtant lourdement condamnés ; de quoi conclure, pour certains, à la négation des engagements pris et à la mémoire bafouée des victimes innocentes du nazisme.[1]

De décembre 1946 à octobre 1948 se seront tenus 26 procès collectifs, dont celui des responsables d'*Einsatzgruppen* des Pays baltes et d'Ukraine, mais n'ayant donné lieu qu'à 24 condamnations à mort et à 118 peines d'emprisonnement.

Au total, sur 90500 procès de nazis « actifs », il n'y aura eu que 6500 condamnations pour 84 000 acquittements « sur fond de lente érosion des poursuites » (Ingo Müller), les dernières libérations par le Haut-Commissaire John J. Mc Cloy intervenant en janvier 1958.[2]

Quant à l'Autriche « libérée et occupée », elle aura vu le demi-million d'exclus de sa Fonction publique réhabilités en deux temps avant l'amnistie générale de juillet 1949, suivie du retrait de toutes les troupes étrangères en 1955 d'un pays officiellement « neutralisé ». Bien des Autrichiens pourtant, malgré la tiédeur ici de la dénazification, avaient été, entre-temps, et comme les Allemands, séduits par le « rêve américain ».

Les travailleurs étrangers en Allemagne – 7,5 millions en 1944[3] – qui, pour différentes raisons, surtout politiques, ne pouvaient ou ne voulaient pas rentrer chez eux, voyaient en principe leur existence organisée, sur place ou

---

[1] Sur le revirement du Haut-Commissaire Mc Cloy et des autorités américaines, F. M. BUSCHER, *The US War Crimes Trial Programm in Germany, 1946-1955*, N. York, Greenwood, 1981 ; plus sévère, T. BLOWER, *Blind Eye to Murder : Britain, America and the Purging of Nazi Germany. A Pledge betrayed*, Londres, 1981. Sur le procès de Dachau et les remises de peine, J. B. GREENE, *Justice at Dachau*, N. York, Domesday, 2004 (trad. *Justice à Dachau*).

[2] Faut-il en conclure avec les historiens anglo-saxons cités à une véritable violation de serment de la part des Alliés ou, avec J. B. JEAN et D. SALAS, à un « échec massif » de l'épuration ? Sans doute, à première vue, mais sans tenir compte de la fragilité de certains témoignages, du poids de la dictature, des impératifs de réconciliation nationale et surtout des exigences nées de la guerre froide qui assez vite changeaient la donne…

[3] Dont 2,7 millions de Soviétiques, 1,7 million de Polonais, 1,3 million de Français, 600 000 Italiens, 280000 Tchèques, 270 000 Hollandais et autant de Belges.

ailleurs, par les Services spécialisés des Nations Unies[1] et les organismes créés au bénéfice des réfugiés et expulsés de toutes origines, germanophones compris.[2]

On sait que l'appui prêté par l'URSS aux communistes chinois et la soviétisation de l'Europe centrale et orientale – le « coup de Prague » date de février 1948 – avaient ruiné l'entente et l'idéal communs aux pays européens ennemis de l'Axe. Le plan Marshall et la politique de *Containment* suggérée par George F. Kennan répondaient aux prétentions soviétiques. Semblant prendre désormais le pas sur le *State Department*, le Pentagone était à l'origine, avec le général Edwin Sibert, chef des Services secrets, d'une initiative stratégique nouvelle et, en un sens, rétroactive et révolutionnaire : la mission, confiée au général allemand Reinhard Gehlen, ancien chef de l'*Abwehr* pour les armées de l'Est, de recruter des agents allemands expérimentés, donc anciens nazis, chargés d'opérer pour le compte des Etats-Unis contre l'URSS.[3]

En même temps, et dès 1945, le Pentagone s'était donné un autre objectif d'accommodement et de conciliation en marge de la politique américaine officielle : mettre la main, avant les Russes et même les Français, sur les meilleurs spécialistes allemands en matière de construction de sous-marins, de médecine de guerre, de guerre chimique et de techniques de fusées. Le *SS-Sturmbannführer* Werner v. Braun n'était pas le seul à s'être vu offrir une nouvelle carrière en Amérique ; avec son équipe à peu près complète de constructeurs de V2, 765 « nazis utiles » étaient mis à la disposition de l'armée des Etats-Unis. Ces migrants particuliers n'étaient donc pas des voyageurs sans bagage, mais l'inverse. Anciens ennemis bienvenus, ils étaient accueillis et choyés en tant que « cerveaux choisis d'une intelligence supérieure en éveil dont il fallait utiliser la continuelle productivité », commente, imperturbable, le haut commandement américain.

La stratégie américaine s'était donc modifiée du tout au tout, opérant un retournement radical. Mais devait-on, pour autant, en inférer que, pour les Allemands, l'interdiction, jusque-là stricte, d'émigrer serait, sinon levée, du moins quelque peu assouplie ? Dans l'immédiat, en aucune manière. Le

---

[1] L'UNRRA (*United Nations Relief and Rehabilitation Administration*)

[2] Dites *Displaced Persons* dont s'occupera, à partir de 1947, l'IRO (*International Refuges Organisation*)

[3] Cf. H. S. SIMPSON, *Blowback*
: America's Recruitment of Nazis and its Effects on the Cold War, N. York, 1980.

« recrutement » des scientifiques d'Outre-Rhin « invités » à poursuivre leurs travaux en Amérique n'empêchait pas Washington de prévenir les Latino-américains contre le danger d'infiltration dans l'hémisphère des idées et des initiatives fascistes et nazies survivantes. L'ombre avait toujours plané depuis 1918 d'un grand pouvoir hostile dans l'ère économique et stratégique du Nouveau Monde, obligeant les Etats-Unis à se pourvoir d'un périmètre défensif établi le plus loin possible du sol américain. En conclura-t-on à une véritable manipulation par les Yankees eux-mêmes de leurs propres lois sur l'immigration, au seul profit de quelques milliers de gens cyniquement favorisés, face à tant de victimes de la guerre n'aspirant qu'à l'oublier[1] ?

D'un autre côté, dans la nouvelle situation née de la guerre froide, les Allemands de l'Ouest faisaient du même coup figure de bons élèves pour la défense atlantique – aux yeux des communistes européens, désormais, les « revanchards de Bonn ». Il importait donc que toutes les mesures anti-migratoires affectant les ressortissants allemands fussent maintenues ; les abroger eût été contraire aux intérêts bien entendus d'une alliance occidentale désireuse de fortifier ses composantes et de prévoir son extension à une future Allemagne démocratisée, partiellement réunie et officiellement réhabilitée. On craignait en même temps la diffusion en Amérique, en Amérique latine surtout, de l'idéologie marxiste et révolutionnaire amplifiée par l'immigration. *Realpolitik* sans doute, mais, d'une façon ou d'une autre, l'ancienne et la nouvelle politique allemande du *State Department* aboutissaient, du moins dans un premier temps, aux mêmes résultats d'une émigration officielle impossible ou sélective et limitée[2]. Ainsi, des attitudes simultanées ou successives habituelles en matière d'émigration dont procédait la réglementation, les Alliés ne connaissaient-ils, en 1945-1947, que la vieille interdiction absolue (ou le contrôle strict en faveur de quelques privilégiés), résurgence d'un héritage extrême des théoriciens, juristes et philosophes du XVIIIe siècle attachés à maintenir l'homme là où Dieu l'a fait naître, disait encore Fontane au siècle suivant[3]. Une interdiction qui ne laissait d'autre issue

---

[1] C. SIMPSON, *Der amerikanische Bumerang : NS-Kriegsverbrecher im Sold der USA*, Vienne, 1988, p.50 sq. ; M. BAR-ZOHAR, *La chasse aux savants allemands, 1946-1950*, Paris, 1963 (trad. allemande, 1966).

[2] « Die Alte und die neue Deutschlandspolitik führten an denselben Resultaten in der Auswanderungspolitok », H. H. MEDING, *Flucht vor Nürnberg?*, *op.cit.*, p.13.

[3] Pour le juriste Beccaria, « se soustrayant soi-même à sa patrie et se donnant à un pays voisin, l'émigrant fait deux fois plus de mal à la société que celui qui se suicide », *Des délits et des peines*, chap.32, 1764. Même opinion de Vossius, Bayle ou Montesquieu hanté par le spectre du dépeuplement attribué à la théorie

aux sacrifiés de la guerre, expulsés, ruinés, sans travail, sans abri, sans ressources et dans l'immédiat sans espoir, que d'enfreindre la loi pour emprunter, à leurs risques et périls, les filières suivies par les grands criminels en fuite – et avec la crainte d'être confondus avec eux.

Enfin, malgré l'accord interaméricain de Chapultepec qui laissait aux Etats-Unis toute latitude d'intervenir dans les affaires intérieures des Républiques latino-américaines (sous couvert d'une défense commune)[1], les règlement édictés à l'encontre des aspirants allemands à la liberté d'émigrer ne pouvaient complaire à une République Argentine, nation d'immigrants par excellence et, récemment encore, de connivence avec les vaincus de la guerre ; elle ne pouvait se résoudre à céder sans résistance aux objurgations de l'ambassadeur, puis sous-secrétaire d'Etat Braden, auteur du sulfureux et agressif *Blue Book* anti-péroniste, pour satisfaire aux exigences sécuritaires yankees.

Après son retrait, il reviendra à ses successeurs, et d'abord au premier, Messersmith, d'esquisser un rapprochement avec Buenos Aires, dès lors que les Argentins auront pris, sous la pression des Etats-Unis, des mesures radicales, bien que temporaires, contre les biens et les intérêts des ressortissants allemands et germano-argentins.

En juin 1946, le général Maximiliano v. der Becke, brillant chef d'état-major des forces armées argentines – quoi qu'en dise Newton[2] – est cordialement reçu au *War Department* par le ministre Patterson et les généraux Brett et Eisenhower. Washington soutiendra avec bonheur la candidature de l'Argentine aux Nations Unies, le *State Department* lui enjoignant cependant

des climats dans l'Esprit des lois. « Il faut que les hommes restent où ils sont », lit-on dans les *Lettres persanes* (lettre 212). Avec J. B. Say et les nouveaux principes d'économie du XIXe siècle, cette vision se modifie sans que ne cessent pour autant les freins mis à l'émigration en Autriche, en Prusse, parfois même, certaines années, en Italie. Sur cette évolution, voir nos études *Migrations et mémoire germaniques en Amérique latine*, PUF, Strasbourg, 1994, pp.37-45, *Immigration et nationalisme au Chili, 1810-1945*, L'Harmattan, 2005, p.86 sq.

[1] Sur cette conférence et ses résolutions, *Infra*, Première partie, chap. IV, Note n°3, p.59.

[2] NEWTON le dit « notoirement stupide » (*The Nazi menace…*, *op.cit.*, p.471, note 15) parce qu'il aurait émis des doutes sur la réussite du débarquement allié en Normandie, trois semaines avant sa réalisation. Attaché militaire à Berlin en 1930, Directeur de l'Ecole de Guerre, puis chef d'Etat-major général en 1944-1946. Malgré de bonnes relations avec son milieu germano-argentin d'origine, il était beaucoup moins pro-nazi que ses camarades *germanofilos*. L'appellation de « Himmler argentin » (France Soir, 22.11.1945) le hérissait (cf. *Destrucción de una Infamia. Falsos Documentos Oficiales*, 1956). Très tôt sensible à l'expansionnisme soviétique, il prônait la mise sur pied d'une vaste alliance défensive sud-américaine sous direction argentine. Comme l'a montré POTASH, malgré ses fonctions, il a été un adversaire déterminé de Perón jusqu'à la chute du dictateur en 1956. En faire un fanatique nazi n'a pas de sens.

de « remplir ses obligations contractées lors de la conférence de Mexico » (entendez Chapultepec).

C'est bien là l'annonce d'une nouvelle politique étrangère par le général Marshall qui, à compter de mai 1947 et malgré des atermoiements et des résistances encore vives, conduira à ce qu'enfin en 1948, théoriquement du moins, toute liberté soit laissée aux Allemands non criminels de réaliser leur rêve argentin. Entre-temps l'émigration interdite les aura contraints au départ clandestin. Même aidés par des fonctionnaires argentins complaisants, on ne pouvait alors réussir qu'en mettant ses pas dans ceux de criminels d'envergure aux itinéraires balisés par d'indispensables complicités, du Danemark au Vatican.

L'immigration germanophone en Argentine après la Seconde Guerre mondiale est, en effet, inséparable d'une présence hypnotique de la grande criminalité européenne et de l'image rémanente d'un pays d'accueil complice des assassins et protecteur de leur fuite. Longtemps réduit à une suite d'aventures, d'avatars et de tribulations de personnages peu recommandables, trop souvent même imaginaires, cet exode n'a fait l'objet, dans son ensemble et jusqu'au livre bienvenu d'Holger H. Meding, que d'une relation indigente, souvent très partiale, orpheline et accessoire – *ein Stiefkind der Historie*, dit très bien notre collègue allemand.

Se défaire donc des idées reçues, de l'anecdotique et des falsifications, sans négliger l'histoire orale et la mémoire encore vivante, est une nécessité pour un bilan sérieux de cette contribution encore récente à l'achèvement humain de la « Nation d'immigrants » par excellence…

***

De Bachmann en 1884 à Petersen en 1938, les recenseurs nationalistes de l'*Auslandsdeutschtum* avaient surestimé, dans des bilans flatteurs, les performances de l'émigration allemande outre-océan, Argentine comprise. Le temps, certes, n'est plus à pareille auto-célébration, mais bien des rétrospectives – telle *Un siècle d'émigration allemande en Argentine* d'Anne Saint-Sauveur-Henn – hésitent encore à voir au-delà de 1945.

Dès 1933, les Juifs allemands, on le sait, étaient opprimés, déchus, bannis ; en 1945, coupables nazis, civils ou militaires désemparés,

Volksdeutsche déracinés, seront, à l'inverse, contraints de s'en remettre, pour partir, à des filières clandestines, d'ailleurs souvent favorisées par des diplomates argentins. Or, bien qu'ennemis jurés, tous, victimes et bourreaux, devaient se retrouver, par un paradoxal concours de circonstances, hôtes et souvent futurs citoyens du refuge austral de la Liberté, donc dans un autre monde…

Ne pas oublier non plus que l'arrivée ici des vaincus de 1945 n'a été que l'ultime phase migratoire germanique en République Argentine. Prendre toute la mesure du phénomène oblige à une remontée dans le temps, au moins jusqu'aux années 1880. De là, en effet, date ce courant préférentiel et diversifié d'une immigration aux compétences incontestables, appréciées des Créoles, mais vitupérées par d'autres, sensibles au « danger allemand », à l'intérieur comme au dehors de ce refuge de proscrits et d'infortunés.

PREMIERE PARTIE

IMMIGRATION GERMANIQUE ET NATIONALISME ARGENTIN

(1880-1945)

CHAPITRE PREMIER

UNE NATION D'IMMIGRANTS

Ancien attaché de presse de Goebbels[1], connu dans les milieux d'extrême droite en Allemagne après la guerre[2] et rédacteur en chef du journal porteño nazifiant *Die Freie Presse*[3], Wilfred v. Oven est un révisionniste décomplexé de l'histoire du III° Reich ; il voit l'avenir de la République Argentine dépendre de la présence enrichissante et civilisatrice de ses compatriotes immigrés. Peu nombreux au temps colonial, tard venus, de surcroît divisés depuis 1918, ceux-ci n'en auraient pas moins, affirme-t-il, au sein d'une latinité dominante, « régénéré les Amériques et épicé la marmite frémissante de l'immigration européenne anonyme, ajout indispensable à un repas bien servi »[4]. Métaphore palingénésique plaisante, vu le rôle mineur joué par les Allemands dans le peuplement et l'achèvement humain de l'Argentine contemporaine !

Marche frontière de l'Amérique espagnole dans la dépendance lointaine de Lima, le Rio de la Plata des prairies et des steppes n'a été élevé que tardivement, en 1776 seulement, à la « dignité » de vice-royauté, « au terme du temps colonial immobile » (P. Chaunu).

L'Indépendance, en 1810, n'a pas été ici le signe d'une aube nouvelle et il aura fallu attendre la fin du siècle pour que d'un élan migratoire massif naisse enfin la République Argentine contemporaine.

Depuis la fondation de l'*aldea* de *Nuestra Señora Santa María del Buen Aire* par Pedro de Mendoza en 1536, lointaine place espagnole « oubliée de Dieu et des hommes » (car la route des Indes passait alors par Lima), la tardive

---

[1] Ses mémoires édifiants sont titrés *Mit Goebbels bis zum Ende*, Bde., Buenos Aires, Dürer Verlag, 1949-1955.

[2] Editoriaux dans *Kultur der Nationen* et *Nation Europa.*

[3] Qui a pris la suite de la *Deutsche La Plata Zeitung* (DLPZ) et tire à 35 000 exemplaires dans les années 1960. Adversaire, comme son prédécesseur, du vieil *Argentinisches Tageblatt* libéral.

[4] « Sie bildeten den Schuss Suppenwürze [...] dem man einer fertig angerichteten Speise zufügt", *Argentinien- Stern Südamerias*, Globetrotter Bücher, Bd. 9, 1957, p.176.

vice-royauté de La Plata à la capitale à croissance particulièrement lente[1] était restée vide, ou presque vide, jusqu'à l'Indépendance, et même bien au-delà en plein XIX° siècle. Rares avaient été les Allemands, artisans, architectes, enseignants, commerçants ou soldats[2] à s'y être établis avec les jésuites, actifs ici comme ailleurs dans l'empire jusqu'à leur expulsion en 1767. Lütge fait état d'un certain Luis Vernet, Huguenot de Hambourg, gouverneur des Malouines – plus tard Falklands –, objet des ambitions navales allemandes en 1914.

A l'issue de longs affrontements aux péripéties confuses entre *caudillos* de province à province, l'intérieur s'opposant à la capitale, la dictature nationaliste et xénophobe de Rosas fige pour un demi-siècle l'histoire de cette terminaison d'empire aux frontières indécises et disputées. Les voyages d'exploration et les inventaires nationaux, œuvres d'hommes de science européens, français en particulier[3], ont aidé à la connaissance d'un espace enfin cartographié par la description de Martin de Moussy dans les années 1860[4].

Rosas a-t-il été le rassembleur des terres platéennes – et son mérite alors n'aurait pas été mince – ou le tyran cruel et fantasque (comparé parfois à Caligula !), exécré par l'intelligentsia nationale exilée au Chili ou en Uruguay ?

Après sa chute, le pays s'ouvre enfin à l'immigration en 1857, le célèbre adage d'Alberdi ayant valeur de mot d'ordre et même de programme : « Gouverner c'est peupler »[5]. Or l'Argentine n'est encore vers 1860 qu'un espace vide, aux îlots de culture mal reliés à des villes embryonnaires, le pays de *Facundo* et du *gaucho* pittoresque et souvent misérable, « le moins civilisé des hommes », selon Federico de Azaña[6]. Partout, dit Sarmiento,

---

[1] Selon Humboldt, l'ancienne vice-royauté n'avait que 100 000 âmes en 1810 et selon Azaña Buenos Aires n'en aurait abrité que 30 000, 51 000 en 1821pour Rivadavia, 76 000 en 1850 selon Rawson. Voir sur cette croissance, G. BOURDE, *Urbanisation et immigration en Amérique latine*, Buenos Aires, Paris, Aubier, 1973, pp.26-32 et notre étude récente *Les Européens en Argentine. Immigration de masse et destins individuels, 1850-1950*, L'Harmattan, 2011, pp.30-36. Sur la naissance de la ville, F. KOCHWASSER, Mitt. Des Instituts für Auslandsbeziehungen, Stuttgart, 1961, Bd.3, pp.109-117, Trad. *Voyage curieux du Rio de la Plata*, Paris, Utz, 1998.

[2] On retiendra le nom du *Freiherr* v. Hohenberg qui s'illustra dans la lutte pour l'indépendance.

[3] Notamment l'inventaire d'Alcide d'Orbigny, *Voyage dans l'Amérique méridionale de 1826 à 1833*, Pitois-Levralt, 1835, A. Bertrand, 1841-1845.

[4] Médecin militaire, explorateur, ami du général Urquiza, le vainqueur de Rosas, Martin de Moussy est l'auteur d'une remarquable *Description géographique et statistique de la Confédération Argentine*, 3 vol. F. Didot, 1860-1864.

[5] Sentence mémorable, inlassablement citée, qui figure dans *Bases y puntos de partida para la Organización pública de la República Argentina,* 1853. Il a résumé ses idées dans *Sistema económico y rentístico de la Confederación Argentina según su Constitución de 1853*, B. Aires, 1856.

[6] Une excellente description du gaucho est donnée par Emile DAIREAUX, *La Vie et les Mœurs à la Plata*, Paris, Hachette, 1880. Voir notre citation, *Les Européens en Argentine*, op.cit., p.212.

« l'immensité, l'image de la mer sur la terre, la terre sur les cartes, la terre qui attend qu'on fasse produire des plantes, qu'on lui confie toutes sortes de semences »[1].

Dès lors, prôné par la grande presse conservatrice de la capitale – *La Nación* et *La Prensa* en tête –, le populationnisme demeure, dans le dernier tiers du XIX° siècle, le fondement de la philosophie officielle en matière de développement. On juge primordiale « l'injection d'énergies étrangères », l'occupation décisive du territoire national supposant l'établissement d'un maillage serré pour une mise en valeur rationnelle d'une « terre promise » célébrée par tous les responsables intellectuels nationaux.

Cette « Seconde Conquête de l'Amérique » (Pierre Chaunu) a valu au « cône sud » du continent l'arrivée, entre 1880 et 1913, de quelque 8 millions d'Européens, Galiciens et Italiens – Italiens du Sud – à plus de 80%[2], le solde migratoire dépassant la moitié ; sur une durée séculaire, 1840-1940, ce sont plus de 7,5 millions d'immigrants qui se seraient établis ici sans retour –flux décisif pour le peuplement de l'espace platéen, et d'abord pour la croissance exponentielle d'une capitale dévoreuse d'espace, ces Méditerranéens étant d'instinct citadins[3]. Migration « vertigineuse », selon Halperín, « frénétique » même (G. Bourdé) de 1903 à 1913 qui devait plus changer l'Argentine en dix ans qu'en trois siècles.

L'enthousiasme collectif serait pourtant de courte durée, l'accusation de subversion politique relayant celle de submersion démographique. Des élans de nativisme et de xénophobie délibérés contre cette « plèbe industrieuse » (V. L. Tapié) devaient déclencher, les thèses eugénistes aidant, de vives réactions créoles à l'aune du racisme ordinaire. S'ajouteront enfin, aux griefs (parfois contradictoires) de parasitisme et d'accaparement des richesses nationales, d'incivisme et de criminalité incurable[4], la responsabilité de l'anarcho-syndicalisme et du militantisme révolutionnaire d'origine étrangère dans les grandes grèves insurrectionnelles des années 1903-1907[5] ; d'où les « lois de

[1] D. SARMIENTO, *Facundo o Civilización y Barbaria*, 1845 ; cité par V. L. TAPIE, *Histoire de l'Amérique latine au XIX° siècle*, Paris, Aubier, 1948, p.169.

[2] Les rétrospectives de cette immigration sont très nombreuses ; articles, études, thèses ont commenté les statistiques italiennes ou argentines afférentes : W. IGONIN, 1899 ; F. de CIRES, 1969 ; J. C. GUEVARA, 1986 ; N. CUNEO, 1960 ; A. LATTES, z. RECCINI de LATTES, 1969 ; J. PANETTIERI, 1986 ; S. FARRADO de IPOLA, 1970 ; F. FRACCARO, 1971 etc.

[3] G. BOURDE, *Urbanisation et immigration…*, op.cit., pp.50-190 ; C. SOLBERG, *Inmigration and Nationalism. Argentina and Chile, 1890-1914*, Univ. Of Texas Press, Austin, 1970, p.35 sq ; S. VELUT, *L'Argentine des provinces à la nation*, Paris, PUF, 2002, p.90 sq.

[4] Mêmes accusations à l'encontre des Juifs russes (170 000 ont fui les pogroms de Pologne pour Buenos Aires), des *Turcos* (entendez Maronites ou Syro-libanais, victimes d'Abd-el-Hamid), des Grecs, des Arméniens et des Albanais, objets de campagnes xénophobes vipérines de la grande presse, *La Nación* et *La Prensa* en tête.

[5] Pietro Gori est à Buenos Aires en 1898 et Georges Sorel n'y est pas inconnu.

résidence » drastiques de 1899 et 1902, aggravées en 1910 par la loi dite « de défense sociale » contre les immigrants déjà condamnés et au comportement jugé attentatoire à la sécurité publique, au maintien de l'ordre et à « l'honneur de la patrie »[1].

Peu à peu cependant, les étrangers naturalisés allaient prendre part aux comices avec l'appui des premiers élus socialistes[2], malgré le rapprochement entre radicaux et conservateurs unis dans l'opposition nativiste à cet élargissement du corps électoral.

L'année 1916 est ici capitale. Avec la mise en œuvre de la réforme électorale modernisante de Sáenz Peña[3], la vieille opposition radicale doit faire désormais cause commune avec les oligarques et les conservateurs, d'où une nouvelle majorité de classe moyenne, encore à dominante créole, sous couvert d'une bonne conscience civique et patriotique incarnée par un nouveau *lider*, démagogue habile, populaire et sachant jouer des oppositions : Hipólito Yrigoyen[4], élu en 1916 par plus de 45% des suffrages. Tout en satisfaisant partiellement aux revendications des fermiers, des universitaires et des commerçants, il ménage l'oligarchie terrienne qui lui semble toujours représenter les vrais intérêts économiques du pays.

En politique étrangère, soucieux d'équilibre, il témoigne d'une « attitude amicale » envers l'Allemagne où se rend le ministre des Affaires étrangères Oyhanarte en 1921 pour intensifier les relations commerciales entre les deux pays. L'Allemagne, nous le verrons, n'avait guère été atteinte par la défaite en 1918 dans ses rapports industriels et commerciaux avec les Amériques latines et ses grandes firmes y avaient conservé, pour la plupart, une place des plus avantageuses.

A côté de cette véritable explosion démographique « surlatinisante » caractéristique des pays platéens à la charnière des XIX° et XX° siècles, d'autres contingents ont joué ici un rôle de premier plan, malgré la faiblesse du nombre, immigrants qualifiés, riches d'un héritage auquel il leur était difficile

---

[1] « Il faut, dit *La Nación*, éliminer les professionnels de la discorde » par une législation migratoire « sélective et contrôlée » (12.03.1908, 24.06.1909, 1.04.1911). Miguel Cané tonne au Sénat contre « les criminels et les fous qui remplissent nos prisons et empoisonnent la société ». « Bien des aspects du changement alarmaient nombre de Créoles, les forçant au réexamen de l'idéologie du cosmopolitisme, avant l'accaparement soudain par les étrangers d'un grand pouvoir économique doublé d'une ascension dans la classe moyenne », observe C. SOLBERG, *Inmigration and Nationalism. Argentina and Chile, 1880-1914*, Univ. Of Texas Press, Austin, 1970, op.cit., p.32.

[2] En 1901, trois socialistes entrent au Sénat (Repetto, Bravo et Valle Iberluca). En 1910, sept sont élus à Buenos Aires, 18 000 des 48 000 suffrages exprimés provenant de naturalisés. Le Comité radical fait du parti socialiste « l'écume amorale de la civilisation » et de ses membres « les ennemis systématiques du bien commun », *La Nación*, 9.04.1913.

[3] Suffrage universel masculin, vote obligatoire et secret, fin du vote « bloqué » et, en théorie, de la corruption, des pratiques frauduleuses et de l'intimidation policière.

[4] Cf. Luís V. SOMMI, *Hipólito Yrigoyen. Su época y su vida*, Buenos Aires, 1947. Champion du « pouvoir du peuple », il pratique un « savant dosage » entre groupes et investit sur l'éducation.

de renoncer malgré leur volonté de s'intégrer à la société, souvent à la bonne société, locale.

***

Les Anglais sont ici les premiers, depuis 1825, assure Braudel. Grâce à des établissements bancaires puissants, *Joint Stock Companies* au service de la métropole, des investissements massifs – l'équivalent de 8 milliards de francs-or en 1939 sur les 20 milliards placés en Amérique latine –, ils contrôlent les chemins de fer[1], les transports maritimes, les mines et l'agro-alimentaire de ce « cinquième dominion » jusqu'à la Seconde Guerre mondiale. Sans renier leurs origines, ni même leur art de vivre spécifique, les Thompson, Wilke, Billinghurst, Kennington ont été admis, par de judicieuses unions de convenance, au sein de l'aristocratie *porteña*.

Basco-béarnais pour moitié au moins, les Français sont également peu nombreux en Argentine – 106 000 en 1914 pour 226 000 entrées depuis 1857 –, mais leur parenté latine les prédisposait à une intégration facile. Malgré cet apport démographique limité – 9,6% de la population totale en 1895, 3,3% en 1914, 1,7% en 1936[2] –, leur intervention a été remarquable dans plusieurs domaines essentiels : l'urbanisme et l'architecture, l'enseignement public et privé, le grand commerce, l'agronomie et même la colonisation (on pense à Piguë et aux *Aveyronnais dans la Pampa* depuis 1884). Enfin la France est alors un pèlerinage obligé pour les Argentins fortunés et cultivés. On apprend, on parle et on écrit un français châtié et choisi dans les milieux huppés de la capitale, chez les diplomates et autour de Victoria Ocampo, muse, amie, hôtesse des grands artistes et écrivains français de passage[3].

Enfin, il eut été inconcevable de ne pas voir des Allemands présents ici dès l'Indépendance et malgré Rosas, alors qu'ils devaient être en tête de l'immigration étrangère aux Etats-Unis, constituant le groupe le plus important des allogènes sur l'ensemble du XIXe siècle avec 5,3 millions d'entrées avant 1914, rappelle Pierre Chaunu, leur assimilation ayant été rendue difficile en raison de leur établissement massif autour des Grands Lacs après la vieille Amérique allemande sectaire et pacifique du siècle précédent.

---

[1] Réseau « dévoreur d'espace » et de type colonial selon R. SCALABRINI ORTIZ, *Historia de los ferrocarîles argentinos*, Devenir, s.d. Voir aussi S. VELUT, *L'Argentine*..., op.cit., p.91. On passe de 2500 km en 1880 à 31500 en 1911. Progrès suivis par E. GARZÓN, *La République Argentine*, Grasset, 1913, p.330

[2] G. BOURDE, *Urbanisation et immigration*..., op.cit., p.268, Emile DAIREAUX estime à 91 000 le nombre de ses compatriotes en Argentine en 1889, à 5000 celui des entrées annuelles jusqu'en 1886.

[3] Sur cette influence française, voir *Les Français en Argentine* (*Los Franceses en la Argentina*), Manrique ZAGO, SPL, Buenos Aires, 1986, et notre étude *Les Européens en Argentine*..., op.cit., pp.74-108.

CHAPITRE II

FLUX MIGRATOIRES ET COMMUNAUTES GERMANIQUES JUSQU'EN 1939

Gens « qualifiés », eux aussi, les Allemands sont arrivés ici par renforts hétérogènes et discontinus, au cours du XIX° siècle.

Premiers arrivés, les représentants des grandes maisons hanséatiques, habiles, industrieux, honnêtes et bien accueillis, disent les contemporains. Les Altgelt, Arning, Bemberg, Bracht, Bullerich, Bunge, Frers, Homberg, Seeber, Stegmann sont vite devenus argentins, créolisés au point que leurs descendants n'entretiendront pas de relations préférentielles avec leurs compatriotes arrivés ici dans les années 1880.

Dès 1860, l'apport germanique à l'achèvement humain de la République est à la fois faible par le nombre et remarquable de compétences. Banquiers, entrepreneurs, ingénieurs, architectes, mais aussi médecins, universitaires, militaires (à titre individuel et avec les missions de fin de siècle) occupent des fonctions de prestige et résident comme leurs aînés dans les quartiers alors huppés de la capitale (Palermo, Florés, Belgrano), assidus au *Deutscher Klub* en gardant déjà des liens avec le pays d'origine.

Leur succès économique est incontestable, dont témoignent leurs concurrents français au parcours initiatique déprimant par défaut de solidarité et de soutien de leurs représentants officiels[1].

Le premier flux date des années 1870 ; il est original et pionnier, dû aux Allemands de Russie – *Russland- ou Wolgadeutschen* –, victimes d'ukases tsariens punitifs en matière de service militaire et de redistribution des terres dans le cadre du *mir* fatal à la pression démographique affectant ces allogènes.

> Les statistiques migratoires américaines ignorent les ensembles ethnico-linguistiques au profit des seules identités étatiques, mais on ne peut limiter l'émigration germanique aux ressortissants du Reich. Pour les propagandistes et les historiens du *Deutschtum* les germanophones où qu'ils soient ne se séparent pas. Ici, ces clans (*Sippen* ou *Stämme*), habitués à l'errance, en quête de terres et de liberté dans la fraternité du dénuement et de l'intransigeance religieuse et

---

[1] Cf. C. WIENER, *Chili et Chiliens*, 1882 ; A. BELLESSORT, *La jeune Amérique*, 1899 ; E. DAIREAUX, *La vie et les mœurs*..., op.cit., pp.270-273.

culturelle[1] étaient quelque 50 000, précédés d' « éclaireurs » (*Kundschaften*) à s'être fixés en *aldeas* compactes dans la Mésopotamie d'Entre Ríos. Leurs indices démographiques exceptionnels[2] sont ceux de pionniers endogames, le décrochement de fécondité n'intervenant ici qu'à la troisième ou quatrième génération « américaines »[3]. Ils sont 200 000 en 1914[4], 800 000 en 1940[5], la plupart ne maîtrisant plus alors le parler ancestral.

Guy Bourdé distingue trois manières pour les immigrés de vaincre leurs difficultés d'adaptation en milieu nouveau : une prise de conscience de classe contre l'exploiteur étranger, une volonté d'intégration délibérée par le travail et la création d'entreprises, enfin la préservation de la mémoire, des acquis et de la solidarité par le biais d'associations d'entraide et de loisirs[6] ; une manière d'autodéfense avec entre autres risques, celui d'apparaître comme une manifestation d'allégeance invariable à la « vieille patrie », un défi à l'impérative intégration à la nouvelle, le prélude peut-être à un désir de conquête coloniale déguisée, s'agissant ici des Italiens[7].

Et les Allemands ? Ici, l' « associationnite » (*Vereinsmeierei*) a souvent suscité l'ironie[8]. Instinct grégaire ? Hypertrophie du sens national ? Inaptitude à affronter seul l'étranger et l'inconnu ? Peut-être propension à l'autonomie, à l'enkystage, au séparatisme et à l'autodéfense légitime, malgré le choix du pays d'accueil opéré en toute liberté ?

La prolifération et la variété des sociétés germaniques ont souvent frappé d'étonnement les voyageurs étrangers[9]. Un *Verein*, c'est le sanctuaire du germanisme entretenu et concélébré outre-océan par des institutions là où rien, ou presque rien, n'existait avant l'arrivée des migrants : écoles, églises, hôpitaux, hospices, chemins et chemins de fer, centres culturels et récréatifs.

---

[1] Rétrospectives nationalistes à l'occasion du cinquantenaire de l'arrivée de ces *Wolgadeutschen* en Argentine par J. RIFFEL, P. LÜTGER-GRÜTER et W. LÜTGE dans le *Jahrbuch der Hauptstelle für die Sippenkunde des Deutschtums im Ausland*, 1928.

[2] A Diamante-Alvear en 1878, on est « pauvre d'enfants » (*kinderarm*) avec moins de cinq, « normal » avec huit, « pourvu » avec dix ou douze, mais loin encore des mennonites du Paraguay au taux de natalité variant de 51,8% à 68,2% selon le Menno-Blatt de 1932 à 1940.

[3] Sur ces coefficients d'accroissement, voir notre étude *Migration et mémoire germaniques*..., op.cit., pp.143-153.

[4] W. v. OVEN, « Das Deutschtum in Südamerika", *Nation Europa*, Coburg, 1972, p.132.

[5] H. VOLBERG, *Auslanddeutschtum und Dritter Reich. Der Fall Argentinien*, Cologne, 1981, p.35.

[6] On en comptait 1200 en 1911 dont 466 italiennes, comme autant de « micro-sociétés étrangères » (G. BOURDE).

[7] Culte de Garibaldi, prise de Rome en 1870, assassinat d'Humbert 1er etc... Sur cette « colonie italienne », C. CORDERO, *El problema nacional*, 1905, et M. E. MALBRÁN, « Los Italianos en la Argentina », *Rev. de Derecho*, 1900, V, p.406 sq.

[8] « Deux Allemands fondent trois associations », assure au Chili Fritz GAEDICKE. « On reconnaît les Allemands à leurs associations » », assure KÜBLER, directeur de l'école allemande d'Oruro, en Bolivie, en 1936.

[9] « Il en est de toutes sortes », assure F. KLIEWER, de la bienfaisance à l'athlétisme en passant par le chant et en y revenant ». C'est, pour le même, « une nécessité, faute d'un empire allemand qui veille à pourvoir tout ce dont les immigrés ont besoin », cf. *Migrations et mémoire*..., op.cit., pp.239-252.

Avec l'Eglise et la famille, « la troisième cellule de la vie », « le miroir de l'unité des Allemands outre-mer », pour un ministre argentin en 1913, en un mot, une coopérative de bonheur.

a- Après 1918 : une communauté germanique divisée

Cela dit, les Argentins n'étaient pas restés insensibles, dans leur ensemble, aux progrès de l'Allemagne dans les domaines économique, culturel et surtout militaire. En témoigne la « prussianisation » de l'armée où servaient d'ailleurs la même pléiade d'instructeurs qu'au Chili, certains passés sans état d'âme d'un pays à l'autre, nantis des recommandations du Kaiser en personne[1]. De 150 à 175 jeunes officiers argentins avaient, d'autre part, effectué, comme leurs homologues transandins, des séjours plus ou moins longs, toujours appréciés, dans les régiments impériaux, collaboration qui, au reste, survivrait à la défaite de 1918, entraînant de vives critiques germanophobes sur place et à l'étranger[2].

Durant la Première Guerre mondiale, la communauté austro-allemande, toutes opinions confondues[3], avait vigoureusement réagi à la propagande de l'Entente. De divers pays sud-américains, des volontaires d'origine germanique avaient tenté de rejoindre l'ancienne métropole, initiative déconseillée par le consul général d'Allemagne à Buenos Aires et vouée à l'échec par les déboires de l'escadre Spee dans les mers du Sud.

> Octobre 1914. L'escadre Spee – avec le *Scharnhorst*, le *Gneisenau* et le croiseur léger *Nürnberg* [4]– quitte Tsing Tao pour l'île de Pâques, puis l'archipel Juan Fernández. Devant Coronel, elle affronte victorieusement la force navale anglaise de Cradock[5] et poursuit en direction des détroits Le Maire et Magellan. Succès éphémère toutefois. Le vice-amiral Maximilian v. Spee voulait occuper les Falklands grâce à une garnison fournie par les Allemands de Valdivia, au Chili, et du Rio Grande do Sul ; mais arrivé là le 1er décembre, il hésite, refuse le combat, vire de bord devant l'escadre Sturdee. Un à un, ses navires sont

---

[1] Sur la germanisation de l'armée chilienne et la montée de l'antimilitarisme, voir notre étude *Immigration et nationalisme au Chili, 1810-1945*, L'Harmattan, 2005, chap.V, pp.167-205.

[2] Travaux de Ray Josephs (1956), R. A. Potash (1960-1980), Schäfer (1974), F. M. Nunn (1983), E. B. White (1989).

[3] Voir W. KEIPER, *Das Deutschtum während des Weltkrieges, 1914-1918*, Übersee Geschichte, Schriftenfolge, Bd.39, 1942. Directeur d'école et commentateur nationaliste du *Deutschtum* en Argentine, l'équivalent de Kurt Bauer au Chili. Promu attaché culturel après 1933 car sensible à la séduction du nazisme. Rentré en Allemagne en 1938.

[4] Rejoints par le croiseur léger *Leipzig* (8700 t.), plus tard encore par le *Prinz Eitel Friedrich*, enfin, le 20 novembre, par le croiseur lourd *Dresden* au large de la Terre de Feu. Conformément aux lois internationales, les navires avaient pu s'avitailler à Juan Fernández et Valparaiso.

[5] Les croiseurs *Good Hope* et *Montmouth* sont coulés, six autres bâtiments britanniques mis en fuite.

éliminés. Seul le croiseur *Dresden* s'échappe pour se réfugier à Punta Arenas, pris dans l'anse de Cumberland à Más a Tierra, îlot de Juan Fernandez. Bloqué là par les Anglais[1], il devra accepter un combat sans espoir.

Le sort des armes, comme celui des hommes, peuvent récidiver. Internées dans l'île de Quiriquina, devant Talcahuano, les « vestes bleues » du *Dresden* s'organisent en communauté, éditent un journal, tuent le temps par des travaux de jardinage entre deux visites de compatriotes germano-chiliens dans un pays neutre et qui ne leur est pas hostile[2]. Comment ne pas voir là une manière de préface au séjour obligé, vingt-cinq ans plus tard, des équipages de l'*Admiral Graf Spee* retenus en Argentine et répartis en semi-liberté, dans les principales villes du pays ?

Comme en Allemagne même, après l'unanimité patriotique à la veille du conflit, les associations unies dans la lutte contre les Listes noires[3] avaient fait long feu en 1918. Les tensions sociales et politiques qui pouvaient exister au sein de la communauté germanophone d'Argentine deviennent fracture, scission irrémédiable (*Spaltung*), les conservateurs nostalgiques de l'Empire opposés aux républicains partisans de Weimar. D'un côté, les tenants de l'ordre ancien d'idéologie *deutsch-nationale*, humiliés par la défaite et ses conséquences pour la métropole, assoiffés de revanche et appelant de leurs vœux la renaissance des défuntes associations oeuvrant sous le patronage impérial[4] ; de l'autre, les Weimariens, socialistes, communistes et libéraux qui recevront dans les années 1930 le renfort d'intellectuels souvent juifs, artistes, scientifiques et représentants de cette résistance allemande trop souvent sous-estimée. Symbolique de cet antagonisme radical, la querelle du drapeau (*Flaggenstreit*) ruine le concept de « communauté allemande » et provoque une guerre éditoriale entre le vieil *Argentinisches Tageblatt* libéral et la *Deutsche La Plata Zeitung* (DLPZ) conservatrice, acquise plus tard au nazisme[5].

De 1918 à 1933, l'Argentine demeure la seconde terre d'accueil des Européens après les Etats-Unis qui, par une série de mesures restrictives, se ferment peu à peu à l'immigration incontrôlée[6]. L'Argentine, elle, demeure

[1] Avec le *Glasgow*, le *Kent* et l'*Orama* qui interdisent toute possibilité de sortie.

[2] K. SEIFFERT, *Die Kolonie Quiriquina. Internierte deutsche Blaujacken des Kreuzers « Dresden » siedeln während des Weltkrieges auf einer chilenischen Insel*, Reutlingen, Busolin u. Laiblin, 1939. Un demi-millier de marins allemands, immobilisés au Chili par la guerre européenne sont alors abrités à Valparaiso, la moitié d'entre eux ayant trouvé du travail dans les entreprises germano-chiliennes du port.

[3] Inventées en 1917, reprises et mises à jour en 1942-1945 par les Alliés pour boycotter les firmes allemandes, ou présumées telles, en pays neutre.

[4] *Militärverein, Reitverein, Flottenverein, Ruderverein*, etc… qui renaîtront après 1920.

[5] On proteste contre « l'emblème de 1848 ». A Valparaison, le professeur Adolf WILCKENS dissipe toute équivoque dans *Hundert Jahre deutscher Handel und deutsche Kolonie in Valparaiso, 1822-1922* : « Nous formons le voeu qu'un jour l'épée sera de nouveau forgée pour une renaissance de la gloire de l'Allemagne et nous combattrons sous le drapeau noir-blanc-rouge », p.123.

[6] *Immigration Act* et *Literary Test* de 1917, lois de 1921 et 1923 avant le *National Origin's Act* de 1929 qui limite à 15 000 par an le nombre d'admissions.

attractive ; jamais elle n'a été aussi inventoriée et plébiscitée par les intellectuels allemands que dans cette période d'après-guerre[1], même si le solde migratoire annuel la concernant de 1924 à 1930 n'a pas dépassé 40 000 admissions.

Comme en 1945, en 1918 déjà, la défaite et ses conséquences dramatiques en Allemagne sont à l'origine d'un regain de vocations migratoires à destination platéenne encouragées par le *Volksbund* local désireux de renouer avec la politique de colonisation – entendez l'établissement de migrants pour la mise en valeur d'un espace vierge offert à l'initiative étrangère.

Compte tenu de l'appropriation des meilleures terres par les grands propriétaires créoles, la région choisie ne pouvait être qu'excentrique, très éloignée des métropoles. Ceux qui arrivent, quelques milliers de candidats[2], sont ou se font pionniers avec le conseil et le concours de Teuto-Brésiliens voisins dans le Territoire (pas encore province) de Misiones (appellation jésuite), corridor stratégique entre Brésil et Paraguay. Les Allemands n'y sont d'ailleurs pas seuls – en tout 80 000 étrangers sur 190000 habitants et 35 000 km^2 [3] –, mais dès 1919 plusieurs centres sont créés, appelés à un certain développement[4] : Puerto-Rico, catholique[5], Monte Carlo, fief protestant à recrutement partiel dans le Rio Grande do Sul ; Eldorado enfin, fondé par une société de colonisation dépendant de la banque Tornquist et avant le défrichement par *picadas* le long de l'Uruguay et du Paraná. Pour une inauguration officielle, dans l'allégresse, on accueillera avec chaleur la princesse impériale Cecilie.

Ces fondateurs des dernières « colonies » allemandes d'Argentine se jugeaient « orphelins » du régime impérial défunt. Ils disaient illégitime, disqualifié et infréquentable le régime de Weimar, taxant sa politique de faiblesse et d'incompétence face au respect et à l'éclat dont avait joui, selon eux, partout dans le monde, la gloire des Hohenzollern. Selon Keiper[6], l'Allemagne de Weimar s'était exclue du jeu politique mondial.

---

[1] Œuvres de diplomates, de fonctionnaires ou de voyageurs : Backhaus, Buschvogel, Otto Bürger, Eckert, Goetsch, Goldschmidt, Haas, etc...

[2] Environ 3500 à 4000. En 1938, la « fourchette » est large, entre 25 et 95 000, selon les divers décomptes opérés.

[3] En 1930, 14 000 Allemands, 25 000 Brésiliens (ou Teuto-Brésiliens), 10 000 Polonais, 7000 Russes. Un mémoire de 1941 indique 22 000 Allemands et 17 000 Teuto-Brésiliens.

[4] Cultures de maté, thé, tabac, légumes et agrumes homologuées par des bilans flatteurs, cf. W. LÜTGE, W. HOFFMANN, *Deutsche in Argentinien, 1520-1980*, Buenos Aires, 1981, p.105 sq.

[5] Sous la houlette initiatrice du Teuto-Brésilien Carl Culmay.

[6] *Das Deutschtum während des Krieges*, op.cit., p.67.

L'attitude de l'*Argentiniendeutschtum* ne surprendra pas. Dès 1933, le nouveau cours en transporte certains, tout en exaspérant aussi les antagonismes entre arrivants.

La rédaction de la *Deutsche La Plata Zeitung* prônait en février 1931 la création d'une section locale nationale-socialiste. Gregor Strasser[1], alors chargé de l'organisation du parti et appuyé par les SA et le *Schwarze Front* saluait l'initiative. Dès janvier 1933 naissait, à côté du vieux *Volksbund für Argentinien* (DVA), une *Landesgruppe der NSDAP* d'abord de 60, puis de 220 membres, 310 en fin d'année ; mais en dépit de l'euphorie manifestée par les *Blockleiter* responsables du recrutement et les cellules de province (*Ortsgruppen*), la croissance des effectifs est lente : 2280 membres en 1936[2], 5765 en 1938, fraction mince, au demeurant, des quelque 45 000 à 60 000 Allemands d'Argentine. Pourtant les moyens financiers sont là : cotisations, dons et legs, dotations de l'ambassade, « fonds de presse » des firmes locales « sollicitées » par les « services spéciaux »[3].

Toutes les sociétés germaniques du pays[4] sont désormais sous la coupe de l'*Auslandsorganisation* (AO) tentaculaire du Dr. Bohle, pesant sur les représentations à l'étranger. Nombreux sont ici les espions et « agents »[5] impudents, imprudents, provocants, n'ayant de cesse de s'être imposés au personnel diplomatique ordinaire et à son chef, l'ambassadeur Edmund *Freiherr* v. Thermann.

> Edmund, *Freiherr* von Thermann, ambassadeur ici de 1936 à 1942, est un diplomate de carrière, rhénan opportuniste et courtois, arrivant de Danzig où il est resté huit ans. Général honorifique, de parade ou de salon, ce *SS-Brigadeführer* ignore les fonctions habituelles de ses homologues de l'Ordre noir.

---

[1] Assassiné avec Röhm en 1934, mais démissionnaire dès 1932. Son frère Otto échappera à la Nuit des longs Couteaux pour s'exiler au Canada.

[2] Selon la *Comissión investigadora de Actividades antiargentinas* de septembre 1941, H. VOLBERG, *Auslandsdeutschtum und Dritter Reich. Der Fall Argentinien,* 1981, p.139. Egalement, WAR DEPARTMENT, *List of Nazi members outside Germany*, Gov. Printed Office, Washington, 4 vol., 1945-1946. Sur 2280 enregistrements complets, 12% sont nés hors du Reich, donc présumes *Volksdeutsche*, d'autres, bi-nationaux, n'avaient pas le droit d'être encartés.

[3] Environ 200 000 *pesos* par an de 1934 à 1938 gérés par le *NS-Volksfront* selon A. EBEL, *Das Dritte Reich und Argentinien*, 1971, pp.264-267.

[4] Outre les Anciens Combattants, toutes les sociétés gravitant autour de la *Landesgruppe* ou phagocytées par elle : marins, gymnastes, musiciens, Club des chiens de berger (*Schäferhundverein*), scouts (*Pfadfinderkorps*), automobilistes (*NS-Kraftfahrzeug Korps*) et l'*Arbeitsfront* du Dr. Ley.

[5] Becker, Utzinger-Franczok, Gross, Harnisch, Paellgen, Mosig, Napp, cf. H. A. JACOBSEN, *Nationalsozialistische Aussenpolitik, 1932-1938*, Francfort, 1969, pp.90-107; R. C. NEWTON, *The "Nazi Menace"...*, op.cit., pp.249-262

S'il s'applique à donner tous les gages nécessaires de bonne volonté nationale-socialiste[1], il se sent plus à l'aise avec ses collègues étrangers, dans les clubs ou les réceptions de la *Casa Rosada.*

A la tête d'une famille « recomposée », son épouse, Vilma – Peguine pour les intimes – excelle dans les « réunions sociales » (au sens latino-américain du terme), inlassable d'attentions pour ses invités de marque, diplomates, militaires, patrons – dont des Juifs –, personnalités politiques et religieuses.

Le *Freiherr* est beaucoup plus proche des Papen, Neurath ou Weizsäcker que de Himmler (qu'il connaît, cependant) et des sbires de l'AO qui hantent son ambassade.

En accord avec le mémorandum rédigé par les chefs de missions allemands en Amérique latine après leur réunion à Montevideo en juillet 1938[2], il s'efforcera de ne plus enrôler et mobiliser les *Volksdeutsche* d'Argentine au profit de la politique étrangère du Reich, donc de respecter les lois locales interdisant toute appartenance à une organisation extérieure. Malgré l'Eglise catholique, le dollar, la « juiverie francophile » dénoncés par les participants à cette réunion, tous – donc Thermann aussi – s'engageaient à séparer l'engagement des « éléments *reichsdeutsch* » de l'autonomie de direction, d'organisation et de décision propres aux groupements *volksdeutsch* soumis à la législation américaine. Redoutant les réactions nationalistes de certains gouvernements[3], les chefs de missions avaient prévenu contre les menées intempestives et irresponsables des agents de l'AO ignorant les susceptibilités nationales. La conclusion des ambassadeurs étaient formelle[4]. Au Brésil, après un train de décrets-lois visant à interdire les manifestations nazies[5], l'ambassadeur Karl Ritter était déclaré *persona non grata* – la Wilhelmstrasse répliquant par la même mesure contre son homologue brésilien, Muniz de Aragão.

Cela étant, Thermann, fonctionnaire consciencieux et bureaucrate diligent, n'aura été qu'un « leurre conservateur » et, la guerre venue, qu'un agent d'exécution docile à la diplomatie impulsive de Ribbentrop, mais toujours en butte aux critiques acerbes des représentants locaux de Bohle.

Avec l'arrivée au pouvoir des nazis, « Vieux Allemands » locaux et autres germanophones de Buenos Aires donnent de la voix, se manifestent

---

[1] Il entonne le *Horst Wessel Lied* dans les grandes occasions, préside les fêtes néo-païennes du *Sonnenfeier* à la lueur des torches, ainsi que les réunions du *Stahlhelm*, du *Kriegsverein* et du *Kyffhäuser Bund* pour un hommage rituel à Schlageter ou aux sacrifiés de Langemark ; mais il fréquente plus familièrement le *German Klub*, le *Rowing Club Teutonia* ou le *Riding Club* dont il honore les présentations.

[2] « Aufzeichnungen über die Zusammenzukunft des Deutschen Missionschef in Argentinien, Brasilien, Chile und Uruguay in Montevideo am 28 und 29 Juli 1938 », *Akten zur Deutschen Auswärtigen Politik*, III, D6, pp.722-728

[3] Comme au Mexique où des milliers d'Allemands seront déportés au Texas ou dans le Dakota, libérés en 1945 : « Sie sind auf ihre Verschleppung in Konzentrationslagern gefasst », *Akten zur Deutschen...*, op.cit., III, D6, p.738.

[4] « Il est nécessaire, disent-ils, que l'Allemagne répudie clairement ses desseins d'une politique de puissance et qu'elle borne ses ambitions à des objectifs économiques et culturels [...] L'Italie et l'Espagne s'abstiennent, quant à elle, de toute propagande politique ».

[5] « Tout individu accusé de vouloir placer tout ou partie du territoire national sous souveraineté étrangère sera déclaré passible de la peine capitale », décrets-lois N° 406 et 430 des 18.04 et 18.05.1938.

sans retenue. Dès le 3 avril 1933, 3000 militants acclament au *Teatro Colón* une suite d'orateurs explosifs[1]. Tous les moyens de propagande sont utilisés : la presse de langue allemande[2], la radio chère à Goebbels, les soirées cinématographiques sous l'égide du *Volksbund*, les débats dits « littéraires », *charlas literarias* de propagandistes itinérants, les poètes locaux – Götz ou Panten –, les tribuns insurpassables dans la célébration du sang et du sol au pays de Walter Darré, le « Führer des paysans du Reich ». Il est des personnages étonnants, tel ce Dr. Ott, sosie de Hitler au physique ridiculement agité, jusque dans les mimiques, les poses, la nervosité maladive, le verbe incendiaire aux curieuses intonations tchèques[3]. Il n'est pas enfin de commémoration sérieuse sans référence expresse aux « martyrs » et autres activistes victimes de bagarres entre voyous. Pas de sang versé en vain pour le parti[4].

Des « actes » répétitifs devaient laisser un souvenir prégnant aux participants survoltés, amer aux adversaires tout aussi déterminés à combattre ces porte-voix du nazisme exporté.

A Buenos Aires comme en province (à Posadas, Corrientes, Mendoza, Villa Crespo, Tornquist), il n'est guère de jour anniversaire qui ne soit prétexte au rassemblement jusqu'à provoquer, surtout en 1938 et 1939, de vives réactions nativistes devant les proclamations arrogantes des leaders de la *Landesgruppe*[5]. L'hommage rendu à l'*Anschluß* en 1938 sous la présidence d'Alfred Müller[6] devait rester dans les mémoires. A cette occasion, des milliers de marcheurs – 20 000, selon Volberg – des gymnastes, des cyclistes et des motocyclistes, des cavaliers, des membres de l'*Arbeitsfront* portant pelles et pioches, avaient convergé vers un *Luna Park* orné de blasons gothiques – *Ein Volk, Ein Reich, Ein Führer* – aux accents du *Deutschland über Alles* et du *Horst Wessel Lied* entrecoupés de vigoureux *Sieg Heils* !

---

[1] Willi Köhn, photographe au Chili, promu *SS-Brigadeführer*, responsable de l'AO pour le « cône Sud » ; Martin Arndt, président du *Volksbund* local ; Leo Schäfer, manager de Thyssen, fanatiquement hitlérien.

[2] Outre la *DPLZ* et *Der Deutsche in Argentinien*, les revues *Die Deutsche Wacht*, *Der Bund*, *Der Auslandsdeutsche*, *Der Trommler* (organe officiel du parti) et le *Landesgruppe's Mitteilungsblatt*.

[3] « Excellent sujet d'étude pour un psychiatre », selon le vice-consul américain Busser.

[4] Cas d'un certain Joseph Riedle en avril 1937, assimilé à Horst Wessel ou à Wilhelm Gustloff par Streicher. « Il est mort comme un héros de 1914-18 », écrit-il, sollicitant en vain de l'ambassadeur argentin Labougle l'expression de condoléances argentines officielles.

[5] 30 janvier, 20 avril, 1er mai. Le cirque Sarrasani et le *Luna Park* réunissent régulièrement 10 à 30 000 personnes ces jours-là.

[6] Ancien des corps francs en 1918, éditeur du *Mitteilungsblatt* et éditorialiste du *Trommler*, homme de confiance local du Dr. Ley, chef de l'*Arbeitsfront*. Leader de la *Landesgruppe*, ennemi juré de Thermann, comme son épouse Annelore de Vilma v. Thermann.

Heinrich Volberg – alors agent commercial des grandes firmes et chef de Bureau économique de l'AO – côtoie ici tout un lot d'ambitieux rivalisant dans la direction du mouvement et l'entraînement des militants[1].

Toutes ces manifestations, jugées dangereuses par les Argentins anti-nazis, consacrent la mise au pas (*Gleichhaltung*) de secteurs essentiels pour l'avenir de la communauté germanophone locale : la jeunesse et l'école.

Malgré la vigueur de contre-manifestations massives de la gauche contre les rassemblements hitlériens, les nazis ont des alliés créoles nombreux dans les milieux militaires[2], politiques[3], religieux (avec le curé Meinvielle) et intellectuels[4], germanophiles et antisémites se retrouvant au sein d'un Institut d'études germaniques doublé d'une *Institución Cultural Germano-Argentina* présidée par le richissime industriel Richard Staudt ; elle compte en 1936 plus de 800 auditeurs, les meilleurs récompensés par des séjours en Allemagne[5].

La montée de l'antisémitisme dans certains cercles créoles s'inscrit dans ce contexte d'agitation pro-nazie, la Délégation des Associations israélites d'Argentine (DAIA) estimant à 8000 le nombre des catholiques activistes acharnés d'antisémitisme en liaison avec les représentants de l'AO.

b- <u>L'immigration juive, 1933-1939</u>

Russes des statistiques argentines pour être originaires de l'empire des tsars, mais, au vrai, allogènes extra-territoriaux en Russie même et relégués en Pologne ou en Ukraine (car interdits de résidence en « Vieille et Sainte Russie »), les Juifs arrivés ici entre 1880 et 1914 étaient des plus misérables, victimes de stéréotypes récursifs d'ailleurs souvent contradictoires. On les jugeait indésirables car chargés d'opprobre, porteurs de tares dominantes incurables, paresseux et exploiteurs, parasites et usuriers, corrupteurs et spéculateurs, esclavagistes et révolutionnaires, s'avançant masqués avec le

---

[1] Becker, Sandstede, Arnold, Landkuhl, Schmidt-Dechert. Thermann attribuera la défaite de l'Allemagne aux rivalités fratricides et aux provocations incontrôlées des 37500 agents fonctionnaires incompétents de l'AO.

[2] Les généraux Pistarini, Pertiné, Molina, plus tard Gilbert et les conjurés du GOU de 1943 (cf. *Infra*, chap.IV, Notes 2 et 3, p.62), tous anciens stagiaires en Allemagne et, comme Perón, ouvertement partisans de l'Axe jusqu'en 1945.

[3] Sánchez Sorondo, Fresco, Luís Hipólito Yrigoyen (neveu de l'ancien président), Ibarra García, León Scasso, Loyarte etc...

[4] Dont beaucoup de juristes, d'historiens, de médecins et d'écrivains comme Martínez Zuviria, *alias* Wast, auteur prolifique et pamphlétaire antisémite avec Oro et El Kahal diffusés par l'ambassade d'Allemagne (cf. Notre livre *Les Juifs allemands et l'antisémitisme en Amérique du Sud*, L'Harmattan, 2011, pp.205-207).

[5] Sous l'égide de *l'Ibero-Amerikanisches Institut* de Stuttgart et du *Deutsches Akademisches Austausch Dienst* (DAAD) dépendant alors du *Reichsleiter* Rosenberg.

communiste et le franc-maçon. Les directeurs des Services d'Immigration[1] les accusaient de mettre en péril la civilisation chrétienne et de bafouer l'idiosyncrasie nationale et ses valeurs en tant qu'agents de transmission des pires calamités pour une jeune nation en plein élan[2]. Or, il leur était d'autant plus difficile de se défaire de ces vieilles accusations remises « au goût du jour » que les accablait le souvenir funeste de la *Semana trágica* de 1919, sanction sanglante de l'échec du *Bund* juif dans sa tentative d'installer à Buenos Aires, par la violence et la grève générale, un régime inspiré des Soviets.

Forte, semble-t-il, de quelque 170 000 membres en 1914, cette communauté en aurait compté 650 000 en 1950 selon l'*Auswärtiges Amt* de Bonn, car grossie des contingents venus d'Allemagne, pourtant très différents des « anciens » par la culture, le genre de vie et les activités[3].

Comparée à la Pologne[4], l'Allemagne n'était pas un foyer juif important : en 1870, 1,06% de la population de l'Empire ; en 1914, 0,9%[5] et enfin 0,55% en 1934, soit quelque 560 000 personnes en 1938, outre 220 000 en Autriche. A la date du 17 mai 1939, 450 000 Juifs austro-allemands avaient déjà quitté le Grand Reich pour l'Europe voisine ou les Amériques. Les survivants n'étaient que 60 000 en 1942, 15 000 à peine en 1945.

Entre 1933 et 1945, 45000 ont été accueillis – ou acceptés – en Argentine, constituant 28% du solde migratoire européen dans la période – contre 1,2% seulement avant 1933[6] .

Ce pays avait ainsi été le premier asile juif dans le monde en pourcentage de la population totale du pays d'accueil, Palestine exceptée[7].

L'essentiel, pourtant, est ailleurs, dans l'inestimable apport représenté par des gens instruits, professionnellement qualifiés, artistes, scientifiques,

---

[1] Longtemps directeur de ces services avant 1914, Juan ALSINA arguait de l'impossibilité de concilier cette idiosyncrasie avec la langue, les mœurs, la religion et le comportement politique des juifs d'où qu'ils vinssent, cf. *Memoria del Departamento General de Inmigración correspondiente al año 1895*, p.224.

[2] Anarchie et anomie, irréligion, immoralité et licence sexuelle, irrespect de la famille, des institutions et des traditions argentines.

[3] Beaucoup se disaient « sans religion » par crainte des pressions – ou de l'oppression – péroniste, selon I. L. HOROWITZ, « The Jewish Community of Buenos Aires », *Jewish Journal of Sociology*, Nr. 4, 1962, p.163.

[4] Il y avait, en 1939, six millions de juifs polonais, soit 10% de la population.

[5] Selon que l'on considère les seuls juifs de confession (*Glaubenjuden*) ou l'ensemble des personnes dites « de cette race », des couples *Volljuden* aux « quarts de juifs », selon les critères des censeurs et recenseurs nazis, cf. R. BLAU, *Das Ausnahmerecht für die Juden in Deutschland, 1933-1945*, Düsseldorrf, 1954, p.10 ; F. KRAUTMACHER, A. WULCHER, *Die Weimarer Republik*, Munich, 1945, p.10 ; J. TOURY, *Soziale und politische Geschichte der Juden in Deutschland, 1847-1871*, Düsseldorf, 1977, p.12.

[6] H. V. ELLENBENZ, J. SCHNEIDER, « La emigración alemana a América latina », *Jahrb. Von Staat, Wirtschaft u. Gesellschaft Lateinamerikas*, Bd. 13, 1976, p.400.

[7] R. C. NEWTON, « Indifferent Sanctuary : German Speaking Refugees and Exiles in Argentina, 1933-1945 », *Journal of Interamerican Studiers and World Affairs*, Bd. 24, Nr 4, 1982, p.495.

spécialistes, entrepreneurs[1] ; d'où l'antagonisme radicalisé, devenu « polarisation implacable » selon Volberg, entre « Vieux Allemands » conservateurs séduits par le nazisme et Weimariens bénéficiaires des renforts juifs, socialistes et libéraux, « bannis sociaux » (*rassig verfolgte Emigranten*) ou politiquement contraints de fuir, civiquement déchus ou en voie de l'être[2]. Tout, en effet, différenciait les arrivants, patriotes allemands incontestables[3], des *Ostjuden* des ghettos orientaux et des *shtetls* ruraux ne parlant que yiddish, vêtus du caftan, penchés sur la Torah et l'observation des prescriptions *halakha* ; ils étaient au contraire, eux, ingénieurs, techniciens, avocats, commerçants, médecins, enseignants, gens d'affaires, Allemands complets depuis la réforme germanisante de Mendelssohn et n'ayant connu, avant la dictature nazie, qu'un antisémitisme occasionnel, de reliquat ou « de concurrence », selon Haffner[4]. S'ils n'étaient pas le sel de la terre, ils étaient « le sel dans la soupe »[5], agents de progrès par leur savoir et leurs performances dans tous les domaines de l'esprit.

On remarquera enfin que, grâce au lobby juif de Buenos Aires, « lobby vociférant », dit Newton, des Juifs s'établiront encore ici après 1945, ayant déjoué l'opposition virulente de Santiago Peralta, directeur des Services d'Immigration jusqu'en 1947. Malgré cet émule d'Alsina, 1100 seront admis en Argentine avant 1950, selon Senkman, Avni et Klich[6], 3300 encore en toute illégalité, sans doute par voie terrestre et dans le même temps. Mais l'heure n'était plus à l'accueil plus ou moins généreux des rescapés de la Shoah, ni d'ailleurs à leur option personnelle et préférentielle pour les rivages platéens…

---

[1] H. AVNI, *Argentina y la historia de la inmigración judía, 1810-1945*, Jerusalem, 1983 ; H. H. MEDING, *Flucht vor Nürnberg ?*, *op.cit.*, p.31.

[2] 4000 dénaturalisations (*Entbürgerungen*) en 1934, 8000 en 1938, le double l'année suivante, 40 000 après la *Kristallnacht* de novemnre 1939.

[3] A preuve leur conduite en 1914-18 et les pertes juives enregistrées ; sur 100000 mobilisés, 18 000 sont morts au combat, soit 17% d'entre eux, « pour l'Empire et pour la patrie », dit la formulation officielle, cf. O. ARMIN (A. ROTH), *Die Juden im Heere. Eine Untersuchung nach amtlichen Quellen, 1919* ; Id. *Die Juden in den Kriegsgesellschaften in der Kriegswirtschaft*, 1921 ; H. FRIEDRICH, « Die Juden im Heere », *Deutschlands Erneuerungen*, 1919, p. 4 sq.; W. J. ANDRESS, « Das deutsche Militär und die Juden in Ersten Weltkrieg », *Militärgeschichtliche Mitteilungen*, 1976, Nr.1, p.78 sq.

[4] Pour Orphir, Steinert, Sterling, Kershaw, Browning, Eva Reichmann – tous bons historiens de la période –, il ne doit pas y avoir de confusion entre opinion publique et déclarations du parti. « L'écrasante majorité ne ressentait pas comme insupportables ses rapports avec la minorité juive », écrit REICHMANN, et selon W. S. ALLEN, « c'est l'adhésion au parti qui avait promu l'antisémitisme, et non l'inverse ». Pour HAFFNER, « en Europe de l'Ouest, comme en Allemagne, l'antisémitisme avait commencé à décliner : on souhaitait l'assimilation et l'intégration des juifs, et celles-ci étaient en bonne voie », tandis qu'au-delà de Vienne, l'antisémitisme était « endémique et étouffant », *Anmerkungen zu Hitler*, Munich, 1978, p.15.

[5] B. BREUNIG, *Die deutsche Rolandwanderung*, Stuttgart, Nymphenberg, 1984, p.16.

[6] H. AVNI, *Argentina y la Historia…*, *op.cit.* ; I. KLICH, « A Background to Peron's Discovery of Jewish National Aspirations », *Judaica latinoamericana: Estudios historico-sociales*, Jerusalem, Univ. Hebrea, 1988.

c – « Danger allemand » et lutte anti-nazie

Contre les Juifs, marxistes et libéraux allemands contraints à l'exil et qui ont rejoint l'Argentine avant 1940, la « vieille garde » germano-argentine nourrissait alors une « animosité grandissante », assure Meding. Défendus par l'*Argentinisches Tageblatt* et leurs propres organes de presse, la *Jüdische Wochenschau* et *Das andere Deutschland* (DAD), les réfugiés s'unissaient d'instinct aux formations locales de gauche, dont l'*Union Cívica Radical* (UCR) anti-hitlérienne. Créateur, avec une dizaine de collègues – des radicaux aux anarchistes, de Frondizi à Ghioldi – d'un « Comité de lutte contre le racisme et l'antisémitisme », le socialiste Enrique Dickmann réclame au Congrès l'adoption d'une législation répressive à l'encontre des menées de l'Axe dans le pays[1]. Le président Ortiz s'y dira favorable, mais Castillo, son successeur, ne cachait pas sa sympathie pour les puissances en question. Par la voix du député Silvano Santander, auteur de brûlots antifascistes[2], l'*Union Cívica Radical* pourfend elle aussi l'influence néfaste des nazis sur la souveraineté argentine. Heinrich Jürges accuse la *Landesgruppe*, Alfred Müller son président et Conrad v. Schubert, conseiller de l'ambassade, de s'associer au projet allemand d'annexion de la Patagonie, la Patagonie encore vide ou presque vide, donc à la portée des ambitions territoriales d'Hitler[3]. Accusation absurde, écrira le *Buenos Aires Herald*, mais symptomatique du combat entre les deux courants dans cette période cruciale du printemps 1939[4].

A l'appui de ses accusations, Jürges avait produit la copie de documents allemands de janvier 1937 censés prouver les intentions agressives des nazis et leur volonté de conquête. Mais le faux était manifeste[5], destiné à contraindre Ortiz à rompre des négociations tout juste entamées avec Berlin. Convaincu de mensonge, l'auteur sera condamné à deux années d'emprisonnement ; mais derrière cette campagne de désinformation, l'heure n'en était pas moins à la dénonciation, comme en 1914, du « danger allemand » pesant sur l'hémisphère.

C'est, en effet, sur la base des faux documents publiés par Jürges, au Brésil d'abord, puis dans les quotidiens nationaux – *Última Edición*, *Noticias*

---

[1] *Recuerdos de un militante socialista*, Buenos Aires, La Vanguardia, 1940, pp.7-36.

[2] *Nazismo en Argentina. La Conquista del Ejercito*, 1945 ; *Técnica de una traición. Juan D. Perón y Eva Duarte agentes del nazismo*, 1952 ; *Yo acusé a la dictatura*, 1957 ; *El gran proceso : Eichmann y el nazismo*, 1961.

[3] R. C. NEWTON, « The Patagonian Plot », *IHR*, 1981, pp76-114 ; *Id*, *The « Nazi Menace »...*, *op.cit.*, pp.195-214; R. POMMERIN, *Das Dritte Reich und Lateinamerika*, 1977, pp.65-67; A. EBEL, *Das Dritte Reich...*, *op.cit.*, pp.401-408.

[4] *Anschluß*, dictature gétuliste de l'*Estado Novo* au Brésil, invasion de la Tchécoslovaquie (15.03.1939), chute de Madrid (30.03), attaque italienne de l'Albanie (07.04), réaffirmation de l'alliance militaire de l'Axe en mai.

[5] « Nevertheless a Hoax, and undoubtedly Ortiz knew it was a hoax. The Plot was the handiwork of an anti-german coalition », dit très bien R. C. NEWTON, *The "Nazi Menace"...*, *op.cit.* , p.196.

Gráficas et l'*Argentinisches Tageblatt* – qu'Alfred Müller est jeté, enchaîné, le 31 mars, dans la prison de Villa Devoto.

Tous les locaux de la communauté allemande de Buenos Aires – clubs, banques, cafés, salles de réunions et sièges de sociétés – sont perquisitionnés, ses leaders soumis à des interrogations parfois humiliantes pour des gens ayant pignon sur rue[1] ; de même, à Córdoba, Tucumán, Mendoza, Salta, Bahia Blanca, Comodoro Rivadavia.

Client de Washington, le professeur uruguayen Hugo Fernández Artucio ayant évoqué une possible tentation de putsch allemande à Montevideo, le bruit court alors d'une action analogue à Buenos Aires par une troupe d'assaut de quelque 20 000 individus fanatisés[2]. Absurde, là encore, assure l'ambassadeur d'Allemagne, Bohle et les responsables de l'AO ayant toujours commandé aux expatriés de ne pas s'ingérer dans les affaires intérieures des pays hôtes. Ils devaient, au contraire, au « nom de l'hygiène raciale » (*rassenhygienischen Gesichtspunkten*) renoncer à tout processus de « latinisation » argentine dégradante pour regagner de préférence l'Europe et y prendre part à la colonisation des terres de l'Est pour contribuer ainsi à l'expansion géographique triomphante du Grand Reich ![3] Dont acte, mais dans les milieux argentins *aliofilos*, la crainte n'en demeurait pas moins vive, pour l'unité de la nation, de solidarités maintenues entre groupements étrangers dans le culte de l' « ancienne patrie ».

Rien ne pouvait plus déplaire à un diplomate platéen – en l'occurrence Eduardo Labougle, descendant d'immigrants français et ambassadeur à Berlin[4] – que la référence au patchwork ethnico-culturel d'une Europe centrale balkanisée depuis 1919, paradigme insupportable à l'idéal patriotique et unitaire de la Nation américaine par excellence. Comment admettre ici le concept européen de « minorités », kystes inextirpables et produits d'une mentalité « éternellement étrangère », récusant les modes de vie et de pensée créoles ? La présence d' « étrangers de l'intérieur » n'est-elle pas incompatible avec l'histoire, les lois et surtout les valeurs du pays d'accueil ? Il faut interdire la formation de groupes autonomes et de statut hybride, au surplus manœuvrables de l'extérieur en temps de crise et d'exception, assure Labougle.

---

[1] Eduardo Delfino, Alfredo Hermann, Ernesto Meier (président du Comité de Bienfaisance), Ricardo Leute (du *Banco Germánico*), Carlos Schmits (président de la Chambre économique allemande), Carlos Fleischer (chef de l'*Arbeitsfront* local).

[2] H. FERNÁNDEZ ARTUCIO, *Nazis en el Uruguay*, Montevideo, 1940, outre, du même, *Nazi Underground in South America*, N. York, 1941 et *The Nazi Octopus in South America*, Londres, 1943.

[3] Selon les directives (*Auslandsausweis*) N°2 de la NSDAP reproduites *in* H. VOLBERG, *Auslandsdeutschtum...*, *op.cit.*, p.27.

[4] Conservateur catholique bien disposé envers l'Allemagne, mais vite révulsé par l'idéologie nazie et le caractère intrinsèquement pervers du régime hitlérien. La *Kristallnacht* rendra définive son aversion pour l'Allemagne nazie. Conseiller à l'ambassade d'Argentine, Carlos Meyer Pellegrini fustige de même « le despotisme répugnant qui bafoue les principes les plus élémentaires de la dignité de l'homme ». Voir les Mémoires de LABOUGLE, *Misión en Berlin*, Buenos Aires, Kraft, 1946.

Or, ce diplomate n'est pas seul à penser ainsi. Conseiller des Affaires étrangères, un certain Isidoro Ruíz Moreno abonde dans ce sens. Tout en admettant l'existence de liens affectifs avec l'ancienne patrie, il n'en juge pas moins l'idée de ghettos – *Petite Italie* ou *Petite Pologne*, dit-il – intolérable et inadmissible[1].

C'est dans cette perspective qu'il convient d'interpréter les mesures répressives prises jusqu'en 1943, avant l'ère péroniste, à l'encontre des solidarités de groupe et des initiatives germanophones locales : dissolution, après l'affaire de Patagonie, de la *Landesgruppe*, comme du *Fascia all'Estero* transalpin ; création, deux ans plus tard, d'une commission parlementaire visant les « activités anti-argentines » (*Comisión Investigadora de Actividades Antiargentinas*) sous l'impulsion des socialistes Raúl Damonte Taborda et Silvano Santander[2], avec interrogatoires jusque dans les écoles allemandes et conclusions sur la nocivité potentielle des agents étrangers ; rapports circonstanciés enfin – *Despachos e informes* de septembre 1941 à janvier 1943, le dernier sur « les formes et les moyens de la pénétration totalitaire » – stigmatisant l'ambassade d'Allemagne vue comme une centrale d'espionnage camouflée, cinquième colonne et repaire de personnages douteux chassés des autres pays sud-américains.

Cela étant, et malgré la rupture – formelle et tardive – des relations diplomatiques entre Berlin et Buenos Aires, l'Allemagne ne souhaitait pas entrer en conflit avec un pays qui, plus encore sous Perón, devait toujours se comporter en « partenaire privilégié » et être considéré comme tel.

En décembre 1939 survient un événement imprévu, en ligne collatérale de la guerre à peine déclarée : le sabordage devant Montevideo du cuirassé de poche *Admiral Graf Spee* et l'internement en Argentine de son jeune équipage ; affaire délicate en pays neutre, suivie avec attention par la *Comisión Investigadora*, peut-être aussi l'occasion d'apprécier « la générosité et l'honneur san martinien »[3] d'une nation intransigeante, fière de son indépendance et, malgré une opinion divisée, nullement hostile à l'Allemagne du IIIe Reich.

---

[1] « La protection des minorités peut être légitime en Europe, pas en Amérique [...] On ne peut tolérer l'usage à l'école d'une autre langue que l'espagnol. L'Argentine, terre d'immigrants, est le creuset d'une nouvelle nation. Elle ne peut consentir à l'existence de noyaux raciaux soustraits à l'autorité de la loi », cité par R. C. NEWTON, *The « Nazi Menace »..., op.cit.*, p.184.

[2] La commission était subventionnée par Washington, conseillée par Fricke, Jürges et l'ex-gestapiste Dag. On peut parler de « grand scepticisme » quant à ses conclusions, selon Newton. L'ambassade d'Allemagne accusera Damonte « qui s'était identifié à la cause des Etats-Unis » de proxénétisme et de corruption de mineurs, sur la base d'enquêtes policières au Brésil. Il démissionnera en juin 1942 au profit de son secrétaire qui le détestait, Juan Antonio Solari, cf. R. C. NEWTON, *The « Nazi Menace »..., op.cit.*, pp.232-236.

[3] Selon Holger M. MEDING, *Flucht vor Nürnberg?*, *op.cit.*, p.35.

CHAPITRE III

LES MARINS DU *GRAF SPEE*

CAPTIVITE HEUREUSE ET HEURES SOMBRES DE LA GUERRE

(1939 – 1945)

Objet de décrets présidentiels, de rapports diplomatiques et de monographies récapitulatives[1], l'affaire du *Graf Spee* a donné lieu sur place à une suite de divergences et de compromis entre les autorités allemandes et les responsables argentins sur le sort réservé aux marins internés ici de 1939 à 1946. Elle illustre la situation spécifique d'une Argentine longtemps neutraliste et l'ambiguïté de ses relations avec les belligérants. Soumis à la discipline navale allemande, les marins l'étaient également à des obligations changeantes plus ou moins respectées avec le temps, selon l'évolution de la situation militaire mondiale et les réorientations de la politique argentine.

Après un combat dans l'Atlantique Sud le 13 décembre 1939 contre trois croiseurs britanniques, le *Panzerschiff Admiral Graf Spee*, endommagé, avait trouvé refuge à Montevideo, bloqué là par les Anglais. Passé le délai légal de 72 heures empêchant toute réparation, le commandant Langsdorff décidait, avec l'accord de l'attaché naval allemand en Argentine, Dietrich Niebühr, l'évacuation de l'équipage – près de 1100 hommes – à Buenos Aires sur un navire de la *Hamburg-Amerika*, le *La Porteña*. Le 21 décembre, le suicide de Langsdorff fait alors l'événement après le sabordage du navire.

Deux jours plus tard, derrière l'Argentine officielle avec la haute société *porteña* et des dizaines de milliers d'anonymes, un cortège funèbre impressionnant accompagnait Langsdorff au cimetière de Chacarita ; dans cette foule compacte, éplorée, admirative, aussi affligée que sept ans plus tôt lors des obsèques du président Yrigoyen, les femmes couvraient de fleurs les

[1] Cf. Ministerio de Relaciones Extériores de la República Oriental del Uruguay, *Antecedentes relativos al hundimiento del acorazado « Admiral Graf Spee » y la internación del barco mercante « Tacoma »*, Montevideo, 1940. Voir aussi F. W. RASENACK, *Panzerschiff « Admiral Graf Spee ». Kampf, Sieg und Untergang*, Biberach, 1957; E. MILLINGTON-DRAKE, *The Drama of «Graf Spee » and the Battle of the Plata. A documentary Anthology, 1914-1964*, Londres, 1964; O. BAYER, « El Fin del último corsario. Tragedia y supervivencia del Graf Spee », *Todo es historia*, N° 6, 1967, pp.74-93; M. GESTER, « Freund und Feind nach 40 Jahren. Deutsche, Briten und Neuseeländer treffen sich an der Plata. Das Ende des Panzerschiffs Admiral Graf Spee», *Frankf. Allg. Zg*, 12.01.1980.

jeunes marins allemands[1], des affiches célébrant l'héroïsme du défunt : *Este tipo hizo patria*[2]. Une exaltation rarement rapportée dans les récits officiels…

Les marins n'étaient pas des naufragés (comme le prétendait v. Thermann), mais des rescapés au statut officiel imprécis. Le sacrifice de Langsdorff rachetait le sabordage peu glorieux de son navire. Conformément aux Conventions de La Haye de 1899 et 1907, le président Ortiz avait décidé par décret (N° 50126), dès le 19 décembre, l'internement de l'équipage – sauf trois médecins et trois infirmiers.

Prisonniers formels, les marins restaient, dans un premier temps, libres de leurs déplacements. Pourvus d'argent de poche par un *Fonds Graf Spee*, ces *Spee-Junge* – 18 à 19 ans de moyenne d'âge – étaient mal surveillés par la police argentine, mieux par leur propre police militaire. Ayant quartier libre, ils fraternisaient même avec les marins britanniques, étaient reçus dans les familles et ne laissaient pas indifférente la gent féminine locale ; d'où le véritable chantage des Britanniques sur le gouvernement argentin pour le contraindre à des mesures plus strictes contre les internés, la reconduction d'un important accord commercial entre les deux pays étant lié à cette condition.

Dans un second temps, à partir d'une liste dressée le 26 mars 1940 (décret N° 58558), les matelots seraient dispersés dans différentes villes de province – Córdoba, Tucumán, Santa Fe, Rosario, Mendoza, San Juan, El Sauce –, séparés des officiers mariniers assignés à résidence à Bahia Blanca, les officiers étant retenus sur l'île de Martín García, au fond du Rio de la Plata.

Au cours de six années d'internement, 140 marins devaient s'enfuir avec la complicité de l'attaché naval Niebühr ; près de 600 obtiendront du ministre Diogeno Taboada et sur intervention de l'ambassade d'Allemagne, de rester en uniforme, soumis au règlement militaire allemand, mais logés, embauchés et rétribués dans les chemins de fer, l'arsenal, le pétrole, les travaux publics, mis ainsi au service de l'Argentine sans rien coûter au Trésor. Toutefois, l'entretien des autres devait être pris en charge par l'Etat argentin pour 1,3 millions de pesos, l'ambassade et les firmes locales pour 735 000 à raison de 350 pesos par mois par officier et de 3 pesos par jour par matelot.

En province, l'accueil réservé aux marins était variable, de l'empressement à l'indifférence, parfois la franche hostilité, semble-t-il. A Córdoba, le gouverneur Amadeo Sabattini incitait les arrivants, bien accueillis pour la plupart, à s'établir définitivement dans la province[3] et à y convoler au plus vite pour éteindre chez eux le fanatisme hitlérien et enrichir l'Argentine par leurs connaissances, leur travail, leur sens de la famille. L'eugénisme ayant

---

[1] E. MILLINGTON-DRAKE, *The Drama of Graf Spee…*, *op.cit.*, p.362.

[2] Témoignage de W. v. OVEN à Holger H. MEDING.

[3] Offrant même, dit un correspondant anonyme, une prime d'établissement de 1000 pesos à chacun d'eux.

ici le vent en poupe, maints officiels affirmaient priser ce renfort de Nordiques instruits, jeunes et vigoureux pour l'amélioration d'un pays « racialement inférieur » ![1]

Encouragés par Kay, successeur de Langsdorff, les évasions étaient nombreuses – plus de cinquante en 1941, officiers et techniciens en majorité –, malgré le rétablissement de la chaîne de commandement par Niebühr ; après avoir encouragé les évasions, il avait à nouveau soumis les internés à la discipline et à la juridiction de la *Kriegsmarine* pour mettre fin aux désertions, aux bagarres entre matelots pro et antinazis et aux refus d'obéissance. Un décret du 8 avril 1940 (N° 59459) obligeait officiers et techniciens à ne pas quitter Martín García (plus proche de l'île d'Elbe que de Poulo Condor ou de l'île du Diable malgré le climat éprouvant et le grouillement d'insectes en été !).

Avec l'arrivée au pouvoir de Castillo, juriste provincial germanophile, secondé par l'amiral pro-nazi León Scasso et le commandant bi-national et germanophone Aumann, chef de l'*Abwehr* et commandant du secteur de Martín García, la fuite des officiers est continue de juin 1941 à juin 1942. On s'évade par le Chili, l'Uruguay, le Brésil, le Paraguay et sur les navires portugais ou espagnols[2].

Les marins restants étant regroupés, par décision argentine, à l'hôtel *Sierra*, dans la Sierra de Ventana près de Bahia Blanca, s'ensuivent de nouvelles évasions – plus de 150 dont 32 officiers ayant défié la « Commission des Activités anti-argentines » pour prendre part à la bataille de l'Atlantique et à une *Graf-Spee-Aktion* conduite par Niebühr ; fin 1942, six submersibles de la *Kriegsmarine* sont commandés par des officiers évadés d'Argentine. Un an plus tôt, malgré Pearl Harbour, Castillo et Ruíz-Guiñazú, son ministre des Affaires étrangères, avaient contrecarré les plans de Washington pour une unité d'action panaméricaine contre l'Axe. En septembre 1942, un rapport de Solari, nouveau directeur de la Commission anti-nazie, ne pourra que déplorer l'ataxie de l'administration argentine, le laxisme des responsables et la liberté de mouvement laissée aux internés étrangers.

Après juin 1943[3], les relations se tendent encore davantage entre Buenos Aires et le *State Department*. Des journalistes new-yorkais jugent alors

[1] Passé 1870, les théories eugénistes sont en plein essor, c'est la réflexion habituelle notamment en Amérique latine, des juristes, médecins, biologistes, éducateurs, écrivains et politiciens, voir notre étude *Les juifs allemands et l'antisémitisme en Amérique du Sud, 1930-1950*, L'Harmattan, 2008, en particulier, pp.93-109, 159-166.

[2] Dont le *Cabo de Hornos* et le *Cabo de Esperanza* spécialisés dans la contrebande et le passage d'agents spéciaux et de fugitifs. Sur ces différentes filières d'évasion, R. C. NEWTON, *The « Nazi Menace »...*, *op.cit.*, pp.273-274.

[3] La junte germanophile qui prend le pouvoir renverse un président, Castillo, dont le gouvernement était déjà acquis à la cause du Reich, rappelle J. PINEDO, *En Tiempos de la República*, Buenos Aires, Mundo

les internés capables de faire basculer l'Argentine du côté de l'Axe. Or, malgré Niebühr, ceux-ci, loin des leurs, sans avenir apparent, fatigués de la discipline militaire, sensibles à la liberté et aux agréments du Nouveau Monde, étaient bien incapables de servir les desseins de l'*Abwehr*. Resté à Buenos Aires après la rupture des relations avec Berlin, le chargé d'affaires Erich Otto Meynen, qui n'avait rien du nazi servile ou intoxiqué, niait toute responsabilité personnelle dans la conduite privée et l'insoumission manifeste des marins encore présents en Argentine[1]. En janvier 1944, 22 mariages mixtes seulement avaient été contractés, en mars 145 et, la guerre officiellement déclarée, 285 encore en décembre, « gigantesque éruption finale », selon Newton, due à la rupture officiellement consommée entre les deux pays. La pente du sentiment, si loin de la discipline des camps pourtant bien tenus et visités par la Croix-Rouge suisse, l'avait assez facilement emporté sur toutes les interdictions.

Toutefois, avec la déclaration de guerre théorique, mais officielle, du 27 mars 1945, les *Spee-Männer* sont désormais prisonniers et, en septembre, voués au rapatriement en Europe après la guerre, le sort des mariés étant incertain. C'est l'absence de transports disponibles, outre un déluge de pétitions et de protestations de tous bords contre cette décision – appels soutenus par le clergé et même par l'archevêque de New York, Mgr Spellman – qui retarderont le retour des marins récalcitrants, soit plus de la moitié d'entre eux. Beaucoup, au reste, étaient déjà mariés sur place et pères de famille, donc théoriquement inexpulsables en vertu du *jus soli* américain. Les Alliés resteront pourtant inflexibles, ils exigeront l'embarquement de 800 hommes et quelques femmes sur le *Highland Monarch* en partance pour Hambourg, déjà nanti d'une cargaison de viande et sous la surveillance d'un croiseur britannique. « Farce ridicule, bien caractérique de la manière dont l'Argentine avait, depuis le début, traité cette affaire », jugera le chargé d'affaires yankee, John Moors Cabot.

En octobre 1947, Kenneth Oakley, autre diplomate américain, plaidera en faveur de 195 anciens de la *Kriegsmarine* rapatriés de force, mariés à des Argentines et n'ayant de cesse d'avoir regagné Buenos Aires. L'année suivante, « en considération du temps écoulé et compte tenu des bonnes relations entre les Etats-Unis et l'Argentine », dira benoîtement le même, familles et amis seront enfin réunis. Le dossier du *Graf Spee* était clos, mais

Forense, 1988, p.1. Perón est alors encore en retrait, mais va vite s'imposer au triumvirat des généraux *golpistas*.

[1] « Les contraindre au renoncement à leurs projets de mariage eût été contraire aux droits de l'homme, ainsi qu'aux garanties constitutionnelles les plus élémentaires », dira-t-il avec raison. « Le temps, la biologie et l'aveuglement de leurs *petty officers* avaient fait bénéficier la République Argentine de la piraterie biologique (*biological hijacking*) », selon Newton !

d'autres Allemands arrivaient encore dans ce havre qu'était depuis longtemps l'Argentine tant désirée.

***

Dans l'histoire confuse de la guerre secrète et de l'espionnage allemand à Buenos Aires et dans le sud du continent – brièvement évoquée par Meding, plus en détail et vue de Washington par Newton –, les agents du SD, de l'AO et de l'*Abwehr* – plus de cinq cents aux existences prosaïques, aventureuses et mouvementées[1] – n'auront obtenu que des résultats décevants, constate Newton[2], eu égard aux moyens mis en œuvre pour parvenir à leurs fins. A des milliers de kilomètres des champs de bataille, ils ne représentaient plus, après 1943, que le terme lointain du nazisme à l'étranger, « dans l'isolement et l'atrophie de l'Argentine germanisante » (Newton).

Pourtant, malgré la sympathie qu'éprouvaient de nombreux secteurs de l'opinion publique platéenne pour les Alliés, l'imprégnation allemande de la vie politique et de l'institution militaire argentine caractérisait alors les rapports entre le Reich et Buenos Aires. Des contacts étroits existaient entre le GOU (les auteurs du coup d'Etat de juin 1943), l'ambassade d'Allemagne, la communauté germanique de Buenos Aires et les agents arrivés d'Allemagne en service commandé. Chez les militaires, l'ambivalence et les chassés-croisés d'officiers bi-nationaux et « argentinisés »[3] s'accordaient avec la germanophilie avouée de camarades nationaux d'origine allemande[4] ou pas[5] ; l'instruction militaire allemande n'était pas ici une nouveauté, mais la conséquence lointaine de Sedan, de l'essor formidable (au vrai sens du mot) du Reich wilhelminien, et, en langage marxiste, « la consécration d'un état supérieur d'organisation capitaliste » (Segall). Comme ailleurs – au Japon, au

---

[1] Tels Rudolf Leo Hans Harnisch, Wilhelm Seidlitz ou Johann Siegfried Becker tour à tour, celui-ci, employé de commerce, chômeur, instructeur militaire, lieutenant dans la Wehrmacht, recruté enfin par le SD et envoyé en Amérique du Sud. Sur ce personnage, *The Nazi Menace…*, *op.cit.*, pp.252-257. Sur l'AO, H. POL, *Auslandsorganisation. Tatsachen aus Aktenberichte der 5. Kolonne*, Linz, 1945.

[2] Gabegie bureaucratique, manque de coordination entre services, indiscipline de structures parallèles et rivales, arrogance à l'encontre des étrangers, en résumé beaucoup d'énergie et d'argent gaspillés pour des avantages sans importance.

[3] Ainsi Günter Niedenführ, *Generalmajor* et conseiller de l'état-major argentin, « le plus dangereux espion en Amérique » pour le Département d'Etat ; le général Friedrich Wolf, successeur de Niebühr comme conseiller militaire à l'ambassade d'Allemagne à Buenos Aires et fondateur, en janvier 1944, d'un second réseau d'espionnage ; les majors Berghammer, Moehring, Kielsch qui servent en uniforme argentin au ministère de la Guerre.

[4] Généraux M. v. der Becke, Eduardo Aumann, Guillermo Mohr, Arturo Brickmann, Luís Perlinger.

[5] Généraux Molina (beau-frère de v. d. Becke) , Pertiné, Pistarini, Zuloaga, Menéndez, Verdaguer, Accamé, Martínez Pita, Alberto Gilbert (ministre des Affaires étrangères en 1943), Pedro Pablo Ramírez (président de la République en 1944) et les amiraux Lagus et Seasso, la plupart des directeurs et fondés de pouvoir des firmes germano-argentines figurant sur les Listes noires alliées.

Chili, en Turquie –, l'appel aux Allemands était la suite logique de l'admiration vouée, par les attachés militaires en poste, au haut commandement impérial donné en exemple aux autorités de leurs pays. L'Argentine n'était pas différente de son rival chilien où, à la suite d'Emil Koerner, promu chef d'état-major de l'Armée, 150 instructeurs allemands, fine fleur de l'aristocratie prussienne, avaient transformé l'institution entre 1880 et 1914, tandis qu'un nombre égal de Chiliens séjournaient dans les états-majors ou les régiments d'Outre-Rhin[1]. En 1910, 250 officiers argentins avaient accueilli, lors d'un banquet mémorable, le général v. der Goltz, alors chef d'état-major de l'armée turque (avant la mission d'inspection générale de Liman v. Sanders), son propre fils étant lui-même instructeur successivement, et comme d'autres, au Chili et en Argentine.

Dès 1940, le général Niederführ, l'attaché de presse Sandstede et l'attaché naval Niebühr mettaient sur pied un réseau de renseignements avec émetteurs, opérateurs-radio et techniciens pour l'observation des activités commerciales et des mouvements de navires ennemis, tout sabotage étant proscrit, qui aurait risqué de mettre en péril les intérêts de la communauté allemande locale et de s'aliéner les bonnes dispositions des milieux nationaux clients et admirateurs du Reich[2]. Dans cette « guerre des ondes », en province, de nombreuses stations de transmission étaient également établies avec 50 collaborateurs, ce *Bolivar-Netzwerk* opérant en liaison avec certains officiers nationaux jusqu'à la rupture des relations diplomatiques en janvier 1944, celle-ci entraînant alors la destruction du réseau et l'arrestation de ses membres[3].

Avec l'émergence du péronisme, la situation se clarifiait pour les activistes allemands : Ludwig Freude, « éminence grise du régime » (Meding), se retrouvait libre comme Koennecke et les autres agents, tandis qu'en 1944 Perón édictait de nouvelles règles de comportement pour éviter toute compromission fâcheuse dans les contacts réguliers entre Allemands et Argentins[4].

Au fil de la guerre, la situation des Allemands *reichs-* ou *volksdeutsche* allait pourtant se dégrader ; les Allemands ou supposés tels – un nom à consonance germanique valait condamnation – étaient la cible des Listes noires des Alliés. Or, depuis 1880, l'Allemagne occupait en Argentine une

[1] Sur la prussianisation de l'armée chilienne de 1885 à 1920 et au-delà, voir notre livre *Immigration et nationalisme au Chili...*, *op.cit.*, Chap. V, pp.167-204.

[2] H. VOLBERG, *Auslandsdeutschtum...*, *op.cit.*, p.185.

[3] Avec son chef Gustavo Utzinger, alias Franczok, Werner Koennecke, gendre du multimillionnaire et ami de Perón, Ludwig Freude, et Herbert Juhrmann, torturé, interrogé et, croit-on, poussé au suicide, rapporte Meding.

[4] L. B. ROUT Jr., J. B. BRATZEL, *The Shadow War. German Espionage and the United States Contrespionage in Latin America during the World War II*, Frederick, 1982, pp.410-425.

place de choix dans la banque[1], l'industrie et les échanges extérieurs. Mieux : après la défaite de 1918 et malgré le blocus allié, la saisie de la Flotte de commerce et la mise sous séquestre des avoirs allemands à l'étranger, les positions allemandes en Amérique du Sud n'avaient été que très peu affectées. Plus que partout ailleurs, en effet, l'Allemagne y jouissait d'un privilège de sympathie, antidote à la contre-offensive des métropoles anglo-saxonnes détestées[2].

Discrétion des placements, dispersion des établissements, importance des holdings rendent difficile l'évaluation globale du montant réel des investissements allemands en Argentine, mais toutes les grandes firmes d'Outre-Rhin étaient alors présentes, des dizaines de sociétés locales étant contrôlées par le capital allemand.

En 1936, la CHADE – *Compañia Hispano-americana de Electricidad* –, ex-CADE avant 1914, contrôlait 61% de la production électrique nationale. De nombreuses firmes surtout chimiques, pharmaceutiques, électriques – Siemens-Schückert, A.E.G., Merck, Thyssen, Bayer, I.G. Farben – avaient ici des filiales sous l'égide hambourgeoise de GELATEINO et celle, berlinoise, de la « Ligue germano-argentine pour la promotion des intérêts économiques », ainsi que l'« Association économique allemande pour les Amériques centrale et méridionale »[3].

Après le passage de la mission économique Kiep en 1934, les échanges devaient doubler en trois ans ; aux exportations agricoles argentines (blé, viande, huile, fourrures) correspondait l'importation de machines-outils, de véhicules à moteur et d'armes en grande quantité, l'Argentine ayant souhaité moderniser sa défense. C'est dans ce domaine que la coopération entre les deux pays allait s'avérer la plus étroite.

Dès 1934, les généraux argentins se révélaient comme d'honnêtes courtiers. Reçues avec chaleur par Göring, les commissions d'achat conduites par Pertiné et Moñiz Ruíz avaient entamé le processus poursuivi plus tard depuis Paris par le général germanophile Pistarini, en liaison avec la *Compañia Argentina de Commercio* (COARICO) de la maison Staudt alliée à

[1] *Banco Alemán Transatlantico* (*Deutsche Bank*), *Banco Germanico de la América del Sur* (*Dresdner Bank*), et filiales de la *National Bank* et de la *Diskonto Gesellschaft.*

[2] « It was in Latin America that Germany aroused the most effective Sentiments of Sympathy and received the most considerate Treatment that she was to encounter anywhere in the world", G. W. YOUNG, "German capital Instrument in Latin America in World War I", *Jahrb. Für Geschichte...*, *op.cit.*, Bd. 25, 1988, p.216.

[3] Avec des investissements estimés à 375 millions de dollars en 1926, outre 213 millions dans les holdings entre 1930 et 1933, avance Luis V. SOMMI, *Los capitales alemanes en la Argentina. Historia de su expansion*, Buenos Aires, Claridad, 1945. Aussi E. ALEMANN, « La cooperación argentino-alemana... », *Camara de Comercio Argentino-Alemana, 1926-1974*, pp.72-74 ; R. v. HAHN, « Beitrag deutscher Industrie in der Entwicklung Argentiniens », *Lasso*, 3-6, 1935 ; P. HASTEDT, *Deutsche Direktinvestitionen in Lateinamerika : Ihre Entwicklung seit dem 1. Weltkrieg und ihre Bedeutung für die Industrialisierung des Subkontonents*, Göttingen, 1970.

Krupp et à Siemens-Schückert. De leur côté, les Allemands avaient envoyé sur place leurs propres négociateurs, Gustav v. Rappard, de Krupp, et le major Viktor v. Schubert, élégant cavalier du *German Riding Klu*b de Buenos Aires (apparenté au conseiller impliqué dans le « complot de Patagonie »).

Cette promotion des ventes d'armes et l'accueil d'officiers argentins stagiaires en Allemagne mobilisés dans cette intention sont une des causes de l'attachement durable des milieux militaires platéens aux entreprises et aux réalisations du IIIe Reich. L' « Association d'exportation du matériel de guerre » (*Ausführungsgemeinschaft für Kriegsgeräte*) avait livré en 1938 au général Armando Verdaguer un certain nombre de *Junker-52* et promis la construction sous licence, à Córdoba, d'une vingtaine de *Focke-Wulf*, projet repris après la guerre, grâce aux ingénieurs allemands passés en Argentine[1].

En matière de défense, bien d'autres participations communes avaient fait l'objet de négociations interrompues par le conflit mondial, dont la construction d'une usine d'armement à Villa María et Rio Tercero grâce à l'I.G. Farben ; de 1939 à 1943, des navires allemands réussissaient encore à déjouer le blocus allié pour débarquer des matériaux destinés aux emprises militaires et aux fabriques d'explosifs projetées. Une obstination qui n'est peut-être pas, là encore, sans rapport avec le mythe du IVe Reich…

Quoi qu'il en fût, malgré la sauvegarde des positions économiques allemandes en Argentine sous Weimar, dès 1933 les entreprises appartenant à des citoyens allemands – près de 2000 – affrontaient des difficultés grandissantes en dépit de relations commerciales satisfaisantes d'Etat à Etat ; le départ du personnel juif, puis la production de Listes noires alliées aux exigences actualisées et implacables rendaient leur situation délicate. Avec la rupture des relations diplomatiques en janvier 1944 cessait la relative protection officielle et la déclaration de guerre du 9 avril 1945 signifiait à brève échéance la saisie des avoirs allemands et la paralysie des entreprises… L'effacement de la présence allemande semblait donc inéluctable, mais c'était sans compter avec une chance inespérée, une bénédiction bienvenue[2] : l'arrivée au pouvoir d'un ami inconditionnel et admirateur des Allemands, le jeune lieutenant-colonel Juan Domingo Perón.

---

[1] On comprend le souhait des chefs militaires nord-américains en 1945 à vouloir inclure l'Argentine dans l'organisation de défense hémisphérique, ainsi que leur insistance quant à l'interdiction de toutes les ventes d'armes « extérieures » - y compris britanniques – au motif d'une « standardisation » continentale nécessaire basée sur un prototype nord-américain. Le secrétaire à la Guerre Patterson représentera à l'ambassadeur britannique, en juillet 1946, le danger qu'il y aurait à favoriser la renaissance d'une situation d'avant-guerre servant d'incitatif à des puissances extérieures à écouler ici d'énormes quantités d'armes (« … as an incentive to other non- hemispheric nations to sell large amounts of armements », R. C. NEWTON, *The « Nazi Menace »…*, *op. cit.*, p.362.

[2] « Es war daher ein Segen für die deutsche Gemeinschaft am Rio de la Plata, daß der steile Aufstieg des verläßlichen Deutschenfreund, des Obersten Juan Domingo Perón zu beherrschenden politischen Figur in Argentinien bewirkte… », H. H. MEDING, *Flucht vor Nürnberg ?...*, *op.cit.*, p.39.

Contrairement aux espoirs nourris par les Yankees de voir la concurrence allemande définitivement éliminée, les années 1945-1955 allaient être l'occasion de renouer des relations économiques et surtout personnelles fructueuses entre les deux peuples, même lorsque l'Allemagne vaincue se trouverait sous la dépendance des puissances victorieuses.

CHAPITRE IV

LA REPUBLIQUE ARGENTINE ET LE PANAMERICANISME.

DE LA *DOCTRINE DRAGO* A L'*ACTE DE CHAPULTEPEC*

A l'issue de la Seconde Guerre mondiale et malgré une tardive déclaration de guerre à l'Axe, l'Argentine se trouvait isolée face aux Etats-Unis qui avaient relayé l'Angleterre dans le rôle de métropole exécrée (P. Chaunu).

Les échos de la Phalange espagnole et du fascisme mussolinien expliquent pour une bonne part la prise de conscience nationaliste très vive aboutissant au triomphe d'un courant révolutionnaire droitier et populiste spécifique : le péronisme ou justicialisme dont les Argentins devaient garder, malgré la rapidité de l'échec, un souvenir lumineux et déraisonnable. Comme le souligne Tulio Halperín, le régime n'aura eu de valeur que déchu, comme référence à un durable mythe de l'âge d'or, mais se plaçant dans le sillage d'autres mouvements analogues en Bolivie, au Pérou et au Mexique.

Doctrine filandreuse, inconsistante, faite d'emprunts à l'idéologie fasciste et à la doctrine sociale de l'Eglise[1], le justicialisme se fondait sur une véritable autarcie économique, encourant le risque d'un isolement politique – assumé sur la scène panaméricaine[2]. Une aspiration qui, au vrai, remontait haut dans le temps.

Dans les années 1930 déjà, avec le coup d'Etat d'Uriburu, le nationalisme platéen s'était présenté comme la riposte ou l'alternative au messianisme – ou à l'hégémonie – des Etats-Unis dans l'hémisphère américain[3].

Dès la fin du XIXe siècle, en effet, l'œuvre de juristes et la réaction de diplomates argentins au retour offensif possible des puissances européennes dans l'ex-empire espagnol d'Amérique, avaient commandé l'affirmation de principes privilégiant – comme la « clause Calvo » au Mexique – la

---

[1] Selon le discours-programme de son *lider* le 12.02.1946, cf. P. LUX-WÜRM, *Le péronisme*, Lib. de Droit et jurisprudence, 1965, p.228.

[2] « La plus grave erreur jamais commise par l'Argentine depuis la naissance de la République », selon B. RABINOWITZ, *Sucedió en la Argentina. Lo que no se dijo*, 1945-1946, p.13.

[3] Voir H. T. PETERSEN, *Argentina and the United States, 1810-1960*, N. York, 1964; C. ESCUDE, *Gran Bretaña, Estados Unidos y la Declinación Argentina, 1942-1949*, Buenos Aires, 1982; J.-S. TULCHIN, *Argentina and the United States. A Conflicted Relationship*, Boston, 1990, chap.V.

souveraineté incontestable, illimitée et absolue de chacun des Etats du continent.

En Argentine, la « doctrine Drago », qui déniait tout droit d'intervention des puissances extra-continentales dans les affaires américaines, contrecarrait du même coup les visées du secrétaire d'Etat Olney sur les pays caraïbes (au nom de la doctrine Monroe), ainsi que les affirmations du *Roosevelt Corollary* en matière d'interventions dans d'autres pays pour raisons financières[1]. De la thèse argentine exposée à la conférence de la Haye en 1907 devait résulter l'annonce d'une nouvelle ère dans les relations interaméricaine avec le traité ABC de 1915 mettant en cause directement la vocation interventionniste des Etats-Unis, et cela malgré l'hésitation de maints gouvernements latino-américains à suivre le comportement argentin[2].

Au Congrès, en 1918, les *Hawks* et le sénateur Lodge avaient souhaité que fût confirmé le bien-fondé de la vocation expansionniste des Etats-Unis, le sénateur Taft que l'article 10 de la Charte fût assorti d'un correctif pour battre en brèche les « droits des nations » défendues par l'*Institute of International Law* et sauvegarder la possibilité pour les Etats-Unis de se « protéger » d'autres pays dans « une sorte de modèle de colonisation amortie » (Queuille).

Finalement, le *Clark Memorandum* devait réprouver les conclusions du *Roosevelt Corollary* et Franklin Roosevelt annoncer dans son *Inaugural Address*, avec la politique de « bon voisinage », la fin des liens de sujétion et du contrôle par les Etats-Unis des rentrées fiscales des autres pays ; d'où toute une série de bonnes dispositions saluant l'initiative rooseveltienne : Convention de Buenos Aires en 1936, Déclaration de Lima en 1938, Déclaration d'Assistance Réciproque à La Havane, assorties de réunions régulières des ministres des Affaires étrangères – Panama en 1939, La Havane en 1940, Rio en 1942.

Unanimité de façade, cependant. L'acuité des dissensions entre Washington et Buenos Aires ne s'en était pas moins manifestée dans les conférences panaméricaines depuis la cinquième, celle de Santiago, en 1923.

En 1936, l'Argentine se définissait comme une puissance régionale opposée à toute tentative d'unifier le continent sous direction yankee contre les pays de l'Axe ; elle refusait de s'associer aux mesures de sécurité collective contre la propagande nazie, son ministre des Affaires étrangères, Carlos

---

[1] Pour Jefferson la possession de tout le continent était déjà dans « l'ordre naturel des choses » et si, en 1850, le traité Clayton-Bulward maintenait le *statu quo* entre l'Angleterre et les Etats-Unis en Amérique centrale, Olney affirmait que Washington faisait la loi « là où les Etats-Unis intervenaient, détenant une souveraineté de fait sur le continent ». Un demi-siècle plus tard, le traité Hay-Pauncefoot laissait le champ libre aux Etats-Unis, consacrant le recul et la perte de prestige de l'Angleterre dans toute la région.

[2] En raison de « tendances divergentes et contrastées entre les nations américaines », selon P. QUEUILLE, *L'Amérique latine, la doctrine Monroe et le panaméricanisme*, Paris, Payot, 1969, p.175.

Saavedra Lamas, prix Nobel de la paix cette année-là, s'en prenant vivement à Roosevelt lors de la conférence tenue dans la capitale argentine. La visite du président américain avait été qualifiée d'affront public, et de fiasco, les relations entre les deux pays devant en être durablement affectées, au gré des positions argentines durant la guerre[1]. En 1939, un *Neutral Committee* panaméricain avait prévu des actions combinées et des patrouilles maritimes communes pour protéger les bases navales concédées aux Etats-Unis ; mais l'affaire du *Graf Spee* devait révéler l'importance des sympathies pro-allemandes dans l'opinion publique argentine.

L'attaque de Pearl Harbour avait avancé de quelques jours la Conférence de Rio, en janvier 1942. Or, Cordell Hull avait bien obtenu la condamnation unanime de l'agression japonaise, mais pas l'adoption de sanctions contre les Nippons. Au lieu dune « résolution » de rupture avec l'Axe, le ministre argentin, Ruiz-Guiñazú, n'avait accepté qu'une « recommandation », d'où le vif dépit du secrétaire d'Etat, « l'échec de Rio » devant nourrir sa rancœur à l'encontre d'une Argentine bientôt péroniste[2]. Malgré la création d'instances plus combatives contre l'Axe[3], l'Argentine s'obstinera dans son refus d'alignement sur les positions de Washington, cristallisant ainsi des attitudes antagonistes alors irréductibles.

Washington avait taxé en 1942 les positions du nouveau président argentin, Castillo, d' « idéologiques » et le président de la Commission sénatoriale des Affaires étrangères, Tom Conally, déclaré à son intention : « Ou bien Mr Castillo change de politique, ou bien l'Argentine change de président »[4]. Beaucoup voyaient alors l'Argentine comme une menace pour la sécurité continentale et leur frénésie germanophobe les poussait à voir, comme à Buenos Aires et à Montevideo dans le même temps[5], des sections nazies militarisées s'élancer à l'assaut du pouvoir[6]. Les millions

[1] « Es war ein offensichtlicher Affront vor dem Forum der Öffentlichkeit, weniger der Sache nach als in der Form. Der Südamerikabesuch des Staatsoberhauptes der USA endete in einem Fiasko », Holger H. MEDING, « Aussenpolitische Weichenstellungen nach dem Umsturz von 1943 in Argentinien », *Iberische Welten*, Lateinamerikanische Forschungen, Bd. 28, Böhlau, 1994, p.245. Selon A. CIRIA, *Partidos y Poder en la Argentina Moderna*, Buenos Aires, 1964 p.66, le propre fils du président Justo avait appelé la radio nationale, durant la visite de Roosevelt, à combattre l'impérialisme yankee.

[2] A. BEDAÑA, « Churchill, Roosevelt y la Neutralidad Argentina », *Todo es historia*, Nr 113, oct.1976, p.8 sq. « L'Argentine avait fait savoir en fin de conférence son intention de ne pas changer d'attitude; un blocage argentin contrariait ou limitait les actions jointes qui avaient pu découler d'une prise de position, particulièrement en matière de sanctions », P. QUEUILLE, *L'Amérique latine...*, *op.cit.*, p.208.

[3] Transformation du *Neutral Committee* en *Emergency Committe* et création d'un *Interamerican Defense Board* admettant le Chili et l'Argentine neutralistes.

[4] *New York Times*, 22.02.1942.

[5] Cf. *Supra*, chap.II, C, p.46 sq..

[6] Le représentant Martin Dies évoquait en novembre 1941 la mise sur pied d'un million d'hommes en bataillons armés prêts au combat et sur lequel le IIIe Reich pouvait compter en Amérique, cf. L. de JONG, *Die deutsche fünfte Kolonne im Zweiten Weltkrieg*, Stuttgart, 1959, p.212.

d'immigrés d'origine allemande en Argentine faisaient figure de cinquième colonne, obsession de certains responsables à Washington, selon Newton.

Or, même si les fondations Carnegie et Rockefeller prêtaient assistance à l'ensemble du continent pour la mise en valeur des sols, la formation de techniciens, le développement des communications, l'exploitation des ressources minières – tout en éliminant la concurrence européenne[1] –, ce sont bien les militaires qui, en Argentine, sortiraient alors renforcés de cette résistance à l'emprise nord-américaine. Les services publics encore aux mains des Anglo-Saxons sont alors nationalisés, le commerce avec les Etats-Unis est suspendu, l'ambassadeur américain à Buenos Aires, rappelé.

Malgré les premiers revers allemands, l'Argentine va conserver une attitude neutraliste. Jugé faible, amorphe, hostile à tout achat d'armes à l'étranger, influençable au point d'être, comme son successeur probable, Patrón Costas, soupçonné d'incliner du côté des Alliés, Castillo était déposé par le *golpe militar* du 4 juin 1943. Abusés, croyant alors à un coup d'Etat en leur faveur[2], les Etats-Unis s'étaient empressés de reconnaître le nouveau gouvernement.

Ce second choc dans la vie publique platéenne est plus significatif encore que le putsch d'Uriburu en 1930. La junte qui prend le pouvoir est l'émanation du GOU (*Grupo de Oficiales Unidos*), rassemblement largement représentatif de l'institution avec 2000 membres, 60% des officiers, fidèles à l'instruction militaire parfaite outre-Rhin[3].

Le GOU affirmait s'élever contre l'oligarchie des possédants, la corruption et l'incapacité des dirigeants. Dans leur proclamation hitlérienne qui vante la renaissance de l'Allemagne depuis 1933, les putschistes se flattent d'unir le continent sous la bannière platéenne. Ils veulent doubler les effectifs militaires, tripler le budget de la guerre, établir, selon l'exemple allemand, leur dictature pour la prospérité du peuple, sur la presse, la littérature, l'Eglise et l'Enseignement. L'amour argentin de la patrie fera le bien du continent, disent-ils, et l'étoile scintillante celui de l'humanité tout entière[4].

---

[1] Dont les compagnies d'aviation étrangères comme l'*Aéropostale* française, la *Condor* allemande et les compagnies italiennes. La marine américaine se voyait concéder l'autorisation de construire des bases navales au Mexique, en Uruguay, au Brésil, le littoral pacifique étant fortifié de l'Alaska au Chili.

[2] Selon le journaliste Ray JOSEPHS, *Argentine Diary. The Inside Story of the Coming of Fascism*, N. York, 1944, p.51.

[3] Les généraux germanophiles Molina, Pertiné, Accame, Gilbert, Menéndez, Zuloaga, Pita, Verdaguer cautionneront cet appel. Bien des officiers allemands instructeurs en Argentine avant 1914 s'y retrouveront comme *informantes* dès 1924 sous la houlette de Faupel (premier envoyé d'Hitler auprès de Franco à Burgos), puis de Kretzschmar.

[4] Texte reproduit en anglais par R. J. ALEXANDER, *The Peron Era*, Londres, Collarus, 1952, p.12, en allemand par H. H. MEDING, *Flucht vor Nürnberg ?*, op. cit., pp.18-19. Selon POTASH, *Army and Politics in Argentine*, I, p.196 et PAGE, *Peron. A Biography*, 1983, p.51, ce manifeste serait un faux, tenu pour vrai

Contrairement à une opinion britannique moins alarmiste[1] et à l'absence d'inquiétude réelle de la part des chefs d'état-major de Washington, le *State Department* multipliait les déclarations anti-argentines[2], aggravant les mesures prises contre Buenos Aires : mouillage de la Flotte sud-atlantique devant le Rio de la Plata, menace d'embargo et même de déclaration de guerre[3].

La rupture des relations diplomatiques germano-argentines enfin obtenue, seule une déclaration de guerre à l'Allemagne et à ses alliés permettrait à l'Argentine, selon Washington, d'être admise au sein des Nations Unies à partir d'une Union panaméricaine à laquelle elle n'appartenait plus vraiment.

Cette intransigeance, jointe au sort des armes, devait aboutir, au gré de péripéties politiques déconcertantes, à la signature par l'Argentine de l'*Acte de Chapultepec* consacrant la victoire d'une coalition continentale menée par les Etats-Unis, sur les militaires argentins isolés[4]. Mais si la guerre était enfin déclarée par l'Argentine à l'Allemagne le 9 avril 1945, elle l'était de façon indirecte, comme à contrecœur, prétextant seulement une alliance de l'Allemagne avec le Japon[5]. L'Argentine devra d'ailleurs attendre la fin des années 1940 pour voir définitivement levées les sanctions prises à l'encontre de son comportement en matière de politique internationale et des relations avec les immigrants d'origine allemande. Avec la nomination de Spruille Braden à Buenos Aires, elle ferait face à une nouvelle offensive yankee conduite par un personnage de western[6], en attendant un début d'apaisement

---

pour traduire avant tout la pensée des sous-officiers. Il reflète cependant l'opinion des militaires dans un temps où la Wehrmacht dominait encore l'Europe.

[1] Sir Edmond Ovey pensait que les positions allemandes en Argentine relevaient « plus de l'embarras que d'un véritable danger » et Sir David Kelly, son successeur, que l'Allemagne n'était « qu'un concurrent économique, politique et culturel peu dangereux ». Les prétentions allemandes en Amérique latine lui semblaient « illusoires ».

[2] Du vice-président Wallace au journaliste Duggan : « Les Allemands savent qu'ils ont perdu la guerre, mais ils préparent la suivante avec les Argentins », J. M. BLUM, *The Price of Vision. The Diary of A. Wallace, 1942-1946*, Boston, 1973, p.204. Morgenthau ne voyait, pour sa part, dans l'Argentine, qu'un nid d'espions fascistes. « A Fascist Nest », *ibid.*, p.318.

[3] C. ESCUDE, *Gran Bretaña, Estados Unidos y la declinación argentina, 1942-1949*, Buenos Aires, 1983, pp.120-130.

[4] Les relations avec l'Allemagne rompues, Ramirez était renversé par Farrell grâce au lieutenant-colonel Perón. La guerre était déclarée après la signature de l'*Acte de Chapultepec*, interprétation accentuée et actualisée de la doctrine Monroe. Washington était autorisé à nouveau à intervenir dans les affaires intérieures d'autres pays, décision confirmée à Rio en 1947 dans l'optique de la guerre froide, note P. QUEUILLE, *L'Amérique latine...*, *op.cit.*, p.212.

[5] « Declarárse igualmente el estado de guerra entre la República Argentina y Alemania, atento el carácter de esta última de aliada al Japon », décret N°6945/45, Art. 3, 9.04.1945.

[6] J. A. PAGE, *Perón...*, *op.cit.*, qui évoque, p.95, « un bison typique dans un magasin de porcelaine ». Pour les Britanniques de Buenos Aires, « le cow-boy Braden ».

au milieu de l'année 1946 avec la mission du nouvel ambassadeur, Messersmith.

On voit par cette rapide rétrospective que l'opposition de Buenos Aires aux prétentions directives ou hégémoniques de Washington – notamment dans la standardisation de l'armement, les fournitures d'armes et l'octroi de bases navales – était bien antérieure à l'accession de Perón au pouvoir. Elle s'était toujours manifestée, parfois superbement, depuis près d'un siècle.

Humiliation, résignation, démoralisation : les Argentins laisseront désormais libre cours à leur rancœur contre l'arrogance yankee.

La plupart des historiens – Meding après Pendle, Page, Potash ou Escudé – insistent sur la surestimation du rôle et des capacités de l'Argentine par les *golpistas* de juin 1943, fascinés et abusés par le modèle hitlérien. Ils estiment que le rêve argentin d'un avenir exceptionnel et d'une vocation impériale aux dépens des pays voisins – Ortega y Gasset le notait déjà en 1930 – n'aurait jamais vraiment disparu[1].

De fait, l'erreur d'aiguillage ou d'appréciation de 1943 ne sera jamais vraiment corrigée. Opposée, malgré la tension Est-Ouest, à la directive des Etats-Unis, et dans le cadre d'un neutralisme maintenu l'éloignant aussi de l'option européenne à laquelle ce pays d'immigrants s'était jusque-là référé, l'Argentine prétendra emprunter une troisième voie – bientôt celle du Tiers Monde[2].

---

[1] « Argentine, étoile de l'Amérique du Sud » pour W. v. OVEN en 1957, reprenant les propos triomphalistes des putschistes de 1943. Meding cite l'ouvrage de Robert J. NOBLE, directeur du grand quotidien *porteño CLARIN*, *Argentina, Potencia Mundial*, de 1960.Celui-ci prévoyait l'essor d'une grande nation forte de 65 millions d'âmes en 1980 et dominant le continent.

[2] « Der schmerzliche Verlust der Option Europa verführte Argentinien, den unsicheren Weg der Blockfreiheit als Alternative zu sehen, mit der Folge, daß diese Dritte Position den Abstieg des Landes von der Ersten in die Dritte Welt vorzeichnete… », *op.cit.*, p.261.

CHAPITRE V

PERÓN ET LES ALLEMANDS

Les adversaires de Perón présentaient comme une caricature de Mussolini cet admirateur du *Duce*, alors que, fin politique et tacticien, il s'inscrivait dans la tradition argentine la plus pure. Il saura très vite s'imposer, de façon atypique, mais en s'attirant un soutien populaire enthousiaste et durable malgré les échecs. Démis de ses fonctions et condamné, il est, une semaine plus tard (fin octobre 1945) rétabli dans toutes ses prérogatives avec l'appui des syndicats, à la faveur d'une grève générale et d'une manifestation de masse...

L'homme était d'un abord séduisant[1]. Entre deux traditions nationales, l'hispanique et l'anglo-saxonne – de l'oligarchie et de l'impérialisme, celle-ci –, il a toujours préféré, a-t-il dit, se rattacher à la première, celle de Rosas et d'Yrigoyen, garants de patriotisme créole ; mais fasciné par Mussolini qu'il a vu à Rome en 1939, il avait été séduit par le « socialisme national », le corporatisme et l'encadrement des masses, les loisirs dirigés, l'enseignement des économistes fascites. Un périple qui lui avait également fait apprécier le franquisme et la mise en scène de l'Allemagne hitlérienne. Longtemps encore, jusqu'en 1943 au moins, il croira à la victoire finale du Reich, entretenant des rapports régaliens et cordiaux avec l'ambassade d'Allemagne à Buenos Aires.

D'abord simple sous-secrétaire d'Etat au Travail, il s'impose rapidement par un incontestable talent démagogique – conférences de presse, messages radiophoniques, légende personnelle puérile de travailleur acharné ignorant le repos nocturne – qui lui fait consacrer les crédits militaires prévus dans le budget à l'amélioration du sort des déshérités et autres *descamisados*. Vice-président de la Nation, il cumule trois portefeuilles, place ses fidèles aux postes-clés avant d'accéder à la magistrature suprême le 26 février 1946. Arrêté par Farrell le 17 octobre 1945, il avait connu un triomphe huit jours plus tard, apparu à une foule en délire « comme le Messie, en grand uniforme,

[1] Sumner Wells qui l'a bien connu, le voit comme « un homme viril, *guapo*, *macho*, sachant plaire aux masses et avide de popularité ».

au travers des flambeaux et des torches, étincelant au balcon de la *Casa Rosada* présidentielle »[1].

Dans son entreprise habile et heureuse, deux alliés. D'abord les maladresses des Yankees et de Braden le disant « fasciste, réellement fasciste » et « ennemi du monde libre ». Parler, comme Braden, « du gang de Perón », c'était heurter de front la sensibilité nationale, valoir à l'outragé un élan de sympathie populaire spontané et unanime, lui garantissant un succès électoral foudroyant[2]. Il y avait ensuite l'avantage de former un « couple mythique » avec l'inoubliable Evita des émissions « Vers un monde meilleur ». Egérie, muse, lumière du *lider* épousé en secret le 11 octobre 1945 et immortalisé par l'institution de la « Saint Perón », Eva Duarte était l'icône vénérée de tous les Argentins, tenant simultanément deux rôles décisifs : ceux de dame patronnesse et de militante syndicale avec sa Fondation éponyme, ses journaux, ses émissions radiophoniques, sa clientèle et ses associations[3]. Elle était aussi l'incarnation du féminisme en action avec la Ligue pour le droit des femmes et un parti péroniste féministe, groupe de pression allié au parti officiel.

Au plan extérieur, le péronisme affirmait se tenir à distance des deux blocs, dans une sorte de Troisième voie, cherchant, pour rompre son isolement, à fédérer un ensemble de peuples hispaniques, la *Confederación de Pueblos Hispánicos*, avec l'appui et la participation de l'Espagne franquiste. L'amorce, croit-on, d'un Tiers Monde né un peu plus tard, mais par le seul assemblage des pauvres...

A l'intérieur, grâce aux énormes ressources procurées par la crue des exportations, le gouvernement péroniste s'était lancé dans une politique d'industrialisation à outrance et d'indépendance économique génératrice d'euphorie de croissance et d'optimisme de développement[4]. L'Argentine était alors, pour tous, une fête[5].

Mais la roche tarpéienne était proche. En butte à la politique agressive des Etats-Unis, le modèle justicialiste atteignait ses limites dès 1949, insolvable et incapable d'honorer ses engagements à l'égard de l'Espagne. Face au boycott yankee, implacable avec l'Argentine jusqu'en 1947, au dumping contre la production agricole argentine, aux difficultés de transport, à

---

[1] G. BEARN, *La décade péroniste*, Gallimard, Coll. Archives, 1975, p.24 ; Eva PERÓN, *La razón de mi vida*, 1952, p.121-122.

[2] Il remporte les deux tiers des sièges à la Chambre, la totalité au Sénat, cf. G. PENDLE, *Die Aera Perón*, Europa-Archiv, 6-7, 1956, pp.8673-8681 ; C. ESCUDÉ, « Braden,Perón y la diplomacia británica », *Todo es historia*, Nr. 138, Nov.1978, pp.6-18.

[3] Cf. R. BRESSONE, *Los Derechos Sociales de la mujer*, 1950, p.180 sq.

[4] « Eine Wachstumseuphorie und ein Aufschwungsoptimismus ergriffen das Land », H. H. MEDING, *Flucht vor Nurnberg?*, *op.cit.*, p.43.

[5] F. LUNA, *Perón y su Tiempo*, I, « La Argentina era una fiesta », Buenos Aires, 1987.

la prohibition des transferts de technologie et au blocus financier, l'Argentine se retrouvait une fois de plus isolée, la coopération nord-américaine avec le Brésil accentuant encore les conséquences déplorables de cette quarantaine. Demeuraient aussi l'accusation d'avoir été, durant la guerre, un foyer national-socialiste et fasciste, outre la suspicion d'être, à brève échéance, le recueil d'un IVe Reich né des cendres du précédent, grâce au concours des criminels accueillis à Buenos Aires avec empressement. Ajoutez à ces griefs les multiples erreurs de comportement personnel de Perón, dont celle de s'être aliéné le soutien de l'Eglise jusqu'à se trouver excommunié – sanction inconnue ici depuis plus d'un siècle. Les fondements de la puissance étaient perdus.

En juin 1955, une violente tentative de putsch fait long feu, mais trois mois plus tard une vaste opération de « nettoyage » entreprise à l'instigation des Etats-Unis élimine tous les autocrates du sous-continent[1], dont Perón. Le justicialisme avait vécu, malgré un retour épisodique du héros en 1973 et un temps de troubles qui devait s'achever en 1976 par la sinistre répression d'une longue dictature militaire, impitoyable sanction de l'instabilité du régime et de l'incapacité des gouvernements civils successifs.

Durant les années fastes de 1945 à 1949, au vu de la faiblesse démographique du pays – l'Argentine ne compte encore de 16 millions d'habitants en 1946 –, le régime justicialiste avait conçu un gigantesque plan quinquennal dont l'un des piliers était le succès d'une politique d'immigration à grande échelle, mais rompant avec les décennies antérieures d'admission indifférenciée de Méditerranéens sans ressources et sans bagage. L'idée de Perón était de mettre à profit les lendemains catastrophiques de la guerre en Europe, entendez le déracinement et l'abandon à leur sort de populations dont les capacités pouvaient être directement utiles à un pays encore insuffisamment développé. Entrepreneurs, ingénieurs, techniciens étaient bienvenus, le gouvernement italien étant lui-même désireux de parer au danger communiste en répondant favorablement aux offres argentines en la matière. A cet effet, et comme l'avaient déjà fait avant lui bien d'autres pays en XIXe siècle, Perón décidait, en décembre 1946, l'envoi à Rome d'une *Delegación de Inmigración en Europa* chargée de recruter des volontaires aux aptitudes compatibles avec l'idiosyncrasie nationale et le génie assimilateur des Amériques. A la tête de cette mission, le Père José Clemente Silva, frère du chef du Cabinet militaire présidentiel.

---

[1] Après Vargas au Brésil (août 1954) et Perón en Argentine (septembre 1955), Paz Estenssorro en Bolivie en 1956, Odria au Pérou la même année, Rojas Pinilla en Colombie (mai 1957), Pérez Jiménez au Venezuela (janvier 1958).

Les premiers résultats n'allaient pas tarder ; dès l'été 1947, grâce aussi à l'entregent de l'évêque Aloïs Hudal, plus de 700 militants fascistes avaient profité de l'occasion ; parmi eux, une pléiade d'anciens dignitaires du régime déchu, véritable résurgence du Grand Conseil fasciste, à l'aise dans ce havre de liberté avant de pouvoir regagner l'Europe, les tensions d'après-guerre apaisées[1].

Les négociations menées par la Délégation argentine avec le gouvernement italien aboutissaient à l'accord du 30 mars 1948. Il prévoyait l'admission en Argentine de 30 000 personnes par mois, 700 000 au total en trois ans. Dès février 1947, l'*Osservatore romano* avait évoqué la « fièvre argentine » de la péninsule.

Outre ces contingents officiellement admis, l'Argentine recueillait dans le même temps nombre de « personnes déplacées » en mal d'asile étranger, dont 3500 à 6000 Polonais, vétérans anti-communistes de l'armée Anders, vainqueurs de Cassino, jusque-là sous commandement britannique[2]. Egalement admis, des milliers d'Oustachis croates de novembre 1946 à avril 1947, avant l'embarquement à Gênes du *Poglavnik* Ante Pavelić, leur chef, en octobre 1948[3], mais aussi d'autres Yougoslaves « gris » – 2000 au moins, selon Newton – échappant ainsi à la vengeance de Tito, sans parler de tous les autres, Baltes antisémites, *Hiwis* ukrainiens gardiens de camps, Magyars « fléchés », Norvégiens, tels l'ambassadeur Stoern ou le Dr. Hoeygard, véritable « Mengele nordique », Roumains d'Antonescu ou anciens de la Garde de Fer de Codreanu, rexistes belges, Waffen-SS flamands ou « collaborateurs » français, tous voués aux gémonies pour s'être associés, de très près ou de loin, aux exactions, exécutions et crimes perpétrés par les SS et parfois avec le concours de la Wehrmacht. Autant de cohortes distinctes, mais rassemblées dans le destin d'un exil provisoire ou définitif, plus ou moins bien enduré.

La situation internationale allait évoluer en mars 1947, avec le revirement américain dû aux premières manifestations de la guerre froide, le rapprochement entre Washington et Buenos Aires suivait le retrait de Braden, illustrant la nouvelle politique du secrétaire d'Etat Marshall. Un accord passé entre le major général John H. Hilldring, Assistant secrétaire d'Etat pour l'Europe occupée, et le représentant argentin à Washington, Luís Luti, allait avoir pour conséquence, en principe du moins, de rendre aux Allemands non

---

[1] Sur ces dignitaires fascistes et leurs activités en Argentine, cf. *Infra* Deuxième partie, chapitre II, C, *Fascistes italiens et fuyards oustachis*.

[2] L. SENKMAN, « Las relaciones EE-UU-Argentina y la cuestión de los refugiados de la post-guerra, 1945-1948 », *Judaïca Latinoamericana*, Est. Históricos, Jerusalem, Univ. Hebrea, 1988, p.104.

[3] Commentaire de G. WALTERS, *Hunting Evil* (*La Traque du Mal*), Flammarion, 2009, pp.127-129, 217-270.

compromis leur pleine liberté de déplacement, donc d'expatriation, comme à leurs alliés au passé quelque peu « terni »[1]. Mais, encore en mars 1948, les Alliés rappelaient aux Argentins la sévérité inchangée des critères imposés aux Allemands désireux de gagner les Amériques[2].

Pour la Délégation péroniste, en revanche, tous les candidats allemands souhaitant rallier Buenos Aires devaient obtenir satisfaction, sous couvert d'une autorisation émanant de la Croix-Rouge internationale. Considérant la situation qui leur était faite dans leur pays et arguant de la difficulté pour beaucoup de produire les indispensables certificats de bonne vie et mœurs (*Führungszeugnisse*) pour partir, les consulats d'Argentine en Europe, celui de Gênes en particulier, délivraient sans plus d'exigence tous les visas sollicités ; les Allemands ainsi « affranchis » (comme l'écrit W. v. Oven) étaient enfin bienvenus au pays qui les attendait avec une impatience, pour certains, ouvertement proclamée.

On peut affirmer – nous verrons qu'il l'a lui-même souvent dit – que Perón était un germanophile inconditionnel, admirateur de l'instruction, de la discipline et de l'efficacité prussiennes. Qu'il ait privilégié l'immigration allemande n'étonnera pas.

Membre actif du GOU putschiste de 1943 et professeur de tactique à l'Académie de Guerre, le jeune capitaine Perón avait alors bénéficié, comme beaucoup de ses pairs, d'un voyage d'instruction outre-Rhin. En bon stagiaire étranger, il n'avait pas soupçonné la face cachée, antisémite, totalitaire et hideuse du régime nazi, de l'oppression et des camps, se plaisant au contraire dans l'agréable compagnie de cercles militaires réhabilités ; d'où sa familiarité avec les représentants du IIIe Reich à Buenos Aires, eux-mêmes soutiens sans faille du coup d'Etat militaire et de la bienveillante neutralité argentine, au point de la mettre à profit pour favoriser les livraisons d'armes allemandes à l'Argentine. Il semble enfin que, malgré la rupture des relations diplomatiques entre les deux pays, jamais Perón n'avait perdu le contact avec l'ambassade d'Allemagne. Selon certaines sources[3], son collègue et ami germano-argentin Arturo Brinkmann – lui-même agent du SD et du réseau *Bolivar* –, aurait servi d'honnête courtier pour les achats d'armes en question.

Farrell ayant remplacé Ramirez à la tête de la junte, l'arrestation, le jugement et l'éventuelle expulsion des agents allemands réclamés par les

---

[1] « The conversation marked the beginning of a remarkable reversal in politics that took effect during 1947; the United States ceased to pose objections to the movement of Germans and other Europeans of *tarnish* past... », R. C. NEWTON, *The «Nazi Menace»...*, *op.cit.*, p.377.

[2] Du secrétaire d'ambassade Dubois au ministre argentin des Relations extérieures, 19.03.1948 : « Las Autoridades Militares Norteamericanas, Británicas y Franceses informan que la emigración alemana no es permitida », relève H. H. MEDING, *Flucht vor Nürnberg ?* , *op.cit.*, p.48.

[3] L. B. ROUT, J. F. BRATZEL, *The shadow War...*, *op.cit.*, pp.441-414.

Etats-Unis étaient remis *sine die*. Mais la situation était devenue intenable en 1945 ; Perón lui-même avouera l'obligation dans laquelle il s'était alors trouvé de déclarer la guerre à ses meilleurs amis, mais, ajoutait-il, « de façon purement formelle »[1]. On peut même penser que ce sont les Allemands eux-mêmes qui le lui auraient demandé, pour que, figurant ainsi au nombre des vainqueurs, il fût en mesure d'influer sur leur sort et de contribuer au relèvement rapide de leur pays[2]. Pure illusion, évidemment ; c'eût été surestimer singulièrement le poids de l'Argentine sur la scène internationale...

A en croire Luca de Tena et Joseph Page, le rôle de l'entourage allemand de Perón dans son accession à la magistrature suprême, trois mois après son échec d'octobre 1945, avait été capital... Démis de ses fonctions déjà multiples, nous l'avons vu, par Farrell, il est alors « recueilli » avec Eva Duarte par Rodolfo Freude – fils de son grand ami, l'industriel et richissime Ludwig Freude – dans leur maison de famille sur une île du delta Tigre. C'est ensuite le chef de la police, colonel Aristóbalo Mittelbach, qui avait servi de médiateur entre les gouvernants et lui avant son retour triomphal. Heureuse conclusion d'un fâcheux imbroglio et promesse d'une ère nouvelle, certes, mais c'était sans compter avec les pressions du *State Department* hanté par le spectre du IVe Reich et de la « résurgence germanique »[3].

L'Argentine encore instable fera amende honorable. Elle devra ratifier la Charte des Nations Unies et l'*Acte de Chapultepec*, Allemands d'Argentine et Germano-Argentins étant les premiers affectés par cette capitulation. Par décret (N° 11599) du 15 avril 1946, plus de 250 entreprises et établissements réputés allemands en vertu des Listes noires – usines, magasins, journaux, cliniques, écoles – étaient saisis, la plupart au profit de la DINIE (*Dirección de Industrias del Estado*), quitte à être restitués dès 1948 ou vendus plus tard aux enchères[4]. N'avaient échappé à cette razzia que quelques propriétés juives (la *Sedalana* des Fraenkel) ou notoirement hostiles au nazisme comme l'*Argentinisches Tageblatt* et les écoles Pestalozzi. Enfin quelques gros industriels intouchables jouissaient heureusement d'une protection officielle due à des relations personnelles d'affaires, d'amitié et d'assurances mutuelles avec les Perón et leurs ministres germanophiles. Parmi eux, Richard Staudt, avec Fritz Mandl et Ludwig Freude, l'un des « poids lourds allemands

---

[1] F. LUNA, *El 45. Crónica de un año decisivo*, Buenos Aires, 1971, p.55.

[2] LUCA de TENA, T. CALVO, L. PECOVICH, *Yo, Juan Domingo Perón. Relato autobiográfico*. Espejo del mundo, vol.2, Barcelone, 1976, p.87; E. ROM, *Asi hablaba Juan Perón*, Buenos Aires, 1980, p.107. Texte traduit et cité in H. H. MEDI NG, *Flucht vor Nürnberg ?*, *op.cit.*, p.50.

[3] R.C. NEWTON , *The « Nazi menace »...*, *op.cit.*, p.344.

[4] V. HOFFMANN, *Die Deutschen in Argentinien...*, *op.cit.*, pp.125-140 ; *Frankfurter Allg. Zg.*, 1.05.1964 ; R. C. NEWTON, *The « Nazi Menace »...*, *op.cit.*, p.363.

d'Argentine », selon Newton[1] ; président de l'*Instituto Cultural Germano-Argentino*, nous l'avons vu, il avait bâti sa fortune en s'associant avec Siemens dans la firme officielle COARICO d'équipement militaires ; bien que s'étant prudemment distancié du nazisme à la fin de la guerre, il avait généreusement financé la campagne électorale de Perón en 1946.

Quant à Ludwig Freude, président du *Deutscher Klub*, « officieux ambassadeur d'Allemagne », selon Meding, également richissime, il avait été à la fois le sauveur et l'homme lige de Perón[2]. « Nazi N°1 » pour Braden qui le détestait, il avait été arrêté par Farrell pour « activités anti-sociales dangereuses », mais ne devait jamais être expulsé, ni même inquiété. Son fils Rudi (Rodolfo) sera promu secrétaire à l'Information, toujours proche du *lider*. Des centaines de candidats austro-allemands à l'émigration lui devront leur admission en Argentine pour la filière italienne et grâce au bon vouloir des consulats platéens.

Parmi les amis allemands de Perón, il en est un auquel il aura voué, depuis 1945 et durant trente ans, une réelle affection fondée sur une admiration jamais démentie : l'as Hans Ulrich Rudel[3].

Colonel à 28 ans, chef d'escadre aérienne et titulaire des plus hautes distinctions militaires[4], héros légendaire au courage sans mesure et à la valeur sans égale, ce pilote de Stuka, patriote fanatiquement hitlérien – sans avoir jamais été membre du parti nazi ! – était, en revanche, d'une inconscience politique rare, ignorant l'abomination du régime nazi et la perversité d'un homme qui le fascinait – lui comme beaucoup d'autres – et qu'il aura servi glorieusement sans état d'âme jusqu'au bout. La guerre terminée, Rudel se fera l'ardent défenseur de ses anciens compagnons d'armes. Honni des milieux de gauche, encombrant pour les autorités d'Allemagne fédérale, il sera l'orateur

---

[1] « The most powerfull tycoon » selon lui, *ibid.*, p.367. Né à Berlin en 1887 de parents germano-argentins, il est officier dans la *Reichswehr* en 1914-18, se fait naturaliser argentin en 1921. Ayant fait valoir que sa fortune était exclusivement d'origine argentine, il réussira à la conserver. On le retrouve aux Etats-Unis, en touriste, en 1949.

[2] Riche propriétaire de la *Compañia General de Construcciones* (GEOPE) liée à l'état-major pour l'organisation des quartiers militaires. Il se dit « l'ami le plus intime de Perón » qu'il reçoit souvent dans sa résidence de Belgrano. Lui aussi n'a jamais hésité à mettre à la disposition du dictateur les immenses profits de sa GEOPE – plus de 17 millions de *pesos* en trois ans.

[3] Sentiments réciproques : « son cœur était pour nous, vieux soldats, et il l'a maintes fois prouvé. Nous lui devons tous beaucoup », écrit RUDEL, dans *Zwischen Deutschland und Argentinien : Fünf Jahre in Übersee*, Goettingen, Plesse, 1953, p.75. Rappelons que, pour Perón, Nuremberg avait été « une infamie, énorme monstruosité que l'histoire ne pardonnera pas ».

[4] Dont, comme 26 autres seulement, la Ritterkreuz à feuilles de chêne, glaives et brillants (*Goldenes Eichenbach mit Schwertern und Brillanten zum Ritterkreuz des Eisernen Kreutzes*). Parmi les autres titulaires, Adolf GALLAND, l'un des chefs de la *Condor* en Espagne en 1936, commandant d'escadre aérienne en Pologne, général et commandant en chef de la chasse après la mort de Mölders. Recruté par Perón en 1945, il retrouvera Rudel en Argentine et y écrira ses Mémoires, *Die Ersten und die Letzten. Die Jagdflieger im Zweiten Weltkrieg*, Darmstadt, 1953.

vedette, chaleureusement accueilli dans tous les rassemblements d'extrême droite et les réunions d'anciens combattants, Waffen-SS au premier rang[1].

Inlassable itinérant, omniprésent de part et d'autre de l'Atlantique malgré les entraves mises à ses déplacements, il devait, lui aussi, jouer un rôle essentiel dans la promotion du mythe du IVe Reich. Il nous faudra revenir sur les tribulations interocéaniques de ce personnage d'exception, bien représentatif de gens qui n'avaient rien appris, ni rien oublié, opiniâtres du nazisme, mais solidaires dans le malheur, l'exil et la nécessité.

---

[1] Ami de Skorzeny, Mengele, Rauff, Eichmann, Degrelle, parmi beaucoup d'autres. Auteur de témoignages personnels sur la guerre et l'après-guerre, sa carrière et ses voyages, dont *Zwischen Deutschland und Argentinien* et *Aus Krieg und Frieden. Aus den Jahren 1945 und 1952*, cf. *Infra*, Troisième partie, Chap.II, b-c, pp.143-150.

DEUXIEME PARTIE

PARTIR.

DES ITINERAIRES ET DES EMIGRANTS

(1945-1955)

CHAPITRE PREMIER

U-BOOTE ET MAGIE SOUS-MARINE

En 1937, l'Amirauté britannique n'estimait pas les sous-marins allemands aussi redoutables qu'en 1917-18. Elle était loin de prévoir l'efficacité des meutes de Dönitz en 1942. Or, si dans la Seconde Guerre mondiale les grands navires de guerre allemands de surface ne sont pas restés inactifs, au moins jusqu'en 1942, c'est le sous-marin qui devait jouer le rôle essentiel dans la guerre maritime, tant dans les « jours heureux » avant mars 1943 que dans la seconde partie du conflit particulièrement meurtrier pour des résultats des plus minces. Il n'était pas rare, en 1944-45, qu'un submersible sur dix seulement revînt avec bonheur d'une longue mission périlleuse dans l'Atlantique...

En trois ans, les *U-Boote* auront envoyé par le fond quelque 12,5 millions de tonnes de navires, ne perdant pour leur part que 250 unités ; mais en deux ans, après mars 1943, 535 sous-marins disparaissaient, n'ayant coulé que 2 millions de tonnes de bâtiments marchands[1].

Officiellement, il aura été lancé 1172 sous-marins allemands de 1939 à 1945 dont 974 devaient être perdus. Sur les 39 000 hommes servant dans les *Kampf-U-Boote*, 33 000 devaient trouver la mort, le plus souvent dans des conditions affreuses, les survivants ayant été pour la plupart faits prisonniers.[2]

La renaissance de la marine allemande peut être datée de 1935 ; l'accord naval anglo-allemand passé cette année-là autorisait la construction par l'Allemagne de navires de ligne[3], de croiseurs de bataille et autres *Panzerschiffe* de 12 000 tonnes, outre une douzaine de torpilleurs et le lancement de sous-marins destinés en principe à la défense côtière.

Avec le plan Z de 1938-1939 et sous l'impulsion du grand-amiral Raeder, partisan des grosses unités de surface, la *Kriegsmarine* est alors dotée

---

[1] Bilans cités *in* Ph. MASSON, *Histoire de l'armée allemande*, *op.cit.*, p.475.

[2] H. v. GOTTBERG, *Männer, Waffen, Strategien. Das große Buch der Soldaten*, Reutligen, 1981, pp.193-195. Selon d'autres sources, il y aurait eu 41 000 sous-mariniers dont 28 000 disparus. Début 1945, quelque 200 à 250 bâtiments étaient encore en service.

[3] Dont le *Bismarck* et le *Tirpitz* de 52600 tonnes, achevés en 1941. Outre les croiseurs de bataille ou « cuirassés de poche » – *Deutschland*, *Admiral Scheer*, *Admiral Graf Spee*, *Prinz Eugen*, *Blücher*, *Admiral Hipper* – nombre de croiseurs légers (*Köln*, *Koenigsberg*, *Karlsruhe*) et une douzaine de torpilleurs de 1000 à 1200 tonnes – *Möwe*, *Lachs* - construits après 1928.

d'une puissance dix fois supérieure à celle de 1933. Elle ne possède encore que 140 submersibles, mais leur « patron », Dönitz, alors encore simple capitaine de vaisseau, plaide, dans un mémorandum de septembre 1939, pour le doublement dans les meilleurs délais de cette force qu'il juge indispensable et prioritaire pour les succès maritimes à venir du Reich.

En 1942, l'accent est enfin mis sur l'importance décisive du sous-marin avec l'emploi systématique des meutes et grâce à une série de facteurs expliquant l'ampleur des succès enregistrés dans la période[1]. L'arme sans défaillance est désormais fameuse entre toutes et ses exploits sont célébrés en hommage à sa valeur et à l'héroïsme de ses équipages[2].

Dès 1940, les Allemands utilisent, outre les ports de Norvège, ceux de Brest, Saint-Nazaire, La Rochelle et Lorient, Lorient et ses épais ouvrages bétonnés indestructibles, doublés en 1944 avec 28 alvéoles et où Dönitz accueille personnellement au bar de son PC de Kernevel les commandants rentrant de mission. En 1941 et surtout 1942, la bataille de l'Atlantique est menée, de l'Arctique au Cap de Bonne Espérance, par des sous-marins opérant en meutes de 20 à 30 unités contre les convois alliés, leur infligeant de lourdes pertes jusqu'en mars 1943. Entre l'Islande et Mourmansk, les convois PQ 16, 17, 19 perdent ainsi des dizaines de transports, soit plus de 6,5 millions de tonnes, destructions côtières comprises[3]. Tout change en mars-avril 1943. S'opère alors un retournement décisif dû à tout un ensemble de mesures prises par les Alliés[4]. Elles conduisent à la disparition dramatique de certains *U-Boote*, malgré un rythme de construction intensifié en 1944 – on passe à 30 ou 40 sous-marins par mois, soit plus de 250 entre l'été 1943 et janvier 1945 – et des progrès techniques considérables, notamment en matière de systèmes d'armes. Outre des allocations supplémentaires de crédits et de matières premières, ainsi qu'en personnel vu l'importance des pertes, les unités de l'*U-Boote- Waffe* sont dotées en 1944 de DCA renforcées avec affûts quadruples, leurs kiosques pourvus d'un revêtement synthétique pour réduire l'efficacité des radars ennemis, eux-mêmes bénéficiant de détecteurs améliorés –

[1] Vitesse des sous-marins, repérage des convois et décryptage de leurs messages, absence de quadrimoteurs alliés à long rayon d'action, utilisation d'hydrophones de qualité pour détecter l'approche des convois et liaisons constantes entre les sous-marins et les PC de Lorient et de Brest.

[2] Deux mois avant le sort tragique du *Graf Spee*, l'U-29 avait envoyé par le fond le porte-avion britannique *Courageous* et le 14 octobre Gunther Prien, commandant l'U-47, pénétrait dans la baie de Scapa Flow pour y couler le cuirassé *Royal Oak*. Prien sera reçu par Hitler et l'équipage de l'U-47 défilera triomphalement à Berlin.

[3] Grâce à l'adoption par la *Kriegsmarine* de la machine *Funkschlüssel M4* multipliant les combinaisons et aveuglant ainsi l'Amirauté britannique.

[4] La capture de l'U-55, fin 1942, et de sa machine *Enigma 14 4* permettait de percer le code allemand et de rompre les systèmes de transmissions. Ajoutez le renforcement de la couverture aérienne avec radars centimétriques et projecteurs, grenades et torpilles acoustiques, ainsi que l'emploi de nouveaux appareils de détection radio-goniométriques comme le *Huff Dull.*

Haguenuk-Wanz ou *Nayas* – et de torpilles *Zaunkönig* (roitelet) de meilleure capacité offensive malgré les « chasses à mort », menées par les marines alliées[1].

Enfin, les grands sous-marins « électriques », type XXI, au rayon d'action dépassant 17 000 milles, sont dotés du schnorchel – les premiers dès 1943 – aux performances remarquables, selon les commandants[2].

Quoi qu'il en fût, ces moyens révolutionnaires, mais tardifs, ne permettaient pas, fin 1944, d'inverser le cours des événements et de reprendre l'initiative. Mais l'esprit de corps, la valeur et la discipline des sous-mariniers unanimement salués dans l'Allemagne en guerre et par leur chef le grand-amiral Dönitz, comptaient pour beaucoup dans le courage reconnu au combattant allemand et peut-être aussi dans le maintien de l'unité nationale jusqu'à l'effondrement du régime et du pays[3]

***

Le 8 mai 1945, les quelque 250 sous-marins encore en service, dans les ports ou en opérations, devaient se rendre aux Alliés. Or, tous n'ont pas obtempéré immédiatement.

En janvier déjà, des sous-marins en approche des côtes argentines retenaient l'attention de la presse et de l'opinion, les rumeurs ne cessant de s'amplifier concernant leurs objectifs et leurs intentions.

En mars, le ministre argentin des Relations extérieures avertissait l'Amirauté britannique que plusieurs d'entre eux, encore au large, auraient manifesté le désir de se rendre aux autorités de Buenos Aires ; en juin, on aurait aperçu un sous-marin à San Julián, une baie de la province de Santa Cruz, dans l'extrême Sud, deux hommes s'étant même éloignés du navire pour atteindre la côte sur un canot pneumatique ; début juillet, un citoyen américain, John Maltern, avait émis l'idée que deux submersibles avaient déjà fait surface près de Mar del Plata avant de se saborder ; selon un certain Arturo Meyer,

[1] Transformations rappelées par Ph. MASSON, *Histoire de l'armée*..., *op.cit* ., pp.323-332.
[2] Sur les avantages du schnorchel et ses performances, cf. *Infra*, note N°1, p.80.
[3] Admirateur d'Hitler – il en sera le bref successeur en mai 1945 -, Dönitz était un nazi convaincu et un antisémite fanatique. Son patriotisme dévoyé ne concevait l'unité allemande maintenue qu'à la faveur de l'élimination du « poison juif dispersif » (12.03.1944, *Großadmiral Dönitz's Rede zum Heldengedenktag*). Il jugeait, un mois plus tôt, « le corps des officiers solidairement responsable de l'Etat national-socialiste ». Il ne pouvait être condamné à Nuremberg pour violation du droit international maritime, mais seulement pour avoir préparé une guerre d'agression. Or, en 1939, il n'était pas encore amiral, d'où la légèreté de sa peine : 10 ans d'emprisonnement. Voir ses Mémoires, *10 Jahre und 20 Tage*, Bonn, 1958 (trad. *Dix ans et vingt jours*, Paris, Plon, 1959.)

leur mission aurait été de débarquer Hitler en personne, échappé miraculeusement du « Bunker »[1].

Le 10 juillet enfin, vers 7 heures, l'émergence soudaine d'un submersible au milieu de pêcheurs ébahis allait à la fois justifier les pressentiments de l'opinion publique et démentir les mirages nés de la dispersion de la Flotte sous-marine du Reich agonisant. Jeune commandant de l'*U-530* – il avait 25 ans – et à la tête d'un jeune équipage, du même âge en moyenne, l'*Oberleutnant* (lieutenant de vaisseau) Otto Wermuth faisait part au capitaine de frégate Ramón Sayns, commandant la base navale de Santa Cruz, de son désir de se rendre. L'équipage et les officiers – en tout, 54 hommes – étaient dès lors considérés comme prisonniers, eu égard à l'état de belligérance entre l'Argentine et le Reich défunt. Mais, du même coup, étaient relancées rumeurs et spéculations sur le sous-marin héraut du IVe Reich naissant, censé transporter Hitler et de hauts dignitaires nazis – Göring, Ley, Rosenberg, entre autres[2] –, le trésor *Hacke* de Kaltenbrunner[3], outre les armes et documents à sécuriser dans ce pays reculé, aux confins inaccessibles, mais si fidèlement germanophile.

Le sous-marin dûment escorté et mis à l'abri dans la base navale de Rio Santiago, se posait, après interrogatoire, la question du sort immédiat de l'équipage – un équipage accusé à tort, les Etats-Unis l'avaient immédiatement reconnu, d'avoir coulé, quelques jours plus tôt, au large de Pernambuco, le croiseur brésilien *Bahia* dont les 367 marins avaient disparu[4].

C'est une commission d'enquête alliée accréditée à Buenos Aires qui s'était chargée de l'interrogatoire de l'équipage. Elle apprenait que le navire, lancé à Hambourg en 1942, avait effectué sa dernière sortie le 19 février 1945 dans l'Atlantique Nord, Wermuth exerçant alors son premier commandement. La capitulation connue, celui-ci, dont l'autorité semblait mal assurée, avait

---

[1] C'est pour voir son nom rayé des Listes noires alliées que ce ressortissant allemand d'Argentine aurait inventé de toutes pièces et romancé – « a highly circumstantial story » dit Newton – cette épiphanie hitlérienne. Hitler, selon d'autres, aurait acheté un « immense terrain vierge » près d'Eldorado, à Misiones, avant d'opter pour un refuge plus sûr dans un *Berghof* antarctique plus difficile à localiser !

[2] Selon un agent OSS basé en Suisse, Rosenberg, Allemand balte de Reval, mais ayant des attaches en Argentine, aurait été vu à Córdoba dans une *hacienda* familiale où il avait rejoint ses trois sœurs apparentées par mariage à Garibaldi, Kerensky et Yrigoyen ! Rappelons que Ley s'est suicidé en octobre 1945, Göring à Nuremberg après son jugement le 15 octobre 1946 et que Rosenberg y a été exécuté le lendemain avec 9 autres accusés.

[3] « Objet des rumeurs les plus folles », selon G. KNOPP, *Les SS*, *op.cit.*, p.348. De même G. SALVETTI, *Los SS matan todavía : el tesoro del lago Toplitz*, Barcelone, 1970. « Il n'est pas possible de retracer les innombrables légendes qui circulent au sujet de ce trésor, de ses déplacements et de sa localisation actuelle », conclut G. WALTERS dans *La Traque du mal.*

[4] Il n'aurait pas été torpillé, mais avait sans doute heurté une mine dérivante avant d'imploser. Accuser le sous-marin avait l'avantage de désigner un coupable personnalisé et concret – « jetzt fanden die brazilianischen Medien und selbst Militärbehörden im *U-530* einen handfesten Täter », H. H. MEDING, *Flucht vor Nürnberg ?,* op.cit., p.57.

décidé en accord avec ses hommes de ne pas se conformer aux exigences des vainqueurs pour gagner au contraire l'Argentine dans l'espoir d'une captivité moins rude et plus brève qu'ailleurs.

L'extérieur du bateau étonnait les Argentins, l'intérieur les effarait. Sitôt dans les eaux argentines, il avait été entièrement désarmé : canons du kiosque, torpilles, munitions, cartes marines, codes et instruments de navigation, tout avait été détruit et jeté par-dessus bord. Rien ne permettait de reconstituer les dernières phases de navigation. Entretenant la tension entre son pays et l'Argentine, Braden accusait les Argentins de complicité dans la destruction du navire.

Le 12 juillet, Wermuth remettait solennellement son navire à l'Argentine, laquelle devait, en vertu des résolutions de l'*Acte de Chapultepec* et malgré les protestations de la presse métropolitaine, déférer au vœu des Anglo-saxons qui exigeaient, et obtenaient, que leur fussent remis et le bateau et les marins faits prisonniers.

***

Le temps peu à peu apaisait les tensions quand, le 17 août, quelques jours après Hiroshima et jour de l'Indépendance argentine, un second submersible allemand, l'*U-977*, faisait surface face à Mar del Plata. Le patrouilleur *Comodoro Py* recevait, selon le cérémonial militaire d'usage, la reddition du capitaine de frégate Heinz Schaeffer, commandant ce navire de 600 tonnes[1]. Officiers et matelots internés – 32 au total – étaient transférés sur le croiseur *General Belgrano* pour un premier interrogatoire.

Lui aussi jeune sous-marinier de 24 ans, émule de son aîné Gunther Prien et toujours dans la lignée du prestigieux Arnaud de la Perrière de 1917, Heinz Schaeffer devait faire lui-même le récit immédiat de son épopée transatlantique[2], loin de la mythologie sud-américaine hitlérienne et des évasions nazies rocambolesques sur Nautilus introuvables.

On sait donc qu'il était parti de Christiansund en Norvège le 2 mai avec 48 hommes, atteint quelques jours plus tard en pleine mer par la nouvelle de la capitulation du Reich. Il lui était, du même coup, ordonné de se rendre aux Alliés. Forts du dernier ordre du jour de Dönitz, le 26 avril, Schaeffer et son équipage s'étaient refusés à cette éventualité, cherchant au contraire à rejoindre un pays d'accueil qui leur fût plus favorable. Le Portugal et

---

[1] M. A. MOYANO, « Submarinos alemanes in Mar del Plata », *Todo es Historia*, N°72, 1979, pp.36-47.

[2] *Geheimnis um U-977. Im Schnorchel-U-Boot von Norwegen bis Mar del Plata*, Buenos Aires, 1950 (Propos recueillis par Carlos v. Merck, de la *Freie Presse* de Buenos Aires).

l'Espagne écartés comme peu sûrs, restait l'Argentine qui semblait offrir les meilleures garanties. Deux matelots avaient voulu être débarqués en Espagne, 16 autres avaient regagné d'emblée l'Allemagne, tous les autres ayant, avec le commandant, plébiscité l'Argentine ; certains y avaient de la famille ou des amis. D'autre part, la « captivité heureuse » des marins de l'*Admiral Graf Spee*, connue de tous, plaidait en faveur de ce pays hospitalier.

Schaeffer attribue au schnorchel l'heureuse odyssée de l'*U-977*[1]. Passé Gibraltar, le navire était resté en surface la nuit, dans les profondeurs – à 80 mètres – le jour, mais en moyenne à seulement 70 mètres sous l'eau, et ce durant 66 jours, record absolu dans les annales maritimes[2]. Schaeffer était un jeune et brillant commandant, sachant imposer à tous – officiers compris – une autorité bienveillante en faisant respecter la discipline professionnelle de rigueur dans la *Kriegsmarine*, jusqu'à l'arrivée, après un long voyage, dans les eaux territoriales argentines.

Sachant ce qu'il était advenu de l'*U-530* et quelles que fussent les conséquences de cette désobéissance aux vainqueurs, Schaeffer avait joué franc jeu avec les Argentins, leur livrant un navire intact, ce qui le dédouanait de toute accusation vis-à-vis de ses hôtes obligés. Ainsi la marine argentine saluait-elle les nouveaux internés avec « l'esprit traditionnellement chevaleresque de ce pays »[3], leur rendant les honneurs militaires et les conviant à un banquet de cohésion et de fraternité en hommage à leur exploit et à leur pays.

Selon des témoins, ces manifestations de camaraderie militaire auraient fortement déplu aux diplomates nord-américains. Informés, comme leurs collègues britanniques, de l'arrivée du sous-marin, les attachés militaires alliés réitéraient sans attendre leur demande d'interrogatoire des internés par la Commission d'enquête officielle, avec toujours le soupçon, dira Schaeffer, d'un débarquement incognito d'Hitler et de son entourage en route vers un asile antarctique secret ! Toujours aussi vindicatif, Braden s'élèvera avec véhémence contre le retard pris par les Argentins pour mettre en relation internés allemands et enquêteurs anglo-saxons[4].

---

[1] Tube rabattable avec deux conduits, dressé sur le kiosque en émersion. Il permet la navigation en plongée avec le moteur Diesel. Généralisé sur les sous-marins allemands en 1943, il permettait la navigation invisible et lente (à 6 nœuds au lieu de 15) et diminuait de moitié les pertes de sous-marins dès avant le déchiffrement d'*Enigma*.

[2] Selon M. A. MOYANO, « Submarinos alemanes… », *op.cit.*, p.45.

[3] « … mit der ganzen traditionellen Ritterlichkeit dieses Landes », observe H. H. MEDING, *Flucht vor Nürnberg ?*, *op.cit.*, p.61.

[4] Le nombre réduit des marins de l'*U-977* à son arrivée en Argentine – 32 – lui semblait suspect. Il pensait que certains avaient été remplacés par des agents nazis ou des criminels souhaitant de cette façon échapper à la justice des alliés, *Diplomats and demagoges*, 1979, p.357.

Schaeffer, pour sa part, justifiera point par point, heure par heure, sa trajectoire, ne dissimulant rien de son parcours et assumant ses décisions. En pure perte. Malgré la véracité reconnue de sa relation, il sera, avec Wermuth, extradé vers les Etats-Unis et mis en cellule à Washington. De nouveaux interrogatoires des officiers et des hommes ne révèleront rien de plus, confirmant seulement leurs déclarations antérieures.

Un an plus tard, Schaeffer devait regagner l'Allemagne et, vers 1948, l'Argentine pour y prendre femme ; il y publiera le récit complet de ses aventures et des épreuves heureusement traversées[1]. Quant aux navires, pris par les Etats-Unis, ils devaient servir à l'instruction des midships.

***

Dans ces circonstances, la rumeur d'autres arrivées de sous-marins pouvait renaître chaque jour, alimentée par des témoignages de riverains, amplifiée par la grande presse qui, en fait de « choses vues », évoquait des périscopes aperçus, des lumières suspectes clignotantes, des avions perdus dans le brouillard donc non identifiables, mais faisant l'objet de communiqués officiels de la police ou du ministère de la Marine. C'était, jusqu'en septembre au moins, un jaillissement presque continu d'imprévisibles apparitions fugaces, mais obsédantes, au point que la Direction de la Marine devait demander officiellement aux services de surveillance d'avoir à s'emparer, au besoin par la force et par des actions combinées, des navires et de leurs équipages abordant les côtes argentines[2].

On avait ainsi cru voir émerger l'*U-124* coulé par les Anglais, près de Porto, deux ans plus tôt, le 2 avril 1943.[3]

Toujours à la suite de ces épiphanies confuses – un garde-côtes pris, en plein brouillard, pour un sous-marin –, *Je sais que Hitler est vivant* affirmera en 1947 le journaliste Ládislas Szabó ; prenant les deux sous-marins réellement arrivés pour l'avant-garde d'un convoi fantôme transportant le Führer, Bormann et les échappés du bunker, il aura sa part dans l'invention d'un IVe Reich invincible[4]. Récit fabuleux prétendant s'affranchir de la réalité, le mythe, à la fois inventif et opiniâtre, mais par nature décousu et

---

[1] *U-977. 66Tage unter Wasser*, Wiesbaden-Buenos Aires, 1951.

[2] Sur ces « apparitions » et les mesures prises par les autorités argentines, H. H. MEDING, *Flucht vor Nürnberg ?*, *op.cit.*, pp.62-64.

[3] M. A. MOYANO, « Submarinos alemanes… », *op.cit.*, p.42 ; B. HERZOG, *60 Jahre Deutsche U-Boote, 1906-1966*, Munich, 1968, p.207.

[4] *Hitler está vivo. Nuevo Berchtesgaden en el Antártico*, Buenos Aires, 1947, p.32.

inconsistant, jettera longtemps encore un écran sur ce qu'a vraiment été l'immigration germanophone en Argentine depuis 1945.

La connaissance valable et vraie du passé le cède ici à sa présentation falsifiée, l'histoire imaginaire et la légende pédagogique n'ayant pas de peine à trouver leur public – la rumeur tenant lieu de sources débouche naturellement sur l'évocation fantaisiste de figures emblématiques du Reich à l'existence désormais transatlantique, mystérieuse, mais dûment dramatisée[1].

***

Les affirmations réitérées de filières sous-marines et de transports clandestins d'hommes, d'or, d'armes et de documents sont difficiles à réfuter. On ne peut que se limiter à la seule relation, déjà fertile en péripéties, de deux submersibles bien arrivés, hors délai, en Argentine – sans transporter d'or, de familles et de dignitaires déguisés.

Il est sûr, en tout état de cause, qu'il n'a jamais été question depuis lors d'une quelconque entreprise germano-argentine de déstabilisation politique du pays refuge, un pays pourtant souvent en proie à des conflits intérieurs graves et jamais résolus, à des révolutions sans réformes et toujours inachevées. Souvent « aperçus » au long des rivages platéens en 1945 ou 1946, l'*U-124* et l'*U-522* avaient disparu en 1943 au large des Açores et à proximité du Portugal continental, coulés par les Britanniques[2].

Aucun officier argentin, si haut qu'il fût hiérarchiquement dans l'*escalafón* aux règles d'avancement très strictes, n'a jamais décelé le moindre indice pouvant donner lieu à la préparation d'un complot germanique ou à des intrigues politiques dans les cercles-mess argentins ou germano-argentins. Expliquer la dictature d'Ongañia en 1969 ou celle de Videla sept ans plus tard par « un corpus théorique d'influence allemande » et « le concours de milliers de militaires allemands exilés en Argentine après la Seconde Guerre mondiale »[3], c'est s'abuser sur l'importance du modèle de répression allemand – camps de concentration et d'extermination compris – transmis intact aux

[1] C'est à ces fâcheuses approximations que sacrifie Gabrielle Foy dans son essai sur *L'influence de la communauté allemande sur la géopolitique argentine*, voyant, pp.123-125, une partie du trésor nazi apporté ici par un sous-marin, Hitler « probablement » en Argentine depuis 1945 et, « selon des témoins », 11 ou 12 submersibles ayant débarqué des familles nazies attendues en Argentine.

[2] Evoqué par W. STEVENSON, le destin de nombreux sous-marins ayant croisé dans l'Atlantique-Sud – *U-34*, *U-231*, *U-257*, *U-957*, *U-1000* – est resté obscur, soit qu'ils aient été coulés par les Alliés, soit qu'ils aient été retirés du service. Perón payé pour avoir recueilli les proches du Führer est un thème inépuisable, encore un demi-siècle plus tard (*La Prensa*, 19.12.1986).

[3] G. FOY, *L'influence de la communauté allemande...*, *op.cit.*, p.134. On peut aussi se demander où se trouve « la colonie nazie fondée par les anciens marins du *Graf Spee* »(p.131). L'auteur, c'est vrai, admet que « les premières livraisons de dossiers aux archives n'ont pas apporté de révélations ».

générations argentines à venir ; c'est surtout faire bon marché de l'héritage des caudillos, du rôle politique des militaires et de leurs interventions brutales et à répétitions dans la vie heurtée de la plupart des pays latino-américains.

Cela dit, on appréciera comme il se doit l'interview par Manning, Jarschel et leurs émules d'un Bormann aperçu dans un autobus, costumé en curé ou en pâtre tyrolien à chapeau pointu, conseiller immuable d'un Hitler invisible, fuégien ou antarctique.

Comme l'écrit encore Meding, peut-on empêcher la magie sous-marine d'opérer et l'imagination populaire de sacrifier avec empressement à toutes les productions aberrantes de l'esprit ?

CHAPITRE II

EMIGRATION LEGALE ET FILIERES VATICANES

Quelques mois après mai 1945, un conseiller du Land de Franconie, ancien fief du parti nazi, constatait que « plus un signe de sympathie ou d'appartenance au parti n'est visible dans les foyers où ils foisonnaient auparavant »[1]. La « part maudite » de l'identité allemande se brisait et disparaissait avec la dictature dans la défaite, commente Christian v. Krockow. Devant la dure réalité de 1945, la faim, les queues interminables, le déclassement, le troc et les « vocations de routier » d'un lieu à l'autre à travers le pays et pour de maigres bénéfices dans la pénurie généralisée, d'anciens soldats, comme celui de Wolfgang Borchert, traversaient bois et champs pour rentrer chez eux comme des épouvantails, lors même qu'ils ne retrouveraient pas leurs foyers.

Il y avait encore en 1950 entre 4 et 5 millions d'expulsés et de réfugiés sur quelque 21 millions d'actifs dans la République fédérale naissante.

S'agissant d'eux et de la misère allemande après la défaite, la fascination de la richesse des occupants, l'attirance aussi de l'espace et de la liberté, en un mot le « rêve américain », hantaient alors les Allemands quand ils ne s'étourdissaient pas en ville dans des spectacles improvisés, des divertissements élémentaires et des cabarets épargnés par les bombardements. L'Amérique était le refuge venant immédiatement à l'esprit, loin des décombres et des ruines pour faire l'expérience d'un autre monde, d'un Nouveau Monde.

Image exacte que celle-ci, de l'Allemagne avant la réforme monétaire salvatrice de 1948 ; mais ce « rêve américain » n'était-ce que celui du pays de l'occupant insolemment prospère et dominateur, et qui, tout en étalant son opulence, n'avait de cesse d'avoir mis au ban de l'Europe tous les Allemands quels qu'ils fussent, du fonctionnaire à l'étudiant, du paysan à l'ancien soldat,

[1] I. KERSHAW, *Der-Hitler-Mythos. Volksmeinung und Propaganda im Dritten Reich,* Stuttgart, 1960, p.124. Cité par C. v. KROCKOW, *Die Deutschen in ihrem Jahrhundert, 1899-1990*, Hambourg, 1990 (trad. *Les Allemands au XX° siècle*, Hachette, 1990, p.221, Rowohlt). S'agissant du seul soldat allemand, Philippe MASSON écrit pour sa part qu'il était convaincu, même après Stalingrad, que le Führer saurait triompher de la crise et que « cette assurance persistera dans les pires moments et dans les circonstances les plus désespérées », *Histoire de l'armée*, *op.cit.*, p.484. Il est permis d'en douter.

jugés collectivement responsables des crimes du régime et de la catastrophe finale ? Christian v. Krockow n'en dit mot, qui relève pourtant l'absurde « Questionnaire » de Salomon. Mais tout aspirant au départ – qu'il fût criminel avéré ou simple réfugié ou expulsé, dépouillé et désespéré – n'aurait-il pas eu l'idée, dûment informé, de plébisciter une autre Amérique que celle du vainqueur – en clair, celle du Sud, l'Argentine germanophile, tolérante, ouverte et hospitalière depuis plus d'un siècle ?

a- L'émigration légale

Le point crucial pour l'émigrant potentiel était d'abord l'épreuve préalable de la sortie du territoire allemand, vu l'interdiction qui lui était faite et l'absence de toute information, documentation et publicité officielles donnant à connaître la destination envisagée. Semblaient en tenir lieu les seules officines privées n'offrant aucune garantie quant au sérieux de leurs offres d'ailleurs étroitement soumises à la surveillance des autorités d'occupation. Comme souvent en pareilles circonstances, les Eglises semblaient plus dignes de confiance avec l'*Evangelisch-Lutherische Auswanderungsmission* depuis son siège de Hambourg et surtout le *Raphael-Werk* catholique, en liaison avec sa filiale argentine, l'Oeuvre *San Rafael*, qui prodiguait conseils et renseignements de tous ordres aux éventuels partants.

En Autriche, victime occupée mais restaurée dans son intégrité d'avant l'*Anschluß* et qui était dotée d'un gouvernement, il en allait autrement. Le ministère de l'Intérieur y était doté d'un Service d'émigration (*Wanderungsamt*) fournisseur d'informations politiques, économiques et juridiques sur les Amériques et l'Argentine en particulier. Ce service avait comme référent la Délégation argentine en Italie et le consulat de Gênes. Une société spécifique, l'*Argentinisch-Österreichische Gesellschaft*, soutenue par le consulat général d'Argentine à Graz, se chargeait de toutes les démarches concernant la sortie d'Autriche des candidats à l'émigration – en cinq mois, plus de 4000.[1]

Il était, selon Klatovsky, « relativement aisé » pour les Autrichiens d'obtenir un passeport et un passage pour Buenos Aires après obtention d'un certificat d'exonération ou d'exemption (*Freistellungserklärung*) émanant du Bureau de l'emploi et la production de documents personnels, concernant notamment le statut et le comportement de l'intéressé entre 1938 et 1945.

[1] Récapitulatif du publiciste viennois Richard KLATOVSKY « Südamerika heute. Unentbehrliche Ratschläge für Auswanderer », Sonderheft 3, *Wiener Wochenausgabe*, 1949, résumé H. H. MEDING, *Flucht... vor Nürnberg ?*, *op.cit.*, pp.67-69.

La situation faite aux ressortissants autrichiens était ainsi des plus favorables. Telle n'était pas celle des dizaines de milliers d'expulsés d'Europe centrale et des Balkans, *Volksdeutsche* clandestinement entrés en Allemagne et en Autriche.

Nantis d'un simple *Ausweis* qui ne leur conférait aucun droit, apatrides sans statut ni passeport – même Nansen, comme les Russes blancs en 1921 –, ces réprouvés n'étaient pas non plus reconnus comme « personnes déplacées » par l'IRO (*International Refugees Organisation*). Seule la Croix-Rouge Internationale leur venait en aide en favorisant leur admission, du moins provisoire et voyages payés, dans quelques pays mieux disposés : Suède, Angleterre, France, Brésil. En contrepartie de ce refuge, ils étaient parfois soumis, comme en Suède, aux travaux agricoles les plus rudes. D'autres pays enfin, mais rares, acceptaient de leur octroyer un visa d'entrée et un titre de séjour, parfois sans durée déterminée : en tête, la République Argentine.

Mais dans les zones d'occupation d'Allemagne occidentale, que de formalités imposées par le *Combined Travel Board* pour l'octroi toujours hypothétique et différé d'une autorisation de sortie, le *Military Exit Permit* ! L'obtention de ce sésame dans les commissariats de police locaux était, en effet, soumise au dépôt d'un volumineux dossier dont la constitution avait de quoi décourager l'impétrant le plus opiniâtre.[1]

S'agissant cette fois des seuls ressortissants de l'ancien Reich, le rappel dissuasif des autorités militaires occupantes à la diplomatie argentine n'était pas fait pour faciliter le processus. Rien d'étonnant à ce que sur quelque 10000 demandes déposées à Munich en un an et pour la seule Bavière, un sixième à peine ait reçu une réponse favorable. Comment enfin, tous les obstacles apparemment franchis, financer le coût du passage autrement que par l'achat illégal des dollars nécessaires, souvent grâce à des parents ou à des amis déjà en Argentine ? D'où l'imposition d'un affidavit lié à l'autorisation de sortie délivrée par les autorités militaires, exigé avant le départ par l'administration du pays d'accueil.

S'armer de patience était donc impératif, les consulats devant eux-mêmes en référer à la Direction de l'Immigration argentine pour délivrer au candidat – la décision pouvait prendre six mois ! – la précieuse autorisation de

---

[1] KLATOVSKY et, après lui, MEDING, en ont répertorié les pièces parfois difficiles à obtenir : attestation de bonne vie et mœurs (délivrée par la police locale), certificat de non-imposition fiscale ou de non-dette, visa d'entrée à solliciter des autorités du pays d'accueil potentiel, affidavit (dit *Rufpassage*), encore pour exonération d'impôts, procès-verbal de dénazification, douze photographies pour passeport, certificat médical récent et carnet de vaccination. En outre, et s'agissant de pays sud-américains, la délivrance d'un visa de sortie d'Europe était soumise à l'accord préalable des consulats des pays en question, et ce dans un délai relativement bref, trois mois le plus souvent.

« libre débarquement » et l'indispensable « promesse de visa » (*promesa de visación*) tenant lieu d'autorisation de séjour.[1]

Ces formalités exaspérantes –*tramitaciones* sud-américaines spécifiques – expliquent pour une part l'attrait de l'émigration clandestine aux multiples voies balisées et utilisées par d'autres candidats pressés de fuir l'Europe pour les raisons que l'on devine.

Fin 1948, les Etats-Unis fixaient à 28 000 le quota annuel d'immigrants allemands et autrichiens à admettre, des contingents du même ordre étant retenus par les consulats sud-américains en Europe, dont ceux de Francfort et de Hambourg pour l'Argentine (qui en comptait au moins quinze dans l'Allemagne de 1939).

Dès lors, les questions d'émigration ne relèveraient plus des autorités militaires étrangères, mais de la seule compétence de l'administration fédérale recréée en 1949, à savoir le *Bundesverwaltungsamt* ouvert à Cologne.

En 1950, avec la renaissance de l'Allemagne et le crépuscule annoncé du péronisme, le temps n'est déjà plus de l'irrésistible fascination du « Pays des merveilles ». Légale ou clandestine, l'émigration germanophone et centro-européenne court désormais sur son erre.

***

Passer par le Tyrol pour gagner les ports italiens – Gênes, au premier chef– était la voie la plus directe vers un exil salvateur outre-océan. La Suisse ne pouvait garantir une sécurité définitive alors que les couvents italiens seraient naturellement accueillants à ceux qui avaient combattu le communisme. Combien de collaborateurs étrangers de l'Allemagne nazie ont-ils, eux aussi, dès mars 1945, cherché et parfois trouvé le chemin du Tyrol pour atteindre Côme et les lacs italiens ? Voyez, parmi les Français, Darnand, de Brinon, Luchaire et le couple Déat. Eprouvés par la guerre dans un pays encore en plein désordre, les fonctionnaires italiens des douanes ne manifestaient que peu de zèle à surveiller la frontière pour en interdire le franchissement aux combattants ou aux simples civils pourchassés ou seulement désespérés. Arrêtés et refoulés, même après plusieurs tentatives infructueuses, les candidats au départ réussissaient presque toujours à voir leur obstination récompensée.

> Au-delà de la durable panoplie du folklore autrichien, le cœur tyrolien des Alpes réunissait au XIXe siècle, avant l'industrialisation du massif, toutes les formes de vie traditionnelle et de misère criante du pays de montagne ; d'où

[1] R. KLATOVSKY, « Südamerika heute… », *op.cit.*, p.27.

l'inventaire fourni des petits métiers impliquant une mobilité constante, soit dans les vallées, soit par migrations parfois loin de chez soi : maçons, charpentiers, couvreurs, stucateurs, rémouleurs, charbonniers, colporteurs. Le désir de partir loin était fréquent, malgré certains désastres aux suites tragiques, mais dont l'écho ne parvenait ici que tardivement.[1]

Les enfants eux-mêmes n'étaient pas épargnés, qui, comme les *Schwabenkinder*, étaient voués, sous la houlette de leurs curés, à un éprouvant exil saisonnier en Bavière.[2]

Bien d'autres activités occasionnelles et illégales occupaient alors vagabonds, indigents et marginaux surnuméraires qui ne savaient ni ne possédaient rien. Tout Tyrolien était, disait-on encore après 1870, tour à tour et par obligation, braconnier (*Wilderer*), lutteur et bagarreur (*Raufer*) ou contrebandier (*Schwärzer*). Les femmes pouvaient être glaneuses ou ramasseuses de baies en forêt (*Ährenleserinnen, Beererinnen*), les hommes saigneurs de résineux, casseurs de roche à grenat, arracheurs de racines médicinales, apothicaires ambulants grâce aux plantes locales, ou encore râpeurs de choux (*Krautschneider*) et même ramasseurs d'œufs de fourmi pour nourrir les oiseaux ! Plus nombreux encore étaient les guérisseurs, les pilleurs de tombes (*Kärner*) et les « passeurs de crêtes » (*Gratelzieher*), donc encore contrebandiers et guides de fuyards ; autant de gens rebelles par nécessité, cristallisant les préjugés populaires, assimilés souvent aux Tziganes abhorrés, victimes compensatoires de la misère ambiante, accusés de tous les maux et qualifiés de « plaie cancéreuse » du pays.[3]

Par atavisme comme par conviction, l'aide des Tyroliens aux fuyards d'Allemagne, d'Autriche et d'Europe centrale (*Volksdeutsche* et *Oustachis*), était naturelle, en quelque sorte, pour franchir les Alpes par la passe du Rombo vers Meran ou par le Brenner vers Brixen. Ne débouchait-on pas en Italie dans ce Sud-Tyrol germanophone arraché à l'Autriche depuis le traité de Saint-Germain-en-Laye ?

***

[1] Cf. L. v. HÖRMANN, *Tiroler Volkstypen*, Vienne, 1877. Certains métiers ont subsisté, tels ceux de rémouleur, tonnelier, vannier, visibles lors des fêtes traditionnelles dans les vallées du Tyrol.

[2] La misère poussait chaque printemps des colonnes de milliers d'enfants de 6 à 16 ans à franchir les Alpes pour se placer dans les fermes du pays souabe. Leur « marché » se tenait à Ravensburg, à quelques lieues du lac de Constance, le 19 mars, jour de la Saint-Joseph. Ils regagnaient l'Autriche, fin octobre, toujours sous la conduite de prêtres, cf. F. ULMER, *Die Schwabenkinder*, Prague-Berlin-Leipzig, 1943 : P. UHLIG, *Die Schwabenkinder aus Tirol und Vorarlberg*, Innsbrück, 1978.

[3] « Eine Pflanzschule sittlichen Verderbens [...] Ein Hauptfaktor der Verarmung gerade der ärmsten Theile Tirols [...] Mit einem Worte, ein Krebsschaden des Landes. », selon L. v. HÖRMANN, *Tiroler...*, *op.cit.*, pp. 40-41. Sur la tragique émigration des Tyroliens et des Souabes à Pozuzo au Pérou, voir notre étude « Un drame de l'émigration : Souabes et Tyroliens au Pérou », *Migrations et mémoire germaniques...*, *op.cit.*, Chap. V, pp.79-92.

Pour une meilleure chance de partir, *Volksdeutsche*, Baltes, Ukrainiens ou Croates s'efforçaient de figurer au nombre des « personnes déplacées » pour se mettre ainsi sous la protection des Nations Unies, assurés d'être entretenus par les organismes internationaux spécialisés, l'UNRRA, puis l'IRO, jusqu'à l'embarquement pour les Amériques, le voyage étant également pris en charge par les mêmes services.

D'autres moyens existaient encore de quitter les pays vaincus et détruits. On pouvait se procurer un passeport pour 350 dollars, visa argentin compris, auprès du consulat général argentin à Vienne, ou encore solliciter de la Croix-Rouge suisse un sauf-conduit délivrable en principe à ceux que la guerre avait chassés de chez eux et qui souhaitaient quitter en toute légalité leur pays de résidence régulier (« *ihr reguläres Aufenthaltsland zu verlassen* »). Or l'Argentine était précisément l'un des rares pays à faire droit à ces demandes, surtout à partir de l'Autriche et sous réserve d'un examen sommaire de la situation de l'impétrant.

Différente était la situation des fuyards et criminels recherchés – Stangl, Eichmann, Mengele, Kutschmann, Heinrich Müller –, contraints de quitter l'Allemagne sans protection et sans argent, d'étape en étape et de refuge en refuge – Stangl le confiera à Gitta Sereny –, au gré des rencontres redoutées et des dangers encourus. Sur qui donc compter, sinon sur de « vieux camarades » de combat ou du parti, comme l'écrira Rudel[1], quitte à se trouver ensuite seul en Italie, sans permis de séjour, sans connaître la langue, directement exposé à une arrestation par les carabiniers et à un internement au moins provisoire dans un camp et avant un renvoi inéluctable en Allemagne ?

b- La voie clandestine et conventuelle

Après le débarquement des Alliés en Italie en juillet 1943 et le bombardement de Rome qui verra Pie XII réconforter la foule, Mussolini était déchu par son Grand Conseil, emprisonné dans les Abruzzes (mais délivré dès septembre par un commando allemand, Skorzeny s'en attribuant abusivement la gloire !), le parti fasciste était officiellement dissous et le gouvernement confié au maréchal Badoglio, vieil adversaire du *Duce*. Le 13 octobre, le nouveau gouvernement rejoignait les Alliés dans la co-bélligérance, tandis que Mussolini improvisait une République fasciste dans le Nord et que les Allemands occupaient Rome où la loi martiale était proclamée par Kesselring.

Nouveau représentant auprès du Saint-Siège et aristocrate de vieille souche, Ernst *Freiherr* v. Weizsäcker, ancien officier de marine, n'avait rien

[1] *Zwischen Deutschland und Argentinien . Fünf Jahre in Übersee*, Goettingen, 1954, p.154.

du nazi fanatique, bien qu'ayant servi Ribbentrop. Flanqué d'un Dr. Wemmer, nazi convaincu, mais courtois et astucieux, Weizsäcker, aura pour mission de persuader Pie XII de garder une stricte neutralité, en accord avec le commandement allemand, Berlin s'engageant pour sa part au respect de l'indépendance du Vatican et de l'extraterritorialité de ses quelque 150 dépendances péninsulaires[1]. L'ambassadeur, bien qu'au courant, semble-t-il, de l'holocauste dès le printemps 1942[2], redoutait la déportation des juifs romains voulue par Eichmann avec le concours du SS Dannecker, décision qui aurait contraint le Souverain Pontife – dont beaucoup devaient dénoncer avec vigueur la pusillanimité ou les attitudes complices[3] – à intervenir en leur faveur, donc à rompre l'entente de principe passée avec les autorités étrangères occupantes. Or, des centaines de juifs romains durant l'été, puis plus d'un millier encore en octobre, sont raflés et déportés, cela malgré les représentations de Weizsäcker et du consul général Kessel auprès du cardinal secrétaire d'Etat Maglione, toujours dans le but d'éviter une intervention papale.

Allait alors s'enclencher un long et complexe processus de tractations et de négociations entre les responsables allemands, dont le général Rainer Stahel, commandant la garnison de Rome, et les porte-parole du Saint-Siège – le père Pankrasius Pfeiffer (non « simple prêtre » comme l'écrit Cornwell, mais supérieur de la *Societas Divini Redemptoris*), collaborateur régulier de Pie XII, le père Ivo Zeiger du *Collegium Germanicum*, et surtout l'évêque autrichien Aloïs Hudal, ancien aumônier de la *Reichswehr*, défenseur du nationalisme grand-allemand et recteur de l'église et du séminaire austro-allemand de Rome (*Stiftungskirche der Anima* ou *Santa Maria dell'Anima*), bientôt artisan efficace des évasions nazies vers l'Amérique par les voies prioritaires conventuelles et vaticanes.

---

[1] Cf. P. BLET, s.j., *PieXII et la Seconde Guerre mondiale d'après les archives du Vatican*, Paris, Perrin, 1997, p.240 sq.

[2] Se fondant sur l'étude de Hans-Jürgen DORSCHER, *Das Auswärtige Amt im Dritten Reich*, Berlin, Siedler, 1987, Fabrice d'ALMEIDA rappelle dans *La vie mondaine sous le IIIe Reich*, Perrin, 2006, p.357, que, si Weizsäcker n'a été condamné en 1945 que « pour n'avoir élevé aucune objection » contre l'ordre de déportation de six mille juifs, il avait dû être au courant des massacres et de la Solution finale dès le printemps 1942 par les notes de service informant régulièrement son ministère depuis 1941.

[3] Après la médiocre pièce de HOCHHUTH, *Le Vicaire*, et *Pie XII et le IIIe Reich* de FRIEDLÄNDER, on peut citer *The Catholic Church and Nazi Germany* de Guenter LEWY (1964) et *Black Sabbah* de Robert KATZ (1967) après *Death in Rome* du même, sur le carnage des Fosses Ardéatines, enfin *Le Terrifiant Servant* de Walter LAQUEUR (1980). Ont au contraire pris la défense du Pontife Pinchas E. LAPIDE dans *The last three Popes and the Jews* (1967) et Owen CHADWICK avec *Britain and the Vatican during the Second World War* (1986). Publié en 1969, *Le Silence de Pie XII* de Carlo FALCONI dénonce surtout le voile mis sur les atrocités des Oustachis protégés du Saint-Siège. Dans *Hitler's Pope* en 1999 (trad. *Le Pape et Hitler*), A. Michel, m. d., pp.465-480), J. CORNWELL résume ces controverses, mais va jusqu'à écrire, p.371, que « l'incapacité de Pacelli à réagir devant l'énormité de l'Holocauste fut, plus qu'un échec personnel, l'échec de la fonction pontificale elle-même et de la culture catholique dominante ».

Peu d'historiens ont relevé l'ancienneté et la solidité des liens unissant la papauté et les instances germaniques. Ancien nonce à Munich depuis 1917, puis à Berlin jusqu'à sa nomination à la tête de la secrétairerie d'Etat en 1930, Mgr Pacelli était un ami inconditionnel des Croates, toujours disposé à complaire à Mgr Stepinać, « martyr de la foi » béatifié, et ami des Allemands[1]. A son service, de longues années, tout un entourage germanique fidèle et dévoué. Avec Mgr Johannes Schönhöffer, préfet de la Congrégation pour la Propagation de la Foi et le père Agustin Maier, professeur à l'Université bénédictine San Anselmo, voyez surtout Mgr Kaas, président du *Zentrum* sous Weimar, chargé ensuite à Rome de l'administration de la basilique Saint Pierre ; Sœur Pasqualina Lehnert exerçait sur la nonciature, puis sur le Saint Père une véritable emprise qui ne s'est jamais relâchée ; président de la Conférence des évêques allemands, le cardinal Bertram, lui aussi très écouté du Souverain Pontife, affichait sa soumission aux directives du IIIe Reich[2] ; le père jésuite Robert Leiber, son secrétaire et confident, voyait comme le Saint Père dans le communisme le plus grave danger. Enfin, la médiation personnelle du cardinal Konrad Schuster, archevêque de Milan durant un quart de siècle, n'a certainement pas été négligeable dans les négociations menées, en mai 1944, entre le Vatican et le *SS-Obergruppenführer* Karl Wolff[3] (plus tard l'un des fanatiques de la HIAG) – flanqué du tristement célèbre *SS-Obersturmbannführer* Walter Rauff[4]. Il s'agissait alors de s'accorder sur une

[1] Depuis sa mission à Munich, il ne voyait l'Allemagne qu'à travers la légitimité des Wittelsbach et des Hohenzollern, n'ayant sans doute pas compris, à la différence de son prédécesseur, le caractère intrinsèquement pervers du nazisme, donc la nécessité de s'opposer radicalement à ses entreprises.

[2] Il prêcha en 1939 l'obligation de respecter l'autorité politique et d'accomplir son devoir civique envers le Reich ; six ans plus tard, à la mort d'Hitler, il ordonnera la célébration dans toutes les paroisses d'un Requiem solennel en mémoire du Führer et des morts de la Wehrmacht sans distinction entre ceux-ci et celui-là, « pour la patrie allemande et le salut de l'Eglise catholique allemande », cf. K. SCHOLDER, *Requiem for Hitler and other new Perspectives on the German Church Struggle*, 1989, p.166.

[3] Grade équivalent à général de corps d'armée dans la Wehrmacht. Karl Wolff était le commandant en chef de la police allemande en Italie. Chargé un temps par Hitler d'envisager l'enlèvement de Pie XII et sa déportation en Allemagne, il tergiversera en arguant des conséquences fâcheuses d'un tel acte sur les foules italiennes, Hitler finissant par abandonner le projet, cf. J. CORNWELL, *Hitler's...*, *op.cit.*, pp.891-894.

[4] Lieutenant-colonel, « bureaucrate modèle », selon Farago ; chef en 1942 du parc automobile des « fourgons à gaz » (*Todeswagen*) en Ukraine, mode d'extermination jugé « plus humain » que les massacres des *Einsatztruppen*. Après le gazage de quelque 100 000 Juifs entre Stalino et Marioupol, l'opération (*Vergasung*) devait être arrêtée pour maintes raisons : fourgons Saurer tombés en panne et difficiles à réparer, terreur des populations locales, plaintes des « techniciens » SS utilisateurs craignant pour leur propre vie en raison des émanations de gaz mal contrôlées (cf. courrier du *SS-Untersturmführer* Dr. Becker à W. Rauff, 16.05.1942, *Dok.PS.502*, *Das Dritte Reich und die Juden*, 1955). Prisonnier 20 mois à Rimini en 1945, Rauff, libéré, sera « exfiltré » vers la Syrie par le groupe Hudal ; il passera ensuite de là en Equateur, puis au Chili à Santiago et Punta Arenas, dirigeant de la filiale locale de la *Sara Braun Cy*. Malgré les demandes réitérées de Bonn, il ne sera jamais arrêté et extradé, d'Alessandri jusqu'à Allende, et conformément à la tradition sud-américaine suivie par les Cours Suprêmes de ces pays (sauf exception pour Stangl et Schwammburger au Brésil). Les accusations contre Rauff seront jugées insuffisantes car « de nature exclusivement politique » (*sic*). Farago assure – et on le croit volontiers – que Rauff vivait au Chili

prochaine capitulation allemande très partielle en Italie, dans l'intention de maintenir inébranlables les positions de l'Eglise catholique dans la péninsule. C'est avec raison qu'a souvent été souligné l'effroi de Pie XII à l'idée d'une prise de pouvoir à Rome par les « Rouges ».

Se souvenant de la rude épreuve endurée en 1919 à Munich dans les bouleversements révolutionnaires, avec les Conseils ouvriers et la terreur spartakiste instaurée par Max Levien, Eugen Levine et Towia Axelrod – « l'enfer absolu », écrira-t-il –, Pie XII était hanté par l'expérience pour lui apocalyptique du « Triangle rouge » russe, mexicain et espagnol ; d'où l'obligation éprouvée d'éviter, grâce à l'indispensable concours de l'occupant allemand, la victoire des partisans, très majoritairement communistes, aux dépens de l'Italie catholique[1]. Mieux, sans vraiment s'interroger sur la culpabilité des nazis dont son Eglise favorisera, avec son accord, l'évasion en Amérique, il alléguera l'engagement passé discret, mais réel, de ses diplomates en faveur de milliers de juifs, dont beaucoup d'enfants, arrachés par elle aux griffes des nazis, fût-ce au prix de baptêmes expéditifs et de conversions obligées, mais temporaires et salvatrices. Des Israéliens parmi les plus éminents – Moshe Sharett ou Golda Meir – ne devaient-ils pas d'ailleurs rendre un vibrant hommage à son attitude philosémite, confirmée plus tard encore par la plume du rabbin David Dalin dans *Pie XII et les Juifs* ? Bref, c'est bien aux autorités vaticanes qu'il faut attribuer l'aide, non pas officielle, mais effective, apportée aux Juifs allemands chassés de chez eux et en partance pour les Amériques avant 1939, comme à des prisonniers anglais évadés ou à des espions « exfiltrés » par les services secrets américains, mais aussi aux fugitifs nazis austro-allemands, croates, baltes ou *volksdeutsch* en quête d'un asile sûr, outre-océan. Une question, néanmoins : la relation symétrique entre bannis juifs et criminels nazis n'est-elle pas abusive, incongrue, cynique et inadmissible ?[2] Rudel enfin (dont Farago rappelle l'aversion implacable de ce fils de pasteur luthérien pour l'Eglise romaine) dit

dans la hantise d'une opération du Mossad, comme pour Eichmann en Argentine (cf. *Altermath- Martin Bormann…*, *op.cit.*, pp.186-189, 252-254.

[1] Evoquant la terreur spartakiste, le nonce avait décrit dans une lettre au secrétaire d'Etat Gaspari l'aspect « vulgaire, répugnant » de Levin et le visage « intelligent, mais sournois » de Max Levien. Ce texte inspirera à CORNWELL un commentaire sur « l'insistance incessante sur la judéité de cette bande d'usurpateurs s'accordant sur la conviction en Allemagne que les juifs étaient les principaux instigateurs de la révolution bolchevique et que leur principal objectif était de détruire la civilisation chrétienne ». Il voit ici « quelque chose de déplaisant et de mauvais augure […] les allusions répétées aux origines juives de ces hommes […] accusant les stéréotypes et le mépris racistes », *Hitler's…*, *op.cit.*, p.99. Sur la repentance de l'épiscopat allemand depuis Seeligsberg en 1947 à sa déclaration de 1995 concernant sa conduite sous le IIIe Reich, voir J. FAVERT-SAADA, *Le christianisme et ses juifs, 1800-2000*, Paris, Seuil, 2004, en particulier chap. 20, pp 423-445.

[2] MEDING semble pourtant considérer comme de même nature et mettre sur le même plan les deux entreprises d'assistance aux partants.

dans ses Mémoires sa plus vive gratitude à l'endroit de l'évêque Hudal grâce à qui « la substance la plus précieuse du peuple allemand a été sauvée d'une mort certaine ».[1]

La cheville ouvrière, le « moteur » de cette entreprise, c'était bien, sans conteste, le recteur de l'Eglise allemande locale ; son action a été retracée, saluée, parfois critiquée, par une suite de rapports rendant compte des « résultats » quantitatifs obtenus[2].

Ami de Mgr Pacelli depuis les années 1920, Hudal avait pu influencer le futur Pontife par son opposition farouche au « communisme athée », son érudition biblique et son goût prononcé pour la diplomatie secrète dans les questions temporelles. Farago consacre tout un chapitre – « Les filières de l'évêque Hudal » – à la carrière, aux amitiés et aux pratiques de l'évêque *in partibus* d'Elée en faveur des nazis ayant, grâce à lui, échappé à l'arrestation pour trouver refuge outre-Atlantique[3]. Il était, comme le jésuite Karl Adam, convaincu que la mythologie et les postulats du nazisme étaient compatibles avec la doctrine chrétienne ; Hitler était le nouveau Charlemagne, garant d'un Saint Empire romain moderne. Dans son traité *Die Grundlagen des Nationalsozialismus*, il avait dès 1933 souscrit aux théories raciales du parti, approuvant l'exclusion des juifs de l'espace germanique. Conscient que la chute d'Hitler était inévitable par sa soif inextinguible de puissance et d'expansion, il voyait surtout dans l'effondrement du Reich celui du rempart le plus solide contre le communisme, d'où son engagement à poursuivre le combat dans le monde, les rescapés du nazisme étant postés en première ligne.

Pour justifier le recueil des fugitifs par les communautés religieuses romaines et les aider à troquer la chemise brune contre la soutane noire, il allègue dans ses Mémoires les impératifs de la charité évangélique[4]. Il avait

---

[1] « ... vor allem durch einzelne menschlich überragende Persönlichkeiten innerhalb der Kirche, an wertvoller Substanz unseres Vilkes gerettet worden ist, oft war dem sicheren Tode gerettet worden...», *Zwischen Deutschland und Argentinien..., op.cit*, p.46.

[2] Outre FARAGO, Gitta SERENY dans un entretien avec Stangl, Reinhart KOPS (ex-capitaine de l'Abwehr, *alias* Juan MALER en Argentine) dans *Frieden, Krieg u. « Frieden »*, San Carlos, 1987 ; Ernst KLEE, *Persilschein und falsche Pässe : wie die Kirchen des Nazis halfen*, Francfort, 1991, après H. J. STEHLE, «Pässe vom Pabst? Aus neu entdeckten Dokumenten. Warum alle Wege der Ex-Nazis nach Südamerika über Rom führten ?», *Die Zeit*, Hambourg, 04.05.1984, pp.9-12.

[3] Outre Bormann dont Farago s'obstine à poursuivre l'étrange ubiquité, on citera Adolf Eichmann, Walter Rauff, le *Gauleiter* Reiner et le *SS-Obergruppenführer* Heinrich Müller, « le criminel le plus éminent de Rome », selon Farago, chef de la Gestapo (AMT-IV) depuis 1939 et proche d'Eichmann, enfin le *SS-Hauptsturmführer* Erich Rajakowitsch du Bureau IV-B-1, responsable de la déportation de 100 000 juifs hollandais, détenteur du célèbre « trésor des SS » qui « aurait disparu », toujours selon Farago.

[4] *Römische Tagebücher. Lebensbeichte eines alten Bischofs*, Graz-Stuttgart, p.17. L'ouvrage est dédié à Hitler, « architecte de la grandeur allemande ». Selon Hudal, « aucun peuple n'a su comme le peuple allemand endiguer le bolchevisme grâce à sa valeur militaire et à l'organisation politique dont il était doté ». Il poursuit, p.21 : « Je remercie le Ciel de m'avoir ouvert les yeux à tant de victimes pour gagner un pays où ces gens seraient enfin plus heureux ». Dès 1933, Hudal, apôtre du pangermanisme, avait appelé à l'union

souhaité, dira-t-il, « apporter une assistance religieuse normale » à toutes les victimes de la guerre, malgré la difficulté à distinguer les victimes des bourreaux, souvent confondus dans le malheur et dans l'exode[1]. Sachant plaider sa cause directement auprès de Perón par des sollicitations très précises[2], il se fait le défenseur des anciens combattants privés du droit à l'émigration, et s'indigne – sans évoquer le cas des grands criminels – de la situation qui leur est faite par les puissances occupantes de l'Allemagne : « Quand donc, dans l'histoire de l'humanité, le fait d'avoir fait son devoir militaire a-t-il jamais constitué un crime moral interdisant toute aspiration à un avenir paisible et honnête » ?

Dans cette perspective, l'authenticité des titres d'identité fournis aux partants par le Saint-Siège revêtait une importance primordiale[3]. Deux types de documents existaient : outre les passeports réguliers, un millier peut-être, réservés aux gens d'Eglise et autres chargés de mission en résidence régulière au Vatican, des « certificats d'authenticité » - passeport Nansen du Vatican – étaient délivrés « par milliers pour assister les désemparés », dira le professeur Alessandrini, rédacteur à l'*Osservatore romano*, sous l'égide d'un Bureau des réfugiés dépendant, comme *Caritas Internationalis*[4], de la secrétairerie d'Etat confiée à la sagacité diplomatique de Mgr Giovanni Battista Montini, le futur Paul VI.

Les certificats pontificaux n'avaient pas, certes, de validité permanente et internationale, mais leurs détenteurs étaient admis sans difficulté, malgré les fastidieuses formalités de rigueur, en Syrie ou en Argentine le plus souvent. Hudal disposait, semble-t-il, de ressources suffisantes – sans référence au mythique trésor des SS – pour la mise en route de ses protégés[5]. Leur hébergement dans les dépendances religieuses de la capitale italienne ne

---

politique de l'Allemagne et de l'Autriche dans une célèbre allocution devant les dignitaires nazis des deux pays et la colonie germanophone de Rome.

[1] Cf. R. HOLSFELD, « Zuflucht für Opfer und Täter », *in* W. KELLER, *Argentinien*, Merian-Heft, Nr. 12, 1986, pp.102-104.

[2] Dans une lettre à Perón d'août 1946, épiscopale et persuasive, « pleine d'onctuosité », selon WALTERS, il demande l'octroi d'un quota spécial de 5000 visas – 3000 pour les Allemands, 2000 pour les Autrichiens – suite, dit-il, à la même faveur accordée, l'année précédente, à des fascistes italiens, pour lui « gens de premier ordre, travailleurs, qualifiés, capables à tous égards [...], recommandés par leur évêque ».

[3] En dehors des certificats délivrés par la Croix-Rouge, des passeports « blancs » octroyés par les services diplomatiques péronistes et des titres nombreux provenant des services secrets allemands comme la Gestapo, le S.D. et l'*Abwehr*.

[4] Fondée en 1911 par Mgr Lorenz Werthmann, archevêque de Fribourg-en-Brisgau, avec de nombreuses antennes en Asie et en Amérique latine. Le Secours catholique français en est une émanation.

[5] Selon STEHLE et MEDING, le financement des séjours à Rome et des voyages des fugitifs sans ressources était assuré par la *National Catholic Welfare Conférence* (NCWC) des Etats-Unis, la filiale italienne de cette Société de Bienfaisance devant remettre les fonds en question à la Section autrichienne de la Commission d'Aide Vaticane (*Assistenza Austriaca* de la *Pontifica Commissionne Assistenza*). Le journal des SS d'Argentine, *Der Weg*, dira sa gratitude envers la gestion efficiente du prélat victime d'un cancer en 1963.

requérait de la part des responsables que mansuétude, patience et discrétion, vertus chrétiennes élémentaires. « D'un couvent l'autre » auraient pu dire les fugitifs parodiant, dans le même temps ou presque, le célèbre *D'un château l'autre* de Céline.

c- Fascistes italiens et fuyards *oustachis*

Parmi les nombreux fugitifs européens non-allemands, criminels, complices, comparses du régime hitlérien ou simples naufragés de la défaite, deux nationalités s'étaient distinguées, dont la participation à la cause du Reich, mais de façons différentes, n'avait pas été mince : les Italiens et les Croates.

Parlant des premiers, Farago fait de l'Argentine de Perón le creuset, la « pépinière » du fascisme en exil. Or, deux bonnes raisons au moins en faisaient, c'est vrai, l'asile préférentiel et sûr des survivants du régime mussolinien anéanti ; d'abord un argument d'ordre historico-démographique, déjà évoqué[1], au point d'avoir nourri, un demi-siècle plus tôt chez les Chiliens et à l'encontre d'une Argentine soudainement « gonflée » d'arrivants transalpins cumulant, disaient-ils, tous les vices – vulgarité, ignorance, superstition, obscurantisme, délinquance –, une véritable altérité processive et sans nuances, une vindicte populiste, nativiste et xénophobe conduisant à exalter au contraire, dans un surprenant ethno-racisme à rebours, les vertus supposées du prolétaire chilien national, le *roto* jusque là pourtant largement méprisé[2].

Seconde raison de cette faveur faite aux Italiens, l'admiration de Perón pour Mussolini (rencontré à Rome en 1939) et sa fascination pour les orientations et les réalisations du régime fasciste, matrice du justicialisme inventé par le *lider*[3] platéen triomphant – avec l'exemple et dans le sillage de la « Légion civique » nationaliste et paramilitaire promue par Uriburu en 1930.

Nombreux donc, très nombreux, ont été les vieux fascistes et les victimes de la guerre sachant mettre à profit les facilités offertes par la

[1] Cf. *Supra*, Première Partie, Chapitre Premier et notes N° 1 à 4, p.29.

[2] Voir notamment les pamphlets « boxéristes » anti-italiens de Nicolás PALACIOS, *Raza chilena*, Valparaiso, 1904 et Tancredo PINOCHET LE BRUN, *La Conquista de Chile en el siglo XX*, Santiago, 1909. Sur cette déferlante populiste et xénophobe, voir notre étude *Immigration et nationalisme au Chili*, *op.cit.*, en particulier chap. VI, C, « Nativisme et xénophobie », pp.226-240. L'Argentine n'est alors, pour les thuriféraires du nationalisme chilien, que la formidable expression de l'impérialisme italien par la diaspora d'un pays médiéval, misérable, prolétaire, instable et secoué d'émeutes anarchistes.

[3] Après la chute de Perón, le mouvement dit de la *Tacuara* d'Alberto Ezcurra Uriburu et Julio Meinvielle, succédant à celui du colonel J. F. Guevara, devait reprendre dans la plate-forme de la « Restauration Nationale » le même objectif conservateur se voulant progressiste sur modèle paramilitaire anticommuniste.

Delegación de Inmigración en Europa installée par Perón en décembre 1946[1]. Buenos Aires, selon Farago, « grouillait » de fugitifs italiens. De fait, toutes les « têtes » du régime défunt semblaient s'y être donné rendez-vous. Un « Grand Conseil fasciste » au complet ou presque.

Le premier, Vittorio Mussolini, fils du *Duce*, âgé alors de trente ans, arrive ici en avril 1947 pour y constituer un véritable empire économique.

Carlo Scorza – « Bormann des fascistes italiens locaux », pour Farago – ex-bras droit du dictateur, condamné par contumace à 30 ans de prison pour meurtre par le tribunal de Pistoïa, s'est échappé par la voie conventuelle et grâce à un « certificat » du Vatican. Il est, en Argentine, l'honorable Dr. Sirtori, directeur du magazine *Historium*.

Ancien ministre des Affaires étrangères, Dino Grandi est devenu avocat portugais sous le nom de Domenico Galli, et Cesare de Vecchi, vieux routier et compagnon du *Duce*, frère lai dans un monastère bénédictin ! Parmi les anciens militaires, Ettore Mutti, *alias* Valeri, avait été capitaine d'aviation en Espagne et Mario Roatta, dit Mancini, ancien chef du SIM (Service d'Information), commandant en chef du Corps expéditionnaire italien dans ce pays. Personnage florentin et excentrique, il s'était rallié à Badoglio sous le nom de Palacio pour lutter contre la « République sociale » de Salo et le dernier combat du *Duce*. Condamné néanmoins pour meurtre à la fin de la guerre, il s'enfuira lui aussi à Buenos Aires et reviendra, amnistié, en Italie, pour y mourir dans la misère en 1968.

En dehors de ces personnages ayant un nom, il y a tous les clients anonymes des campagnes de recrutement et que les statistiques officielles ont enregistrés avec l'importante marge d'erreurs propre aux décomptes sud-américains. Toutes nationalités confondues – donc voisins de l'Argentine compris – on estime à 63 000 le nombre des entrées de 1947 à 1950, à 152 000 encore celui des quatre années suivantes, compte non tenu d'un contre-flux proportionnel sur lequel nous manquons d'informations. D'autres estimations, sans références à des sources précises et vérifiables, font état de plus de 360000 entrées de 1945 à 1950, minimisant d'ailleurs le nombre des germanophones, les réduisant aux seuls Allemands d'Allemagne[2]. Quoi qu'il en soit, Italiens et Croates forment ici les gros contingents européens, les seconds constituant un cas d'espèce. Suite immédiate d'une guerre civile et de religion mêlée à la guerre européenne, leur exil sanctionne, en effet, un conflit récursif au sein d'une Yougoslavie fabriquée dont ils avaient toujours contesté la tutelle serbe acquise à la faveur du démembrement de l'Autriche-Hongrie.

---

[1] Cf. *Supra*, Première partie, chap.V et note N°1, p.68.

[2] Dires de *Inmigración, Estadística del movimiento migratorio, 1945-1955*. Les estimations les plus hautes sont de W. HOFFMANN, « Die Deutschen in Argentinien », *in* H. FRÖSCHLE, *Die Deutschen in Lateinamerika*, *op.cit.*, p. 344. Les erreurs viennent, pour une bonne part, de la non-distinction entre Allemands et germanophones, cf. *Infra*, Troisième Partie, Chap. Premier.

Entre Serbes et Croates, pourtant proches, en apparence et au moins par la langue, une haine inexpiable qui, aujourd'hui encore, est loin d'avoir disparu...

Déplorant la disparition de la Double Monarchie au profit de petits Etats multinationaux et instables sur le modèle tchécoslovaque ou yougoslave, le général de Gaulle se disait conscient des effets pervers de nationalismes explosifs restés vivaces sous la chape de plomb, qu'il jugeait avec raison provisoire, du communisme tout-puissant après 1945[1]

Trois mois après le déclenchement de l'opération *Barbarossa*, le pacte du 15 mars 1941 unissait l'Allemagne, l'Italie et la Yougoslavie ; deux jours plus tard, les nationalistes serbes prenaient le pouvoir à Belgrade, abolissaient la Régence et s'alliaient aux démocraties. Hitler répliquait par l'invasion du pays, des Allemands saluant pour leur part la proclamation à Zagreb de l'Etat Indépendant de Croatie (*Nezavisma Drazawa Hrvatska*) par le *Poglavnik* Ante Pavelić, ruinant ainsi le mythe yougoslave unitaire à direction Karageorgević depuis 1918[2].

L'attitude de Pie XII face au catholicisme offensif des Croates a fait l'objet de nombreuses critiques (Steinberg, Falconi, Phayer, Laqueur, Hoffman, Cornwell, Walters). On ne lui pardonne ni son silence ou son approbation tacite des « atrocités croates », ni l'aide prêtée à un clergé franciscain de croisade et à l'évêque Draganović, du Collège illyrien San Girolamo, protecteur des criminels oustachis fuyant la vengeance serbe et titiste en 1945.

Effrayantes, nombreuses, inimaginables presque, au point qu'elles épouvantaient les soldats allemands eux-mêmes, ces atrocités, notamment au camp de Jasenovać – Auschwitz local pour Vladimir Dediger - auraient fait plus d'un demi-million de victimes serbes, outre des dizaines de milliers de Juifs et de Tziganes[3]. Mais pourquoi tant de haine ?

Trois siècles unissaient les Croates à la papauté. Encore en 1933, Pie XII saluait publiquement, lors de la canonisation du bienheureux Croate Nicolas Tavelić, la perception croate de l'histoire. Vaincus en 1918 avec l'effondrement de la Double Monarchie, les Croates nourrissaient une rancoeur renforcée, inentamable, contre le nouvel Etat yougoslave qui les excluait de l'Enseignement, des professions libérales et de la haute administration, favorisant l'installation des Serbes, déjà forte dans la Krajina, en pleine région catholique, et conférait de multiples privilèges au clergé orthodoxe. En 1941, les Croates avaient déjà subi la répression des *Tchetniks* gouvernementaux ; en 1945, à la vengeance des partisans succèdera l'enfermement, avec les

[1] « Ils n'ont pas la même religion, ils ont subi des occupations différentes, les uns ont résisté, les autres collaboré, tous se haïssent. Ce sont des nations antagonistes qu'on a prétendu enfermer dans la même cage. Tout cela ne tenait pas debout », A. PEYREFITTE, *C'était de Gaulle*, Fayard, 1994, p.296.

[2] Pour Clémenceau, l'Autriche-Hongrie était la prison des peuples, haut lieu du catholicisme abhorré. Pour la France, la fraternité serbe était définitive, célébrée en toutes occasions (cf. *La Serbie invincible*) pour rappeler la retraite serbe de 1915, l'action de l'amiral Lacaze, des généraux de Mondésir et Franchet d'Esperey dans l'offensive commune sur le Vardar, outre le recueil des enfants serbes en France par Louis Liard dans les lycées niçois et parisiens. Reste qu'en 1919, le « ventre mou » de l'Europe a pris la place de la double et prestigieuse monarchie...

[3] Dans *Hunting Evil* (*La Traque du Mal*), WALTERS rappelle de façon saisissante, p.127, d'après STEINACHER et DEDIGER, la barbarie de ces exécutions.

germanophones, dans toute une série de camps aujourd'hui oubliés – Mitroviča, Jarek, Molidorf, Rudolfstand, Jongshoot, Kracdia... Mais comment ne pas être obsédé par la politique systématique de purification ethnique de l'*Oustacha* ? Le fanatisme médiéval des moines soldats et l'évocation insoutenable des crimes qu'ils avaient encouragés ?

L'unité de l'Eglise fait sa force. On comprend le zèle mis par les franciscains pour venir en aide à des fidèles poursuivis et désemparés ne voyant de salut que dans l'immigration lointaine garante d'une impunité définitive. Or, à Buenos Aires, l'ordre a d' « honorables correspondants » cultivant les meilleurs rapports avec les services argentins concernés.

Recteur franciscain de la Basilique de Bari, dans la capitale argentine, le Père Blas Stefanić, obtenait des autorités locales, en novembre 1946, l'admission d'un quota de 250 Croates, en bloc, recensés à Munich, Salzbourg et Rome et sans références identitaires individuelles ; au service croate de *Caritas* d'établir la liste en question et de solliciter autorisations d'émigrer et visas correspondants auprès du consulat argentin à Rome. Selon certaines déclarations ultérieures, Draganović, aidé par Ruffinengo et l'archevêque Siri, y aurait ajouté en surnombre des Allemands munis de faux documents et une centaine de Croates supplémentaires agréés par l'IRO et la Croix-Rouge de Gênes.

Les couvents romains étant surpeuplés jusque dans les années 1950, tout laisse à penser qu'une gigantesque organisation de fuite a pu être mise en place en 1947 sans pouvoir finalement accuser le Vatican d'intervention directe et active dans l'élaboration de cette opération d'envergure. Meding parle, à juste titre, de « flou » concernant l'intromission de la Curie, sans que puisse être prise la mesure exacte et statistique de ces évasions concertées entre les autorités religieuses locales et les services administratifs compétents.

Un immigré rapportera les propos rassurants, et quelque peu cyniques, tenus à Noël 1946 par un prélat de Sa Sainteté à un groupe de réfugiés croates terrés dans un couvent romain, dans l'attente fébrile d'un départ pour la liberté argentine : « La police ne vous trouvera pas ici. Ce n'est pas la première fois qu'à Rome on vit dans les catacombes »[1]. Se référant à *The Real Odessa* d'Uki Goñi, Walters attribue la réflexion à l'évêque Hudal, lui-même s'adressant à un groupe où aurait figuré Maler.

[1] « In Rom lebt man nicht zum ersten Mal in Katakomben », J. MAHLER, *Frieden...*, *op.cit.*, p.326.

CHAPITRE III

TOUS LES CHEMINS DE BUENOS AIRES

La soviétisation de l'Europe centrale et la montée des partis communistes en France et en Italie inquiétaient l'Eglise catholique, provoquant du même coup la guerre froide ; de là, malgré l'apparence d'une grande rigueur procédurière et morale, en vertu de ces « priorités naturelles », le revirement des Américains dans la poursuite et les procès des criminels de guerre[1].

Renonçant à l'exécution de centaines de condamnés pour aménager leurs peines, la CIC recourait en 1947 – et même plus tôt - aux services d'anciens agents « expérimentés » du SD, de l'*Abwehr* ou de la Gestapo. Le cas de Barbie, Barbie *alias* Altmann[2], n'est pas unique[3], mais l'extradition du « bourreau de Lyon » aura eu comme conséquence – Tom Bower l'a montré[4] – la mise en lumière de ces pratiques, octroi de grâce pour « circonstances atténuantes » se voulant « outils éducatifs » pour la promotion des valeurs d'une société démocratique !

Par une filière d'évasion originale – la *Ratline* –, la CIC favorisait ainsi la fuite de criminels à nouvelle identité, nantis des papiers et *Ausweis* nécessaires à une reconversion à l'étranger. On peut en inférer qu'il existait bien une véritable congruence entre cette *Ratline* et l'action de Hudal et de Draganović en faveur des Oustachis en fuite. De 1950 à 1960, selon Simpson, la CIC et la voie conventuelle n'aurait fait qu'un. En Argentine, Santiago Peralta, chef des Services d'immigration, agissait en pleine intelligence avec les responsables de la communauté allemande locale, les Staudt et les Freude

---

[1] Cf. le Mémoire du général Lucius Clay, commandant américain en Europe en mai 1948. Son successeur civil, John Mc Cloy, fera relâcher en 1951 la moitié au moins des 13 000 Allemands encore emprisonnés pour crimes de guerre. Dans son livre *Justice at Dachau*, le procureur Joshua M. Greene écrit que « la libération des meurtriers nazis est une tache sur l'histoire de la jurisprudence américaine ».

[2] De 1983 à 1988, le personnage a fait l'objet de nombreuses biographies : Ryan, Bower, Linklater, Paris, Soria, Sánchez et Reiman, Darringhaus, Valmont et le sulfureux *Je défends Barbie* de Vergès.

[3] Parmi les « recrues » employées plusieurs années parfois, les *SS-Standartenführer* ou *Obersturmbahnführer* W. Höttl, compère d'Eichmann, H. Felfe, F. Burchardt, les Lettons Arájs et Çukurs, massacreurs des juifs de Riga, le Hongrois Károly Ney et le Belge Robert Jan Verbelen condamné à mort en 1946, « employé » par le CIC jusqu'en 1955, rejugé et acquitté en 1960.

[4] Dans *Klaus Barbie, the butcher of Lyons*, New-York, 1984. De même *Blind to murder. Britain, America and rhe Purging of Nazi Germany – a pledge betrayed*, Londres, 1981.

en tête, sans oublier les bi-nationaux influents, tel l'ex-*SS-Hauptsturmführer* Horst Carlos Fuldner, meurtrier et escroc, exclu puis réintégré dans les *Waffen-SS* en 1945, ami de Perón et précieux recruteur de « techniciens » allemands après la guerre, selon Goñi, Walters et Knopp.

Aimant à rappeler la longue tradition des amitiés germano-argentines – elles remontaient, comme d'autres, aux lendemains de l'Indépendance – et les interdictions faites aux Allemands en 1945, Perón, cynique, dira à un certain Tomás Martínez sa satisfaction d'avoir recruté, avec l'aide de son ami le *Caudillo* espagnol, tant d'Allemands « utiles » dont l'Argentine avait tant besoin...[1]

Grâce à la Délégation officielle de recrutement qu'il enverra en Italie fin 1946, toutes les autorisations de départ pour l'Argentine qui seraient réclamées seraient satisfaites au nom des intérêts supérieurs de la Nation. A la disposition des organisateurs, six liberty-ships « chartérisés » de la Compagnie de navigation *Dodero* – un ami de Perón – assureraient les rotations nécessaires.

On estime qu'en 1948 plus d'un millier d'ingénieurs et de techniciens allemands étaient déjà à pied d'œuvre à Tucumán et à Córdoba, certains ayant suivi d'autres voies que l'italienne et la vaticane pour parvenir à Buenos Aires. Parmi les premiers arrivés et pour un premier séjour cisandin après être passé par la Suisse et le Tyrol pour se jouer ensuite des contrôles italiens, un certain Emilio Meier, plus connu sous son vrai patronyme : Hans Ulrich Rudel.[2]

La filière vaticane avec Hudal, Draganović et leurs équipes a bien été le premier « canal de fuite » pour ceux qui voulaient quitter l'Europe. Mais elle n'était pas la seule. La « voie scandinave », *Flugrute Nord* retracée par Foged et Krüger, était également bien balisée et nullement négligeable.

a- La voie scandinave

La situation de l'Europe du Nord était différente de celle de l'Italie. Des centaines de milliers de réfugiés fuyaient alors au Danemark devant l'avance russe dans les Pays baltes, en Prusse orientale et en Poméranie. En mai, ils étaient au moins 300 000, outre 150 000 ayant réussi à entrer en Suède, selon Hélène Lööv, mêlés à des soldats allemands et à de vieux nazis recherchés,

---

[1] L'épouse d'un certain Dr. Hans Kleiner, ancien directeur des usines d'armement Schmidding, rapporte qu'elle s'était elle-même abouchée en 1947 avec l'ambassade argentine à Rome pour lui proposer le concours d'experts allemands désireux de quitter l'Allemagne. C'est ainsi qu'une première cohorte de spécialistes constructeurs de V1 et de V2 de Peenemünde était accueillie à Buenos Aires après un temps bref d'hébergement dans un couvent de Rome. L'Argentine pouvait ainsi s'initier à la technologie militaire de pointe.

[2] *Zwischen Deutschland und Argentinien...*, *op.cit.*, p.43 sq.

tous secourus par la Croix-Rouge. Prisonniers des Britanniques, plus de 80 000 soldats de la Wehrmacht faisaient office de bouclier face aux Soviétiques dominant déjà la Baltique. Représentant le haut commandement allemand au Danemark, un certain lieutenant Toepke se trouvait responsable d'une unité du génie – la *Dienstgruppe Dänemark* –, chargée par les Anglais du déminage de la frontière germano-danoise, et donc de sa surveillance ; ainsi ces sapeurs se trouvaient-ils en situation de favoriser le passage vers le Danemark de centaines d'ingénieurs et de techniciens – dont le professeur Kurt Tank[1] –, désireux de souscrire à l'invite des Argentins. Or, là encore, aucune évasion possible sans le concours diligent de la diplomatie péroniste.

L'analyse détaillée par Meding[2] de la correspondance diplomatique argentine laisse apparaître de sérieuses divergences entre les responsables platéens en poste en Europe du Nord quant à l'attitude à adopter face aux Allemands bloqués en Scandinavie et souhaitant profiter des ouvertures argentines.

D'un côté, les diplomates de carrière, tels les ambassadeurs J. F. Riéffolo Bessone à Copenhague ou Hector F. Russo à Stockholm, se montraient réticents à l'idée de délivrer de faux passeports à tous ceux qui souhaitaient partir ; ils craignaient qu'une telle option ne compromît les positions internationales de l'Argentine face aux protestations de Washington. De l'autre, les consuls « politiques » péronistes comme Carlos Piñeyro, ex-officier et époux d'une Allemande, qui délivraient obligeamment passeports et permis d'entrée en Argentine à des citoyens dûment « hispanisés » et bien accueillis à Buenos Aires – et cela malgré certains contretemps, fâcheux pour les Argentins, comme l'arrestation de scientifiques par les autorités militaires britanniques[3], la convocation de l'ambassadeur d'Argentine par le ministre des Affaires étrangères danois ou la mutation de diplomates platéens dans un autre pays quand ils n'étaient pas rappelés à Buenos Aires pour apaiser les tensions. La situation des troupes allemandes encore sur place n'était pas toujours misérable : bien qu'arrêté pour la forme, Toepke avait été chargé de fortifier les défenses de l'île de Bornholm à quelque 150 milles de l'archipel danois, face à la Poméranie occupée par les Soviétiques et annexée par la Pologne.

---

[1] Directeur des usines d'aviation *Focke-Wulf* à Brème, il offre ses services, ainsi que ceux de collègues ingénieurs – dont le Dr. Eyting –, aux Argentins. Ayant franchi la frontière danoise en uniforme, il passe quelques mois dans un camp de réfugiés, puis, nanti d'un passeport au nom de Matties octroyé par le Consul général argentin à Copenhague, Carlos Piñeyro, il partira pour Buenos Aires avec une documentation scientifique micro-filmée considérable, utile à ses futurs travaux.

[2] *Flucht vor Nürnberg ?...*, *op.cit.*, pp.93-104.

[3] Cas du professeur Karl Gustav Friedrich Thalau, fondé de pouvoir de la firme *Fieseler* et de l'ingénieur Paul Friedrich Klages de la *Luftwaffe* aidés par Toepke et qui finiront par partir depuis l' « écluse » de Gênes.

A Buenos Aires, l'écroulement du IIIe Reich et la révélation des horreurs nazies avaient ému l'opinion et libéré la colère des immigrés anti-fascistes ; d'autres, à l'inverse, restaient hostiles aux Alliés et arguaient toujours des effets pervers de la propagande anti-allemande. Tout en prenant leurs distances avec l'Allemagne nouvelle, ils appelaient à en secourir financièrement la population et à élaborer à son profit un vaste programme d'aide alimentaire. Certains allaient encore plus loin, qui s'efforçaient d'ouvrir la frontière danoise à l'Allemagne surchargée d'aspirants au départ pour l'Amérique.

Le jeune Germano-Argentin Carlos Werner Eduardo Schulz et l'industriel Friedrich Wilhelm Schlottmann, de la *Sedalana*, tentaient d'adoucir le sort des milliers de réfugiés prussiens, poméraniens et baltes internés au Danemark ou passés en Suède devant l'offensive soviétique. Sous l'égide d'un *Comité Báltico* présidé par le directeur de la *Freie Presse*, Federico Müller-Ludwig, c'est par liberty-ships que 38 000 Baltes, « personnes déplacées » réfugiées en Suède, arrivaient à Buenos Aires, suivis d'autres convois d'Allemands de l'Est jusque-là internés au Danemark.

A la gestion de ces flux irréguliers de gens démunis de tout, bien des obstacles : questions douanières concernant les changes et le transport des marchandises, repérage et exclusion des indésirables – criminels dénoncés ou agitateurs potentiels communistes ou présumés tels –, interrogatoire des « hommes de confiance » et organisateurs, dont Schulz lui-même soupçonné, dans un premier temps, d'avoir appartenu à la SS, pour ses relations sur place avec les officiers de l'Ordre noir. Mais, sa mission en Europe heureusement achevée, il allait bénéficier de la protection du gouverneur de Buenos Aires, Domingo Mercante, pour activer l'admission en Argentine de tous les fugitifs d'Europe du Nord. Promu enfin fonctionnaire d'autorité comme adjoint du nouveau directeur des Services d'Immigration, Pablo Diana, il entrait dans la société d'édition *Dürer Haus* et à l'agence de voyages *Vianord* dirigée par l'ex Waffen-SS suédois Hans-Caspar Krüger, les Etats-Unis s'élevant toujours, au nom de l'interventionnisme de l'*Acte de Chapultepec*, contre l'admission légalisée et généralisée de citoyens appartenant à d'anciens pays ennemis. En fait, bien des « cas particuliers », tel celui d'un certain Ludwig Lienhardt[1],

[1] Ex-*SS-Sturmbannführer*, réclamé comme criminel de guerre par les autorités soviétiques, mais qui avait sauvé de la captivité en URSS quelque 3500 Estoniens réfugiés en Suède. Embarras des Suédois qui ne pouvaient ni livrer ni protéger un officier SS, lui ordonnant seulement, à lui comme à ses pairs, de quitter la Suède avant fin 1947. Les confidences de Lienhardt à Meding en 1989 nous laissent pourtant sur notre faim. Sachant ce qu'étaient le camp de la mort estonien de Klooga et les gigantesques massacres de Slonim en Biélorussie, on peut s'interroger à la fois sur les crimes de guerre imputés à l'intéressé et sur l'identité des « Estoniens-Suédois » qu'il avait sauvés avant leur embarquement pour l'Amérique du Sud.

pouvaient légitimer cette protestation malgré son faible écho dans la neutralité suédoise.

Le 30 décembre 1947, le *Falken*, acquis et gréé par les soins de Lienhardt, lève l'ancre avec, à son bord, Schulz et des centaines de réfugiés originaires d'une dizaine de pays, prêts à déjouer la surveillance soviétique et à subir les tempêtes de la Baltique.

Schulz arrêté par les Britanniques, incarcéré un temps avant de pouvoir regagner Buenos Aires par Madrid, il aura fallu au *Falken* six mois pour arriver à destination[1].

Malgré les efforts du *Comité Báltico* pour organiser des rotations régulières, c'est individuellement, à leurs risques et périls, notamment l'arrestation à certaines escales et la condamnation à de longues peines, que les aspirants au départ devaient s'occuper de leur passage. Tous les moyens étaient bons pour rallier l'Argentine : yachts, chalutiers, remorqueurs, voiliers, hors-bord, canots de sauvetage, torpilleurs désarmés, embarcations privées de toutes sortes… L'Argentine espérée est alors aux réfugiés européens n'ayant plus rien ce que l'Angleterre est aujourd'hui à tant d'Afghans, d'Africains et de Syriens affamés risquant tout pour la rejoindre.

b- Le relais ibérique

Lisbonne, Tanger, Istambul : foyers d'intrigues, centres d'espionnage international ou lieux de transit de 1940 à 1945. L'Espagne alors aura servi d'antichambre périlleuse à ceux qui, fuyant l'Europe occupée ou évadés des prisons nazies, n'avaient de cesse d'avoir rejoint les Alliés pour reprendre la lutte.

En 1940, à Lisbonne, on compte des centaines de « mauvais Français émigrant en Anglo-Saxonie », raille *Je suis partout* ; en 1945, « collaborateurs » belges ou français, Degrelle ou Bridoux, trouvent à Barcelone ou à Madrid un refuge, soit définitif, soit transitoire avant de partir pour Buenos Aires grâce à l'*Organisation d'Assistance sociale* de la Phalange et à une « cellule nazie » efficace, bien implantée en Espagne.

En 1936, sa prudence galicienne avait convaincu le Caudillo de louvoyer, de tergiverser et de préférer les assurances ambiguës à l'engagement délibéré aux côtés de l'Axe[2], tandis qu'Hitler décidait de soutenir, avec la

[1] Récit de LIENHARDT, « Mit dem Falken auf Wikingersfahrt », *Der Weg*, 1948, III, 10.

[2] Il acceptera d'envoyer en Russie « contre le bolchevisme » la division *Azúl*, 18 000 volontaires aux ordres du vieux phalangiste Muñoz Grandes, unité réduite ensuite aux 1500 hommes de la *Spanien* d'Antonio García Navarro, incorporés dans les Waffen-SS. En revanche, malgré la rencontre d'Hendaye et la visite

Légion Condor, la cause des nationalistes révoltés. Dès juillet, Franco recevait les premiers Junker-52 aménagés en transports de troupes pour faire franchir le détroit de Gibraltar à ses légionnaires et à ses tabors marocains ; six mois plus tard, partaient de Hambourg, salués par leur chef, le général Hugo von Speerle[1], alias Sander (responsable de Guernica), les premiers éléments de la Condor, 1500 hommes, bientôt officiellement 6500, 16 000 en réalité, jeunes volontaires triés sur le volet et dont l'importante contribution, aérienne pour l'essentiel[2], serait saluée lors du défilé de la victoire franquiste à Madrid en mai 1939[3].

Le rôle déclencheur de l'intervention allemande est en général attribué à un certain Johannes Eberhard Franz Bernhardt, « négociant allemand de Tétouan, membre de la NSDAP et de l'AO » (Meding) ou, en d'autres termes, « officieux représentant au Maroc de la section d'espionnage industriel camouflée sous l'appellation d'*Auslandsorganisation* » (Palacio).

En fait, c'est à des interventions conjointes qu'était dû ce projet ; d'abord, celle d'un colonel du Tercio, Juan Beigbeder, chef du Bureau des Affaires arabes de Tétouan, ami de l'attaché militaire allemand à Paris, le général Kuhlenthall, auprès de qui il s'était porté acquéreur d'une dizaine d'avions allemands de transport ; dans le même temps, le général Mola, commandant la zone nord des combats, faisait la même démarche auprès des Allemands pour la livraison d'avions payables en or et en devises fortes ; enfin, Bernhardt et son compère Langenheim, lui aussi agent local de l'AO, tous deux appuyés par Göring et flanqués d'un capitaine espagnol, Francisco Arránz, étaient reçus par Hitler, à Bayreuth, entre deux concerts, le 26 juillet. L'affaire conclue leur aurait rapporté de « coquettes commissions » (Palacio)...

C'est le ministère de la Guerre qui devait s'occuper du recrutement des volontaires et de l'achat du matériel, ainsi que de leur acheminement. Deux sociétés étaient créées qui se chargeraient des transports : la *Compañia Hispano-Marroqui de Transportes* (HISMA) dirigée par Bernhardt, et une « Société d'achat de matières premières et de marchandises » (*Rohstoffe u.*

---

d'Himmler à Madrid, Franco refusera à la Wehrmacht de traverser l'Espagne – l'opération *Felix* – pour s'emparer de Gibraltar.

[1] Avant Helmuth Volkmann et, en 1938, Wolfgang *Freiherr* v. Richthofen, cousin du célèbre « baron rouge » de 1914-18.

[2] Sur des chasseurs JU-86, 87 et 88 – les fameux *Stukas* – les *Messerchmidt* Me-109 et *Dornier* Do-17, outre les bombardiers moyens Ju-52 et He-111 et 112.

[3] La valeur des équipages allemands n'était pas douteuse, reconnue d'ailleurs par les deux parties. Les victoires de la *Condor* le prouvent : plus de deux cents en combats aériens et des centaines d'avions détruits au sol. « Ils furent un exemple pour les nationalistes espagnols notamment les pilotes de chasse », conclut un reporter républicain, L. PALACIO, *1936 : la Maldonne espagnole*, Toulouse, Privat, 1986, p.187. Sur ces interventions, *ibid.*, pp.117-190. Les généraux Galland et Baumbach, plus tard conseillers de Perón, étaient des anciens de la *Condor*.

Waren-Einkaufsgesellschaft). Enfin, c'est à une troisième société, dite « touristique », la *Reisegesellschaftsunion*, que serait confiée, sous la direction d'un colonel, v. Schelle, la mission de transporter la Condor jusqu'en Espagne, à partir d'une surveillance exercée à San Sebastian.

Göring s'attribuera à Nuremberg le mérite du recrutement de la *Condor* « pour empêcher la progression du communisme et donner à nos jeunes aviateurs la possibilité d'un réel entraînement », dira-t-il. Or, dans cet engagement allemand en Espagne, ne pas oublier le rôle décisif d'un homme éminent, d'une vaste culture, attachant et complexe, amoureux de cette Espagne ardente qu'il connaissait bien : l'amiral Canaris. Patriote affecté, comme tant d'autres, par la défaite de 1918, les révoltes spartakistes et l'impuissance de son pays condamné, humilié, rançonné en 1918, effondré en 1932, il était resté en relation avec l'*Intelligence Service* et les Services américains par hostilité intime à la folie hitlérienne. Dès 1938, il avait rejoint le parti « anti-guerre » de Beck, alors chef d'état-major de la Wehrmacht, de son adjoint et bientôt successeur Franz Halder et du secrétaire d'Etat Ernst v. Weizsäcker. Inquiété en 1943 dans une affaire de devises et d'aide à des Juifs passés en Suisse, Hans Oster, collaborateur de Canaris, était surveillé par la Gestapo. Début 1944, Oster écarté, Canaris était à son tour relevé de ses fonctions, l'*Abwehr* tombant sous l'autorité directe d'Himmler. Enfin l'échec de Stauffenberg consommait la perte de Canaris. De nombreux documents compromettant Oster et l'*Abwehr* sont découverts, puis le journal de Canaris. Avec Oster, Dohnanyi, Dietrich Bonhoeffer et d'autres, l'amiral est condamné le 8 avril 1945 et exécuté le lendemain, tandis que le chef de la Gestapo, Heinrich Müller, disparaissait sans laisser de traces…

Canaris était un marin, lieutenant de vaisseau en 1918, rescapé du *Dresden* et interné au Chili d'où il s'était échappé en 1915 sous une fausse identité. Il se découvre vite une vocation d'agent de renseignements, « cet apanage des gentilshommes », lui dira son supérieur. De Madrid où il est en poste, il surveillera ses agents installés sur les côtes méditerranéennes, lusitaniennes et cantabriques. Il sait l'importance de l'Espagne pour le contrôle de la navigation vers Malte, Chypre et Suez, celle aussi de ses archipels, Baléares et Canaries, pour l'avitaillement des sous-marins. Il fait ensuite carrière dans les états-majors, ses affectations dans diverses ambassades lui valant sa promotion au grade d'amiral.

En 1936, il remplace son camarade Patzig à la tête de l'*Abwehr*, face à la toute-puissance d'un Heydrich, son ancien subordonné enseigne de vaisseau sur le croiseur-école *Berlin*, devenu entre-temps le redoutable chef du SD, chargé de l'espionnage « tous azimuts » à l'intérieur comme à l'extérieur du Reich.

En octobre, l'amiral est reçu dans l'euphorie au QG du Caudillo auquel il promet une aide substantielle en hommes et en armes contre la livraison à la HISMA de grandes quantités de minerais (au total 2,5 millions de tonnes en

1937) et le montage d'opérations combinées terre-air sous l'autorité du commandement espagnol.

L'Espagne était, pour le IIIe Reich, comme une tête de pont naturelle de l'Europe vers l'Argentine. Premier représentant officiel d'Hitler à Burgos, de novembre 1936 à septembre 1937, le général Faupel – agent par excellence de ce « militarisme envahisseur » qu'exécrait Edmond Vermeil et qui n'avait rien du charisme de Canaris – était un familier des Amériques latines, instructeur, puis conseiller en Argentine de 1910 à 1914, de nouveau de 1921 à 1926 dans le cadre de la *Danziger Mission* tolérée par Versailles. Il s'était alors félicité de ce retour des Allemands en Argentine, preuve pour lui d'un confiance inébranlée des Argentins envers leurs mentors de la R*eichswehr* et d'un certain « fanatisme germanophile » à peine entamé en 1918[1].

Inspecteur général de l'armée péruvienne de 1927 à 1930 – une armée qui pourtant n'avait encore jamais fait appel aux Allemands –, Faupel, rentré en Allemagne, présidait en 1934 aux destinées d'un *Ibero-Amerikanisches Institut* de Berlin passé sous la coupe de Goebbels[2].

Bien des Argentins hostiles aux nazis voyaient en Faupel le chef suprême de la Gestapo en Amérique latine ; ils lui imputaient la paternité du coup d'Etat de juin 1943 par l'influence qu'il avait exercée sur les jeunes officiers, de même que, la défaite du Reich s'annonçant et grâce à des voyages sous-marins intercontinentaux, le projet d'un asile sûr à aménager en pays platéen pour les rescapés du nazisme ; en un mot la gestation, là encore et avec d'autres, d'un IVe Reich ultramarin !

En 1946, l'Espagne se trouve, du fait de la victoire des Alliés, diplomatiquement isolée, interdite de Nations Unies, exclue du plan Marshall, soumise à des mesures de boycott qui la rapprochent d'une Argentine péroniste solidaire du franquisme dans cette période difficile pour les deux pays ; d'où une collaboration étroite entre les deux nations, l'Argentine livrant à Madrid des céréales contre des produits manufacturés espagnols. Pour aider l'Espagne, « Perón affrontaient les Nations Unies », écrira Luca de Tena dans *Yo, Juan D. Perón.*

Une alliance économique, politique et militaire unit les deux pays dans cette période pour eux cruciale, Perón plaidant pour une troisième voie, celle

---

[1] « Nous avons regagné le terrain perdu depuis 1918 », *Akten zur deutschen auswärtigen Politik, 1918-1945*, B, 1, III, 1925-1939, *Deutschland und der spanische Bürgerkrieg.*

[2] Cet institut a publié une revue *Ibero-Amerikanisches Archiv* consacrée, de 1924 à 1944, aux relations germano-sud-américaines dans une optique nationaliste, puis nazie. Parmi les autres publications analogues dans la période la *Südamerikanische Rundschau* depuis 1893, *Süd- u. Mittelamerika*, « Halbmonatschrift für das Deutschtum und die deutschen Interessen », depuis 1908 et les *Mitteilungen des deutsch-südamerikanischen Instituts* depuis 1910. Dans l'entre-deux-guerres, *Deutsches Ausland*, *Deutsche Gedanken* et *Deutsche Kultur in der Welt* ont également traité des Amériques latines.

d'une véritable Confédération hispanique pour « la défense de la civilisation chrétienne millénaire ». Mais avec l'année noire 1949, la pression toujours plus vive des Etats-Unis, la guerre de Corée et l'importance stratégique de l'Espagne enfin reconnue, c'en était fait du rêve panhispanisant de Perón et de l'alliance amorcée « dans la perspective de la dépendance » diagnostiquée par les historiens espagnols.

Cela étant, jusqu'en 1950 au moins, c'est par milliers que les Espagnols ont quitté leur pays ruiné et traumatisé par la guerre ; avec eux, des Allemands – on en estime alors le nombre à 16 000 en Espagne – et des ressortissants des anciens pays alliés de l'Axe, déserteurs de la *Wehrmacht*, mais surtout agents de l'*Abwehr*, fonctionnaires ou espions nazis[1], simples comparses ayant franchi les Pyrénées aidés par un clergé espagnol rarement oublieux de l'aide allemande aux nationalistes en 1936. Ces « anciens », argentinisés, ne l'oublieront pas[2].

Le rassemblement prioritaire des partants pour l'Amérique est à Barcelone, rappellera Rudel[3]. Leur contact ? Clarita Stauffer, chef d'une cellule nazie locale, énergique et fanatique sportive germano-argentine, habile à négocier le départ des plus compromis – dont Pavelić et l'agent Johann Siegfried Becker – sous l'égide d'*Odessa*[4]. A cet effet, trois possibilités s'offraient à qui voulait partir : soit la détention d'un passeport et d'un visa réguliers, soit un passage clandestin, soit enfin un « voyage en aveugle » avec un passeport espagnol souvent obligeamment accordé. On cite le gouverneur de Cadíz, Valcarcel, connu pour sa germanophilie[5] et fort de l'accord entre Franco et Perón pour faciliter le départ des intéressés. Passé Gibraltar, les passagers étaient libérés de tout contrôle britannique. Quant aux voyageurs clandestins, les capitaines avaient tout loisir de les ignorer ou de les débarquer aux Canaries ; arrêtés en débarquant à Buenos Aires, les « sans papiers » pouvaient compter sur l'aide de la collectivité germano-argentine qui payait les 800 pesos nécessaires à leur élargissement et à leur admission définitive dans le pays refuge.

Bien des fonctionnaires espagnols (notamment anciens de la division *Azúl*) n'hésitaient pas à venir en aide aux Allemands restés en Espagne, y

---

[1] Les services secrets américains dénombraient en octobre 1946 quelque 700 « Agents et fonctionnaires nationaux-socialistes dangereux » encore présents en Espagne. Biographe de Skorzeny, Glenn B. INFIELD estime à une centaine les agents allemands en poste en 1945 à Madrid, Skorzeny ayant, dit-il, hérité des dossiers d'espionnage après la disgrâce et l'exécution de Canaris.

[2] Cas de l'ancien agent de l'Abwehr A. SPITZY, *So entkamen wir den Alliierten. Bekenntnisse eines « Ehemaligen »*, Munich, 1989.

[3] « Die Stadt, die nach dem Kriege so vielen unseren jetzt in Argentinien lebenden Kameraden Obdach gab", *Zwischen Deutschland u. Argentinien…*, *op.cit.*, p.303.

[4] Sur *Odessa*, *Infra*, Chap. IV, Notes N° 1 à 3, p.117.

[5] « … der als verläßlicher Deutschenfreund bekannt war", selon R. SPITZY, *So entkamen…*, *op.cit.*, p.110.

compris ceux qui, après l'attentat de Stauffenberg, se sentaient menacés par le pouvoir hitlérien. La fraternité d'armes n'était pas pour eux un vain mot. Bernhardt, le directeur d'HISMA, était de ceux qui, jouant d'une double nationalité, avaient vite gagné l'Argentine.

On pense même qu'un véritable pont aérien a pu exister entre Madrid et Buenos Aires, organisé par le secrétariat général de la Présidence péroniste… Parmi les organisateurs locaux de ces « exfiltrations », Léon Degrelle passé de Norvège en Espagne en 1945, ou Skorzeny, évadé du camp de Darmstadt, informateur de la CIC et de la CIA, cheville ouvrière de l'organisation secrète *Die Spinne*[1], difficile à localiser, mais qui, passé en Argentine, se vantera même d'être entré dans le lit d'Evita Perón, d'où peut-être sa fidélité exceptionnelle à la mémoire de l'héroïne nationale, nous le verrons.

c- Les bi-nationaux rapatriés

La guerre, en septembre 1939, avait surpris nombre de Sud-Américains de passage ou en visite en Allemagne, dont le retour chez eux se trouvait remis en question. Parmi ces gens bloqués par les événements, bien des Teuto-Brésiliens et des Germano-Argentins, ne pouvant plus avoir accès aux transatlantiques à partir de Hambourg, retenus de surcroît par les mesures administratives décrétées par les autorités allemandes. On pouvait, certes, emprunter, quelques mois encore, un itinéraire détourné, par la Scandinavie, l'URSS, la Suisse ou les Pays-Bas, mais sans l'assurance d'arriver à bon port.

Inversement, beaucoup de jeunes Germano-Américains, boursiers du Reich, simples touristes ou bénéficiaires d'échanges interuniversitaires intensifiés – l'*Auslandsdeutschtum* d'où venaient tant de dignitaires nazis était particulièrement choyé – s'étaient mis avec enthousiasme au service de la « vieille patrie » retrouvée pour en épouser la cause qu'ils estimaient juste et en rejoindre les rangs dans une guerre qu'ils avaient eu le tort d'imaginer victorieuse et courte.

> Combien de Germano-Américains avaient été prêts, dans le passé, à faire de même, beaucoup fils de colons germaniques du XIXe siècle – au Brésil depuis 1821, au Chili après 1845, en Argentine avec les *Wolgadeutschen* d'Entre-Rios après 1870 –, contingents à la mémoire biologique, culturelle ou religieuse sans défaut malgré le nombre des générations « américaines » depuis les premières arrivées ? Ainsi, en 1914, les Germano-Chiliens avaient-ils rejoint par milliers les rangs de la *Reichswehr* et, sous l'égide d'un *Deutsch-Chilenischer Bund*

[1] Où auraient siégé au comité directeur Bormann, v. Leers, Fritsch, Kermayr et Skorzeny, selon SMOYDZIN.

créé en 1916, collecté plus de 2,5 millions de *Reichsmarks* au titre de contribution volontaire à l'effort de guerre métropolitain[1].

A la génération suivante, on relèvera dans les cimetières du Sud chilien, à Valdivia et Osorno, bien des noms de volontaires tombés devant Moscou ou à Stalingrad. Le comportement des expatriés fils de Français n'avait-il pas été identique ? Ceux de Piguë en Argentine – colonie rurale d'Aveyronnais fondée en 1884 à 400 km de Buenos Aires – avaient été sans doute déjà trop « argentinisés » pour répondre à l'appel[2], mais au Mexique tous ceux qui étaient en âge de porter les armes, 1500 d'abord, et au total plus de 3000, étaient partis d'un seul élan, le dixième au moins ne devant pas revenir, morts au champ d'honneur ou morts pour la France[3]. Au Chili enfin, la « France hors de France » retrouvait en 1914 la France « une et indivisible » par le biais cruel de l'univers imprévu des tranchées. Des groupes entiers étaient partis, père et fils ensemble parfois, sans hésiter, de Santiago, Concepción, Temuco ou Traiguén. En 1920, l'*Union nationale des Combattants* compte 250 membres à Santiago et Valparaiso, l'*Union des Poilus* plus de 200 dans la capitale et des sections locales tout au long du territoire chilien. Malgré le culte d'un vieillard illustre et résigné (les Français à l'étranger écoutent volontiers la voix officielle), beaucoup se sont mis, dès 1940, à la disposition de la France libre, Français de cœur et d'honneur, malgré une double appartenance pourtant génératrice d'amnésie et d'abstention[4].

Tout autant que la française avec la France, la communauté bi-nationale *volksdeutsche* d'Argentine se sentait solidaire du Reich, et cela d'autant plus que celui-ci semblait avoir dans l'Argentine une alliée quasi inconditionnelle par hostilité à la tutelle anglo-saxonne.

La guerre terminée, tous les bi-nationaux ayant survécu à la catastrophe allemande n'ont eu de cesse d'avoir regagné leur pays de naissance ou d'adoption, loin de l'Europe dévastée, et ce d'autant que les pays américains souhaitaient vivement le retour de ces exilés malgré eux, victimes des événements européens ; or, l'UNRRA était là, qui s'efforçait de les regrouper dans un camp britannique près de Clèves ou dans une caserne américaine de Munich.

En vertu du *jus soli* propre aux Américains, le rapatriement des gens nés en Argentine allait en principe de soi – sauf cas particulier de criminalité avérée –, de même que celui des *hermanitos*, leurs enfants nés hors d'Argentine et n'ayant pas encore dix-huit ans.

---

[1] Cf. notre thèse *Les Allemands au Chili, 1810-1945*, Cologne-Vienne, 1974, pp.850-852 ; Id., *Migration et mémoire germaniques…*, *op.cit.*, pp.275-278.

[2] « La plupart refusèrent de partir ; ils se sentaient déjà argentins […], et en août 1914 de nombreux parents se hâtèrent d'aller faire inscrire leurs fils nés en Argentine sur les rôles de la conscription nationale », J. ANDREU, B. BENASSAR, B. GAIGNARD, *Les Aveyronnais dans la Pampa. Fondation et développement de Piguë, 1884-1974*, Toulouse, Privat, 1977, p.166.

[3] J. MEYER, « Les Français au Mexique », *Cahiers des Amériques latines*, Paris, 1974, N° 9-10, p.43 sq. ; A. CHARPENEL, « Vie nouvelle dans un monde nouveau : le Mexique, 1910-1935 », *Les Barcelonnettes au Mexique, Récits et témoignages*, 3° éd., Barcelonnette, 1974, p.35.

[4] Voir notre étude, *Le Chili et la France*, L'Harmattan, 1999, pp.201-209.

Les regroupements opérés, un *Comité latinoamericano* présidé par Juan Guillermo Schulz, fils d'un universitaire argentin de renom, était mis en place dès 1946 ; il devait agir en coopération avec un *Comité pour le rapatriement des Argentins* (*Komitee zur Rückfügung von Argentiniern aus Europa*), jusqu'à l'arrivée, fin 1947, d'un envoyé spécial du gouvernement de Buenos Aires, Enrique C. Dubois, à la tête d'une *Comisión Argentina de Repatrios* pour activer les opérations.

Par loi du 31.06.1946 (N° 12828), décision suivie d'un décret d'application tardif (N° 34997) du 08.11.1947, était garanti le droit de chacun au retour, y compris aux frais de l'Etat pour les bi-nationaux nécessiteux[1]. Les difficultés de mise en œuvre de cette décision venaient de la réticence des Etats-Unis, toujours opposés aux demandes de Buenos Aires, eu égard à la mauvaise volonté des Argentins à parapher *l'Acte de Chapultepec*[2]. Malgré l'insistance de la diplomatie argentine, Washington renâclait à reconnaître la validité des visas délivrés par les voisins de l'Allemagne ou par la Croix-Rouge, même après l'obligatoire passage des intéressés devant une cellule de dénazification de Hambourg. Ces obstacles devaient être enfin levés pour les Germano-Argentins, mais pas avant fin 1948. A cette date, plus de la moitié des exilés, même dépourvus du précieux *Exit Permit*, étaient cependant rentrés en Argentine, les autres enchaînant les tentatives infructueuses jusqu'en 1949 ; il aura fallu, en effet, pour réussir, l'insistance de la parenté en Argentine[3] , l'appui des associations humanitaires, souvent aussi l'intervention officielle et décisive de parlementaires influents et de politiciens écoutés.

Comme pour l'ensemble des émigrants germanophones en partance pour Buenos Aires, c'est à la compagnie *Dodero* qu'incombait la mission de ramener chez eux ces bi-nationaux encore présents en Europe. Deux navires, le *Cordoba* et l'*Entre Rios*, aux incessantes rotations entre Gênes ou Hambourg et Buenos Aires, transportaient chacun entre 800 et 1100 passagers entassés sur quatre ponts dans des espaces exigus à cinq couchettes superposées, selon Klatovsky. Des passagers « normaux », espagnols ou portugais, ainsi que des anciens de l'armée Anders démobilisés et refusant de vivre dans une Pologne rétablie, mais inquiétante et soviétisée, s'ajoutaient souvent aux rapatriés[4].

Fin 1947, 3000 personnes étaient déjà rapatriées, mais aucune en Argentine ; l'année suivante, plus de 800 arrivaient à Buenos Aires, toutes ou

---

[1] La loi de juin 1946 prévoyait la mise à disposition d'un crédit gouvernemental de 2 millions de *pesos* « pour le rapatriement des Argentins sans ressources ».
[2] Cf. *Supra*, Première partie, Chap. IV, Note N° 3, p.59.
[3] Dont la marche sur la *Casa Rosada* des femmes des 195 marins du *Graf Spee* reconduits malgré eux en Allemagne, cf. *Supra*, Première partie, Chap. III.
[4] Cf. *Supra*, Première partie, Chap. V, Note N°2, p.68.

presque toutes aux frais du Trésor argentin[1]. On estime, selon Dubois, que sur les 8000 rapatriés recensés en août 1949, les Germano-Argentins comptaient pour plus du tiers. Dès 1950, les passagers « réguliers » étaient plus nombreux que les rescapés du conflit européen.

Cela étant, il faut insister sur le rôle imparti à ces *Volksdeutsche* platéens dans les relations étatiques ou personnelles entre le IIIe Reich et l'Argentine péroniste. Nationalistes argentins et militants ou agents nazis, beaucoup ont joué une sorte de double jeu sans le moindre sentiment de trahison, contribuant à renforcer à leur manière la coopération entre les deux pays[2]. C'est en partie grâce à eux que les activistes nazis, réfugiés en Argentine, pourront se faire admettre dans les cercles germaniques locaux et même s'intégrer à la société créole dans le sillage du péronisme immortalisé.

***

Pour gagner Buenos Aires, la voie scandinave, maritime ou aérienne, s'imposait aux Baltes réfugiés en Suède ou soldats allemands, comme aux expulsés de Poméranie, internés au Danemark ; la vaticane, elle, à partir du Tyrol, des couvents romains et des réseaux croates, offrait plus de possibilités aux fugitifs, certains mêlés aux recrues de la *Delegación de Inmigración* mise en place en Italie par l'Argentine en 1946. Mais le relais essentiel sur le chemin de Buenos Aires, c'était bien l'Espagne franquiste, ses fonctionnaires d'autorité facilitant les départs d'Europe au nom de la fraternité d'armes entre anciens de la *Condor* et de la division *Azúl*.

La voie helvétique, au vrai, n'en était pas une, tout juste une escale aérienne à Bâle ou à Genève. La pression des Alliés en 1945 sur la Confédération avait provoqué la rupture des relations avec le Reich agonisant. Les nazis notoires avaient été expulsés, les frontières strictement contrôlées, ne laissant partir que les ressortissants allemands pourvus d'un visa argentin sur demande de la Croix-Rouge. La neutralité suisse avait toutefois ses avantages, dont celui de favoriser le regroupement et le moral des « personnes déplacées » prises en charge par l'IRO, dans l'attente de leur transfert en Amérique.

---

[1] Dir. de Migraciones, *Informe estadístico del año 1947, memoria 1947* ; *Informe del año 1948, memoria 1948.*

[2] Parmi ceux-ci, Eduardo Aumann, aide de camp du président Castillo, puis contre-amiral et préfet maritime de Buenos Aires, recruteur de matelots allemands pour la marine argentine ; le général Arturo Brinkmann, ami de Perón, agent du S.D. et du réseau *Bolivar*, négociateur d'achat d'armes pour l'Argentine à Berlin ; le *SS-Hauptsturmführer* Horst Carlos Fuldner aussi, déjà cité, responsable du recrutement de très nombreux « techniciens » ; enfin de nombreux officiers germano-argentins ou argentinisés dans les états-majors à Buenos Aires, Cf. *Supra*, Première partie, Chap. III, Notes N°3 à 4, p.53.

Reste que bien des Allemands, recherchés ou simplement désemparés, avaient franchi illégalement et à pied les frontières, enrichissant ainsi les passeurs et contrebandiers quasi professionnels rompus à ce type d'activité. Enfin, comme en Italie, la diplomatie péroniste – ici, le consul général Dubois – s'adressait avec succès aux « Allemands utiles » repliés en Suisse dans l'attente de jours meilleurs et d'un « point de chute » définitif autre part ; d'où les vives protestations des représentants du gouvernement militaire américain en Allemagne pour qui, encore en 1948, les Allemands auraient toujours dû « rester là où ils étaient ».

CHAPITRE IV

LE MYTHE « ODESSA » ET SA POSTERITE

Pas de thème plus ressassé, assorti d'extravagances, que celui de la fuite, du sort et du comportement des criminels activistes et autres « perdants » du nazisme réfugiés en Amérique du Sud. C'est – nous l'avons dit[1] – moins l'absence d'une documentation sérieuse qui préoccupe que le trop-plein de biographes imaginatifs férus d'imagerie tropicale et d'aventures à rebondissements ; ils suivent – ou prétendent avoir suivi – des individus disparus ou voués à l'anonymat et à l'errance dans l'insécurité de l'exil. Interviews, entretiens ou « contacts personnels » semblent garantir la véracité des témoignages et contribuer à la résurrection, non sans extrapolations, d'existences dramatisées – Bormann, Skorzeny, Mengele, Schwend, Alfred et Heinrich Müller ou Richard Glücks, recherché, celui-ci, dix ans par Wiesenthal et mort le 10 mai 1945 ![2] Mais l'histoire, telle qu'elle exige d'être écrite n'obéit-elle pas à d'autres interrogations avec ses zones d'ombre, ses insuffisances avouées, ses silences insatisfaits ?

Tout peut partir, bien sûr, de faits précis, de situations particulières justifiant l'intervention des autorités d'occupation en Allemagne. Meding, après Tauber[3] et le *New York Times* rappelle celle des Services secrets anglo-saxons qui, dans le cadre de la dénazification, entre février 1946 et mars 1947, avaient mis fin à la reconstitution de cellules nazies par plusieurs centaines d'individus immédiatement appréhendés.

Dans le même temps, Washington confirmait le bien-fondé d'une Liste noire reconduite de « suspects » en Argentine, malgré la « vigoureuse et efficace procédure gouvernementale » reconnue contre les institutions et propriétés germaniques locales. On maintenait l'alerte contre l'éventuelle

---

[1] « Les Allemands en Amérique latine ! Gros de visions subjectives, d'inventions tropicales et autres mythes complaisamment vulgarisés, le sujet provoque, intrigue ou fascine comme le mal, au mépris de l'exigence scientifique : il enchaîne au passé, ravive les passions, réveille les vieux démons [...] Fuyard terré dans quelque banlieue de métropole, ex-tortionnaire vieilli au service de dictateurs ordinaires, amnésique converti *en estanciero* paisible : ainsi voit-on communément « l'Allemand » d'Argentine de Bolivie ou du Chili », *Migrations et mémoire germaniques...*, *op.cit.*, p.13.

[2] FARAGO ne se dit-il pas lui-même « A la poursuite d'une ombre » (chap.3) ?

[3] H. H. MEDING, *Flucht vor Nürnberg?*, *op.cit.*, p.123; K. P. TAUBER, *Beyond eagle and Swastika. German nationalism since 1945*, Middleton, 1967, p.240.

émergence d'un mystérieux IVe Reich, mais on servait surtout les intérêts des Etats-Unis et leur hégémonie sur le sous-continent[1].

Reprenant les résolutions de la Conférence de Rio de 1942 concernant « le contrôle des étrangers dangereux, la prévention des passagers clandestins et les actes d'agression politique, dont l'espionnage et la diffusion de la propagande totalitaire », un *Emergency Advisory Committee for Political Defense* dirigé par Carl B. Spaeth et William Sanders avait proposé en avril 1944 l'adoption de mesures discriminatoires contre les ressortissants des pays de l'Axe et leurs organisations grâce à une « Section spéciale » de l'Union panaméricaine à « la vision apocalyptique » de la présence allemande en Argentine[2]. On vilipendait « le danger impérialiste argentin d'après-guerre et les groupes d'inspiration totalitaires liés aux Créoles droitiers », tout en ayant reconnu, dès avril 1943, « la diminution des ressources de l'Axe et l'absence de sabotage par ses agents ».

En septembre 1944, aux protestations de l'ambassadeur argentin à Washington, Rodolfo García Arías, qui jugeait infondées les accusations selon lesquelles l'Argentine serait le refuge des nazis[3], Spaeth opposait l'attitude suédoise déniant tout droit d'être accueillis à ceux qui « auraient défié la civilisation et trahi leur propre pays ». Selon John J. Mc Cloy, alors *Assistant Secretary of War*, la Section spéciale faisait sienne en 1944 la tirade de Morgenthau pour qui l'Argentine fasciste devait être traitée de la même façon que l'Allemagne vaincue.

En 1945, tandis que bien des Britanniques, dont l'ambassadeur à Buenos Aires, Sir David Kelly, estimaient que les Allemands seraient d'un grand bénéfice pour le développement de l'Argentine, la Section spéciale, le *State Department*, le FBI et d'autres organismes mettaient tout en œuvre pour empêcher le recrutement d'Allemands par l'Argentine. Newton parle de missions yankees pléthoriques fragmentées en « satrapies à objectifs vagues et grandioses »[4] pour éloigner le « cauchemar nazi » et dissuader les Argentins de

---

[1] R. C. NEWTON, *The « Nazi Menace"...*, *op.cit.*, p.344.

[2] Membre du Comité, Toop et Chapin évoquaient alors « une stratégie déterminée à Berlin, prévoyant les contrôles allemand et japonais de l'agriculture, des communications, de l'industrie et des banques [...] L'ennemi a créé en Amérique du Sud une organisation de combat extensive, efficace, résiliente, adaptée à ses objectifs militaro-politiques, en un mot la guerre totale ».

[3] L'*Evening Standard* de Londres rappelait en avril 1943 que les Espagnols avec Serraño Suñer préparaient la réception des nazis en Argentine, notamment à Misiones « armée, nazifiée, militarisée » grâce à des agents de l'*Abwehr* transférant en Argentine et par *U-Boote* documents, caisses de contrebande et millions de devises à investir en Argentine grâce à Faupel, Sandstede et le Comte de Luxburg, ancien ambassadeur à Buenos Aires en 1916-1918.

[4] Représentants de l' « Office de coordination des Affaires interaméricaines » de Nelson A. Rockefeller, du FBI, des départements de la Guerre et de la Navy, du Trésor, de la *Bank of Economic Welfare*, de la *War Shipping Administration*, de l'*Agriculture Department*, de la *Federal Communications Commission* etc..., *The « Nazi Menace »...*, *op.cit.*, p.351.

céder à la tentation. On imaginait Ley, Rosenberg, Göring préparant leur entrée à Eldorado ; on dénonçait la présence en Terre de Feu et en Patagonie de scientifiques allemands débarqués de *U-Boote* ; on rapportait des rumeurs selon lesquelles étaient déjà installés à Córdoba plusieurs officiers allemands de haut rang[1]. Qu'en était-il en vérité ?

Les exemples ne manquent pas – nous l'avons vu – d'évasions individuelles avec la complicité de gens d'Eglise, de la CIC et de sa *Ratline*, ou encore d'intermédiaires bi-nationaux – Horst Carlos Fuldner ou Clarita Stauffer – agissant sans inquiétude. Disparaissaient ainsi des bourreaux fameux dans la clandestinité – Mengele, Rauff, Eichmann, Kutschmann, Schwend à Lima, Brünner en Syrie –, renforçant le mythe d'organisations évolutives, plus ou moins structurées, auxquelles on prêtait une incontestable efficacité : *Konsul*, *Scharnhorst*, *Liebwache*, *Lustige Brüder*, *Die Spinne*, l' « Araignée » de Skorzeny et, plus connu encore sous le nom de *Stille Hilfe*, la mystérieuse et nébuleuse *Odessa*[2].

A la faveur de ces apparitions et pour leur donner de l'épaisseur, surgissaient des figures originales, inclassables, auréolées d'exploits vrais ou prétendus, dont la vie tenait à la fois de la nuisance et du roman. Au premier rang, reparaissant à chacune des péripéties de la conjuration imaginée ou camouflée qu'a été *Odessa*, un personnage au rôle magnifié dans ses multiples interventions et errements par des biographes complaisants[3] : l'ex-*SS-Obersturmbannführer* Otto Skorzeny.

Autrichien engagé dans la *Leibstandarte Adolf Hitler* en 1939, « expert » ensuite dans *Das Reich*, il se bat en France, en Yougoslavie, sur le front russe, déjà chargé de missions spéciales de sabotage sur les arrières ennemis. En 1944, Himmler lui confiera la direction d'un impossible *Werwolf* à constituer dans le réduit alpin autrichien.

Recruté par la CIC après sa reddition en mai 1945, il est à nouveau en position d'accusé à Nuremberg lors du procès des gardiens de Flossenburg. Le juge-avocat général Denson voit en lui « le responsable majeur de la prolongation de la guerre », d'autres « un héros et un gentleman au comportement exemplaire dans sa carrière militaire ». Jugé coupable de crimes de guerre dans les Ardennes en décembre 1944, il est relaxé, réincarcéré par la justice allemande jusqu'à son évasion rocambolesque de la prison de Darmstadt en juillet 1948.

---

[1] Colonel d'aviation Walter Osterkampf (*alias* Schmidt), *Generalmajor* Hans Steudemann (*alias* Gassmann), capitaine de frégate Paul Ascher et lieutenant de vaisseau Heinrich Krummer (anciens du *Graf Spee*).

[2] A laquelle on prête, sans preuve, un pouvoir considérable dans la fuite et l'avenir sécurisé de criminels d'envergure. Ainsi P. CHAIROFF, *Dossier néo-nazisme*, Ramsay, 1957, p.398 pour Mengele, p.405 pour Rauff.

[3] Entre autres Charles FOLEY, Charles WHITING, Glenn B. INFIELD en 1984 et 1998.

Parcourant dès lors la planète, de Madrid à Damas, du Caire à Buenos Aires, il se fera gestionnaire de trésor[1], conseiller de dictateurs[2] et, comme son ami Rudel, plus inquiété que pourchassé au gré d'une vie itinérante qui croise la route de criminels d'envergure qu'il protège et aide de multiples façons dans le cadre des associations d'anciens combattants comme la HIAG[3] ou le *Kameradenwerk*.

On a discuté son rôle dans la délivrance du Duce au Gran Sasso, sa contribution personnelle à l'éviction en Hongrie de l'amiral Horthy au profit de Szalasi en octobre 1944, enfin la réelle efficacité de son réseau *Die Spinne* – matrice d'Odessa ? – dans l'exfiltration de nombreux dirigeants nazis vers l'Argentine, et l'aide logistique et financière dispensée aux vétérans SS à l'étranger.

Excessif, irréaliste, « politiquement myope au point d'être naïf » pour son adjoint, le *SS-Sturmbannführer* Karl Radl, Skorzeny le Balafré, « Scarface autrichien », « l'homme le plus dangereux d'Europe » pour certains juges, s'est éteint à Madrid le 7 juillet 1975 des suites d'une lourde opération subie deux ans plus tôt à Hambourg. Nazi impénitent, il avait voulu en 1974 organiser avec Isabel Perón le retour à Buenos Aires des cendres d'Evita, suprême hommage à celle dont il avait été le familier et l'ami.

C'est en général en prison ou en captivité, celle, notamment, des Waffen-SS, que germait l'idée d'organisations à mettre sur pied pour s'évader et venir en aide à tous ceux qui, pour échapper à la justice ou à la vengeance, avaient déjà gagné, avec la liberté, l'étranger.

Pour Tauber, Stöss et Stevenson, la première tentative de conspiration organisée en faveur d'une « émigration qualifiée » serait venue d'un camp de prisonniers Waffen-SS du Schleswig-Holstein, à l'initiative du général Hasso v. Manteuffel[4] et en liaison avec un « Bureau Blank » oeuvrant pour la création programmée de la Bundeswehr. De là, toute une machinerie de l'évasion se montera, insensible à toutes les invraisemblances et donnant matière à des romans policiers défiant l'imagination…

De la « Fraternité Bormann » (*Bruderschaft* devenue *Bruderschaft-Bormann*), William Stevenson fait une société secrète, riche de millions de

---

[1] Dont 53 millions de DM récoltés en 3 ans auprès de 750 firmes en vertu d'une décision qui aurait été prise lors d'un symposium à la Maison Rouge de Strasbourg le 20 août 1944 pour envisager le soutien à apporter, après la guerre, aux expatriés, grâce à la formation de cercles de camaraderie et de campagnes de réhabilitation du soldat allemand après des instances internationales, cf. J. MADER, *Jagd nach dem Narbensgesicht*, Berlin-Est, 1962, p.339

[2] Perón et sa police, mais aussi Nasser avec une pléiade d'anciens responsables nazis, généraux à la tête des services égyptiens, ex-chefs de la Gestapo, médecins de camps, scientifiques et ingénieurs – plus de 350 ! – tels Pilz, Eisig, Brandner, Sänger, Kirmayr, Kleinwächter, anciens de Peenemunde et idéologues comme Zind ou Johannes v. Leers, ex-bras droit de Goebbels, cf. *Infra*, Troisième partie, Chap.2, note N°1, p.148.

[3] Sur cette organisation et ses dirigeants, *Infra*, Troisième partie, pp.120 sq.

[4] De vieille noblesse silésienne (Edwin *Freiherr* v. Manteuffel était *Statthalter* d'Alsace-Lorraine en 1879), cette « étoile montante de l'armée » (Masson) avait commandé la 7ème Panzer, la *Grossdeutschland*, unité d'élite de la Wehrmacht, puis la 5ème Panzerarmee sur le front lorrain contre Patton, enfin la 3ème en déroute entre Oder et Elbe en 1945.

dollars, rebaptisée « Communauté allemande » (*Deutsche Gemeinschaft*) outre-océan, confondue avec le véritable et caritatif *Kameradenwerk* de Rudel bénéficiant de l'appui des autorités policières argentines[1].

Ils sont, dès lors, nombreux à s'être élancés sur les traces supposées du *Reichsleiter*[2], la légende relayant ou pimentant l'histoire.

C'est Michel Bar-Zohar qui, dans une « Action Terre de Feu » voit, sur la foi de politiciens socialistes argentins et de faussaires notoires, Bormann convoyer dès l'été 1944, en *U-Boot* et jusqu'en Patagonie, documents, argent, généraux de la Luftwaffe, et même spécialistes du renseignement pourtant morts, comme Standstede, six mois plus tôt en Russie[3].

En proie à des interprétations délirantes de l'idéologie nazie[4], Alfred Jarschel, *alias* Brockdorff, dépose lui aussi Hitler et le *Reichsleiter* en Patagonie, les y laissant occupés à la rédaction de leurs Mémoires.

Paul Manning va plus loin[5] qui, déniant toute solution de continuité entre IIIe Reich et République fédérale, affirme que Bormann et le président Walter Scheel se seraient rencontrés en Bolivie, le fils adoptif de celui-ci étant le fils légitime de l'autre !

Mais *Odessa* ? Que dire de son origine, de ses filiales, de sa pérennité stigmatisée plus tard par Wiesenthal, popularisée par Forsyth dans *Die Akte Odessa*, et dont l'exploration fonctionnelle nous échappe, hors la réunion de Marbella, en 1960, d'une centaine d'anonymes venus d'Irak, d'Iran, d'Argentine, des Etats-Unis et d'Allemagne ? On y verra le type d'association secrète hiérarchisée, cloisonnée, ramifiée et autocratique, donc d'autant plus redoutable que ceux qu'elle aurait aidés n'auraient absolument rien su d'elle[6]. Cette nébuleuse SS – *Organisation der ehemaligen SS Angehörigen* – n'était, pour Knopp, qu'une « fabrique de romans, pieuvre des prisons, des services secrets et des cercles financiers, entourée d'un halo de légendes ». Même pour Farago, « elle ne fut guère qu'un vague consortium de francs-tireurs comptant peu dans la clandestinité du nazisme ».

Il n'est pas jusqu'aux esprits longtemps obnubilés par le danger néo-nazi et toujours fidèles à Wiesenthal, qui n'auraient été finalement convaincus qu'il fallait « une bonne fois pour toutes, oublier ce serpent de mer » et

---

[1] Cf. *The Bormann Brotherhood. A new investigative of the escape and survival of Nazi war criminals*, New York, 1973, pp.150-175.

[2] Farago, Bezemensky, Klopfer, Whiting, Mc Govern etc…

[3] Dans *La chasse aux savants allemands, 1946-1960, Les vengeurs*, en 1968 et *J'ai risqué ma vie*, en 1979.

[4] Expliquant la vie et les décisions du Führer par son homosexualité !

[5] Dans *Martin Bormann, Nazi in Exile*, Secancus, New Jersey, 1981.

[6] « Auch Personen, welche tatsächlich Flucht und Emigration ermöglichten, wissen von dieser ergeblichen NS-Untergrundorganisation nichts. In der deutschen Gemeinschaft Argentiniens ist die *Odessa* nur auf den Büchern von Simon Wiesenthal, Frederick Forsyth und ihren Epigonen bekannt", tranche Holger MEDING, *Flucht vor Nürnberg?...*, *op.cit.*, p.128. Il compare *Odessa* à l'OAS française des années 1960, sauf que l'OAS était bien réelle et agissante !

reconnaître, après avoir cru des lustres à la survie de Bormann et de Müller, que les ouvrages traitant de cette question étaient « d'excellents romans, à considérer comme tels »[1].

Cela dit, *Odessa* n'a pas été sans postérité. Une postérité mythique d'abord, avec l'inévitable IVe Reich sylvicole ou antarctique, Hitler impassible et Bormann bilocalisé et insaisissable y devisant en toute sécurité. Pour Newton, « énorme canular, véritable désinformation, comédie de night-club, invention britannique, tout ce que les Américains *savaient* de l'Argentine dans la Seconde Guerre mondiale »[2], mais matière indispensable au romancier de gare, au folliculaire en mal de copie, au cinéaste de série B... ou au germanophobe inconditionnel.

La légende de Bormann aura nourri un dossier de 33 volumes selon le procureur Richter, grâce surtout à l'obstination du juge Fritz Bauer, mais pour des résultats décevants. Les assertions de Farago seront ridiculisées par Walters, Josef Wulf ayant pour sa part confirmé, par des témoins crédibles, la disparition définitive du personnage les 2 ou 3 mai 1945[3].

Dans les dossiers de la CIC, il n'est nulle part question d'*Odessa*. Toutes les recherches concernant les fondements, les structures et les activités de cette organisation supposée n'ont abouti, selon les enquêteurs les plus autorisés – Giefer, Linktaler, Tauber – qu'à la reconnaissance de groupuscules et de cercles d'anciens Waffen-SS se délectant de cette appellation dans leur exil enveloppé de mystère – tout le reste n'est qu'imagination. Les avocats fédéraux et les responsables de la sécurité allemande n'ont découvert, rappelle le « défenseur de la Constitution » (*Verfassungsschützer*) Werner Smoydzin, que les réunions des velléitaires ressassant dans la clandestinité des idées n'engendrant aucun enthousiasme et n'ayant aucune chance de succès au grand jour.

A Ludwigsburg où sont archivés les procès-verbaux des condamnations, les procédures d'extradition et les déclarations des témoins, les références à Odessa sont rarissimes, exceptionnelles. Croire encore, comme Klaus Eichmann, à une organisation subversive mondiale pour s'emparer du pouvoir en Allemagne, n'est que chimère, utopie, charlatanerie (*Schaumschlägerei*), affirme Smoydzin[4].

L'autre descendance, immédiate et reconnue, d'*Odessa* et des organisations similaires, c'est l'association officielle d'entraide des anciens combattants Waffen-SS : la HIAG (*Hilfsgemeinschaft auf Gegenseitigkeit der*

---

[1] P. CHAIROFF, *Dossier néo-nazi...*, *op.cit.*, p.412.
[2] *The « Nazi Menace »...*, *op.cit.*, p.354.
[3] *Martin Bormann, Hitlers Schatten* (trad. *L'ombre de Hitler*, Gallimard, 1963).
[4] Cité par MEDING, *Flucht vor Nürnberg?* , *op.cit.*, p.129-130.

Angehörigen der ehemaligen Waffen-SS), légalisée en 1956 dans ses objectifs comme dans ses activités.

Il s'était agi, dans un premier temps, de revendiquer avec *Stille Hilfe*, née en 1951, la libération de 1600 condamnés en marge du procès de Nuremberg, internés à Landsberg et défendus par la princesse Elisabeth v. Isenburg. Dans cette quête d'amnistie, « Mère Elisabeth » était soutenue par des avocats mais aussi par Rudel qui, par son *Kameradenwerk*, envoyait d'Argentine en Allemagne vêtements, vivres, colis et secours de toutes sortes à « ces proscrits, fils les plus fidèles de la patrie, victimes de la vengeance des vainqueurs », écrit-il – sans oublier les familles Hess et Dönitz régulièrement visitées par l'as de la Luftwaffe.

Dans un discours tenu à Verden en octobre 1952, l'ex-général SS Ramcke dénonçait l'attitude des Alliés et réclamait la libération des soldats allemands encore prisonniers en URSS, mais aussi en France.

Forte de ses 113 groupements et de ses 1200 « cercles de camaraderie », la HIAG était née d'un « Comité de sauvegarde des intérêts des Waffen-SS » réuni par les généraux Herbert Gille, Felix Steiner et Karl Wolff. Elle est, à sa fondation, présidée par l'ex-SS-*Oberstgruppenführer* Paul Hausser (général d'armée), ex-*Generalleutnant* de la *Reichswehr*, promu en 1944 commandant de la VIIe armée et pressenti, un temps, pour succéder à Rommel ; auteur de *Waffen-SS im Einsatz* en 1953 et de *Soldaten wie die anderen auch - Der Weg der Waffen-SS* en 1966 – titre parlant –, il réclamait pour l'association, partant du principe qu'elle n'aurait pas été impliquée dans les crimes attribués à la SS générale[1], la réhabilitation de ses membres, « soldats d'élite du Grand Reich », et donc l'attribution de tous les droits reconnus aux anciens combattants. Par la voix de son organe de liaison, *Der Freiwillige*, la HIAG se disait, avec Hausser et ses successeurs – Kurt Meyer, dit *Panzermeyer* pour ses anciens subordonnés jusqu'en 1961, puis l'ex-*SS-Gruppenführer* Wilhelm Bittrich[2] –, liée par la « solidarité brune », mais victime d'une injustice flagrante à ses

---

[1] Si Guido KNOPP fait remarquer que tous les officiers SS étaient instruits de la même façon à Braunschweig ou Bad Tölz et que les mutations entre SS générale et Waffen SS étaient courantes (cf. *Les SS*, *op.cit.*, p.294), il n'en est pas moins vrai qu'une réelle distinction peut être faite entre les gardiens de camps de la SS générale et les *SS-Verfügungstruppen* armées, militarisées et encasernées d'où sortiront en mars 1940 les quatre premières divisions Waffen-SS, quatrième composante des forces armées du Reich avec la Wehrmacht, la Luftwaffe et la Kriegsmarine. Aucun des officiers gardiens d'Auschwitz – tels Aumeier, Baer, Liebehenschel, Fritzsch, Seidler, Maier, Grabner, Hofmann, Kramer – ne relevait des Waffen-SS. Sur l'identité, la composition et le comportement des Waffen-SS, voir *Infra*, Troisième Partie, chap. premier.

[2] Ancien pilote d'avion et officier de l'armée impériale, en mission en URSS dans le cadre de la collaboration entre la *Reichswehr* et l'Armée rouge ; choisi en 1940 par Sepp Dietrich comme chef d'état-major de la *Leibstandarte Adolf Hitler*, il commandera ensuite la Division SS *Hohestaufen*, puis, en 1944, le IIème *SS-Panzerkorps*.

yeux : la privation des droits à la retraite, en vertu de l'égalité proclamée par la loi fondamentale de la République fédérale.

On retiendra enfin les tentatives de regroupement politique des nostalgiques du nazisme au sein de partis éphémères et groupusculaires, quoi qu'on ait pu écrire[1], tels la *Sozialistische Reich Partei* (SRP) de l'ex-général Reiner, la *Deutsche Reich Partei* (DRP) ou le parti des Réfugiés du capitaine Kraft appuyé sur les *Landmannschaften* prétendant regrouper les expulsés.

S'agissant des criminels de guerre, l'exécution des sentences les concernant était depuis 1945 du ressort des puissances occupantes[2], mais par un décret de 1955 la décision de poursuivre ceux qui n'avaient pas encore été jugés relevait désormais des autorités judiciaires allemandes. Tâche ardue. Outre les arguties de certains accusés niant leurs responsabilités personnelles et se retranchant derrière l'obéissance aux ordres, l'impossibilité de contraindre les gouvernements étrangers à coopérer avec la justice fédérale constituait l'obstacle majeur à l'application du code de procédure pénale. Sauf exceptions heureuses et comptées – Stangl et Schwammberger –, les pays latino-américains en particulier ignoraient la pratique de l'extradition – le cas de Rauff au Chili est, à cet égard, exemplaire[3].

Par la 131ème loi de 1954, tous les anciens fonctionnaires étaient réintégrés dont, en 1958-1959, des centaines d'anciens juges civils au service du nazisme[4]. Même amnistie en faveur des juges militaires du Tribunal de guerre du IIIe Reich – dont Barwinski, Ernst, Fischer, Kraell, Schmauser, Van der Loo, v. Arps, Zeitler, l'amiral Max Bastian[5] et le général v. Scheele, les deux présidents – qui, au mépris des Conventions de Genève en 1929[6] et de la Haye en 1907[7], avaient toujours privilégié les condamnations exemplaires et « dissuasives », souvent la peine de mort[8], rejetant les jugements plus

---

[1] Notamment P. CHAIROFF, *Dossier néo-nazisme*..., *op.cit.*, sur lequel il nous faudra revenir.

[2] En vertu de la « Déclaration de Moscou » du 30.10.1943, confirmée à Yalta et réglementée par le « Statut de Londres » à l'origine du fonctionnement du Tribunal de Nuremberg.

[3] Voir *Supra*, chap. II, note N°2, p.92.

[4] Objet de trois publications accusatrices de la RDA dénonçant *Mille juges étouffant la liberté et la démocratie*, cf. A. WAHL, *La Seconde Histoire du nazisme*, Coll. « Les Enjeux de l'histoire », Paris, 2006, p.89-96.

[5] Président du Tribunal jusqu'à la fin de 1943, arrêté en 1946, président d'association d'anciens combattants, décédé le 11.03.1958 avec les honneurs de la Marine de la République fédérale.

[6] Relative au traitement des prisonniers de guerre qui ont, en principe, droit de choisir leurs défenseurs, de préparer avec eux leur défense, de faire entendre des témoins à décharge, de faire respecter la circulation du courrier entre défenseurs et accusés etc...

[7] Son article 23 interdit « l'incorporation de force des populations de territoires occupés pour les forcer à prendre part aux opérations de guerre contre leur pays ». Cas des « Malgré-nous » alsaciens-mosellans (plus de 100 000) enrôlés dans la Wehrmacht en vertu de l'ordonnance du 25 août 1942, et en tant que *Volksdeutsch*, et cela après l'obligation décrétée le 27 août 1940, d'adhérer à la *Deutsche Volksgemeinschaft* en Moselle et à l'*Opferring* en Alsace.

[8] 19600 soldats ont été exécutés au sein de leur propre armée, les différents tribunaux de la Wehrmacht ayant prononcé quelque 50 000 condamnations à mort dont 30 000 contre des militaires et 15 000 contre des

équitables, malgré une défense réduite au minimum et assurée, le plus souvent, par des avocats eux-mêmes complices, inutiles et toujours politiquement « bien orientés ».

Beaucoup de ces juges entreront dans le système judiciaire fédéral, exerçant une influence dans la mise en place du nouveau droit militaire dans la République fédérale et contribuant par leurs « manœuvres » à faire disparaître peu à peu toutes les preuves de leurs activités précédentes, ainsi que le souligne Auguste Gerhards[1].

Des auteurs, comme Max Bastian, ont ainsi contribué, selon le même, à la falsification de l'histoire de ce Tribunal, affirmant que « les jugements étaient fondamentalement empreints de grande précaution, d'égards pour les accusés, et de responsabilité » et que « la plupart des juges civils et militaires ont rempli consciencieusement les attentes que le régime et la conduite de la guerre avaient placées en eux ». Ledit amiral conclut que « le Tribunal de guerre du Reich n'a jamais prononcé de jugements pour engendrer la peur »[2].

Finalement, il faudra patienter jusqu'au 8 septembre 2009 pour que la loi portant sur la réhabilitation de ceux qu'on appelait « traitres de guerre » – soit 30 000 personnes environ – soit votée au *Bundestag*, beaucoup n'ayant pu être réhabilités de leur vivant.

Cependant, malgré la réintégration des anciens fonctionnaires du IIIe Reich, d'autres procès d'importance devaient encore se tenir en 1963 : celui des gardiens d'Auschwitz, et celui des responsables de l'*Aktion-T-IV*, le massacre en 1941 des handicapés et malades mentaux.

Entre-temps, le gouvernement fédéral avait précisé sa position sur les revendications propres à la HIAG et, plus tard, à la *Hilfsorganisation für nationale politische Gefangene* (HNG), « aide silencieuse » aux nazis encore incarcérés. Enquêter sur le sort des disparus, organiser des visites ou des veillées de cimetière en hommage aux morts de la guerre, défendre la mémoire

« légionnaires » (engagés volontaires non allemands), des prisonniers ou des civils, souvent dans le champ d'application du décret NN (« Nuit et Brouillard »). Les lieux de compétence pour l'application des peines étaient Berlin-Plötzensee et Brandenburg-Görden, mais aussi Breslau, Dresde, Francfort, Halle, Hambourg, Kattowitz, Cologne, Koenigsberg, Munich, Posen, Stuttgart, Weimar, Vienne, Wolfenbüttel. Sur ces procédures, voir F. WÜLLNER, *Die NS Militärjustiz und das Elend der Geschichtsschreibung*, outre les études de O. P. SCHWELING, E. SCHWINGE, N. HAASE , M. MESSERSCHMIDT, *Die Wehrmachtjustiz im Dienst des Nationalsozialmismus. Zerstörung einer Legende*, Baden Baden, 1987. Pour eux, il y a bien eu « une identité de but et des aspects communs dans l'histoire du national-socialisme et de l'armée allemande ».

[1] A. GERHARDS, *Tribunal de guerre du IIIe Reich : des centaines de Français fusillés ou déportés*, Ministère de la Défense, coll. Documents, Cherche Midi, 2006, p.138. Ancien ministre de la Justice de RFA, Hans Engelhardt écrivait en 1989 : « La justice a manqué une belle occasion en ne faisant condamner aucun des juges des tribunaux spéciaux et des tribunaux militaires, et ce malgré le grand nombre de condamnations injustes [...] Nous n'avons pas le droit de clore ainsi le chapitre consacré à la justice militaire », cf. *Katalog zur Ausstellung des Bundesministers der Justiz, im Namen des deutschen Volkes*, Cologne, 1989, p.6.

[2] M. BASTIAN, *Lebendserinnerungen, 1939-1945*, 19.12.1956, p.31.

et les intérêts des anciens combattants : ces activités ne pouvaient être interdites, malgré des rassemblements célébrant de façon parfois provocante les faits et gestes des Waffen-SS.

C'était désormais aux Länder qu'incombait l'obligation de prendre toutes dispositions nécessaires pour veiller aux dérives dangereuses de telles manifestations et pour sanctionner la poursuite des objectifs politiques jugés contraires au maintien de l'ordre public démocratique et libéral instauré par la loi fondamentale – cela sur un fond d'indulgence obstinément maintenu en faveur d'anciens juges militaires fermement défendus par leurs propres organisations amicales sachant user de tous les outils juridiques à leur disposition…

***

En 1945-1946, anciens activistes ou fonctionnaires du IIIe Reich attendant d'être réintégrés, militaires de la Wehrmacht ou des Waffen-SS, scientifiques encore privés de laboratoires et sans travail, criminels ayant échappé à la justice, sous-mariniers ou anciens du *Graf Spee* ayant toujours rêvé d'Argentine, expulsés des provinces annexées par la Pologne ou *Volksdeutsche* chassés d'Europe centrale : les immigrés germanophones en Argentine avaient désormais, comme leurs alliés croates, baltes, ukrainiens, biélorusses ou magyars, d'autres préoccupations que de prendre part au relèvement de l'Allemagne encore traumatisée, occupée et divisée.

Allaient-ils se replier sur leurs associations traditionnelles et revivifiées par leur présence, cultiver leur héritage idéologique, politique et culturel, tenter de renouer des liens avec l'Allemagne nouvelle ou se confondre avec les « Vieux Allemands » d'Argentine dans les tâches nationales de la « Nouvelle Patrie » ? Ce processus d'intégration, puis d'assimilation, serait-il rapide dans la mixité européenne constitutive de la Nation américaine et germanophile par excellence, refuge si ardemment désiré ?

TROISIEME PARTIE

SE RECLASSER DANS LA « NOUVELLE PATRIE »

CHAPITRE PREMIER

IMMIGRANTS AUSTRO-ALLEMANDS ET *VOLKSDEUTSCHE*

L'apport de l'immigration allemande et germanophone à la croissance démographique de la République Argentine de 1945 à 1950 n'est pas comparable aux vagues migratoires précédentes, mais le chiffre semble un défi, les statistiques officielles ne donnant lieu, selon Meding, qu'à d' « absurdes spéculations ». Pourquoi ?

a- Un bilan migratoire officiel restrictif

Ici, de surprenantes disparités. Werner Hoffmann ne recense qu'un solde définitif de 6000 Allemands, de 1945 à 1950, pour quelque 650 000 arrivants européens, et si Guido Knopp évoque l'entrée de deux millions d'Européens, il ne donne aucune précision chiffrée sur les effectifs germanophones[1].

Selon le *Verein für das Deutschtum im Ausland* (VDA), des 300 000 Allemands qui auraient gagné l'Amérique du Sud de 1945 à 1951, un centième à peine, 3000 environ, en seraient repartis, estimation à première vue insuffisante, vu les soldes migratoires habituels.

Pour Foged et Krüger, 50 000 des quelque 70 000 criminels de guerre (?) auraient disparu en Amérique du Sud[2] ; même opinion de Farago étranger à la distinction entre anciens nazis et criminels authentifiés, l'Argentine, dit-il, « grouillant de fugitifs allemands, croates et italiens »[3]. Même amalgame péjoratif de Chairoff qui voit plus de 60 000 membres de la NSDAP en

---

[1] *Les SS, op. cit.*,p.389. Il parle de 200 anciens SS se réunissant régulièrement dans un café de Buenos Aires pour s'avertir mutuellement des poursuites les concernant. L'effectif des criminels notoires réfugiés en Argentine serait de 180, mais « le chiffre réel était certainement plus élevé », concède-t-il, sans plus de précision.

[2] *Flugrute Nord…, op.cit.*, p.21.

[3] Wiesenthal aurait eu une liste de 22 000 criminels, dont 16 000 encore en vie en 1974, « ouvertement ou dans la clandestinité », affirme-t-il. Mais il se serait avant tout occupé des figures majeures du crime : Bormann, Heinrich Müller, Richard Glücks, Rauff, Mengele, Stangl, Çukurs, Rajakowitsch. D'autres auteurs parlent de 200 000 Allemands en Argentine – mais depuis quand ? – dont quelque 70 000 toujours citoyens allemands.

Argentine dès 1944 et un « Club germano-allemand » (*sic*) de 20 000 adhérents, disposant d'une centaine de comités locaux avec « une vingtaine de milliers de sympathisants nazis »[1].

Enfin, se fondant sur les états de la communauté allemande de Buenos Aires, le ministère des Affaires étrangères de Bonn estimait, dans une note interne du 30 octobre 1950, qu'entre 5000 et 10 000 Allemands étaient entrés en Argentine depuis 1945 ; l'ambassade de la République fédérale (ouverte ici en 1952) était, pour sa part, incapable d'avancer une estimation plus fine du nombre de citoyens allemands résidant dans le pays, les données statistiques de la *Dirección de Migraciones* argentine se satisfaisant d'un solde de 5861 immigrants allemands en 1950 sur un total de 364 000 étrangers[2].

Or, pour plusieurs raisons, ces recoupements évaluatifs n'ont guère de sens. En premier lieu, la différence des chiffrages et leur caractère approximatif (ou précisément trompeur !) sont très révélateurs du degré d'ignorance des recenseurs et de l'absence de sources fiables pour apprécier justement le phénomène. Plus encore que dans les périodes antérieures de l'immigration allemande, austro-hongroise ou russe – notamment de 1880 à 1917 –, les états dressés par les Services d'immigration argentins étaient incapables de faire le lien entre nationalité allemande effective (*Staatsangehörigkeit*) et identité socio-culturelle germanique (*Nationalität*). Les statistiques officielles ne connaissaient que des Allemands d'Allemagne (ou du Grand Reich, de l'*Anschluß* à 1946), excluant des inventaires germaniques tous les *Volksdeutsche* – Allemands « raciaux », de souche ou « de l'extérieur » –, très nombreux, souvent majoritaires, originaires d'autres pays que l'Allemagne. On sait qu'en vertu du *jus sanguinis*, en vigueur jusque dans les années 1990, était allemand quiconque était de souche allemande, indépendamment de son lieu de naissance, alors que pour le *jus soli* des pays américains, c'est le lieu de naissance qui déterminait – et détermine encore – la nationalité. Les *Volksdeutsche* des Balkans et d'Europe centrale ou orientale étaient enregistrés comme Polonais, Tchèques, Slovaques, Hongrois ou Roumains (comme avant 1914 les Juifs de Russie ou les Allemands de la Volga étaient russes), liés au pays de naissance avant leur expulsion généralisée ou presque en 1944-1948. Malgré une dégermanisation et une magyarisation progressives en Europe centrale au XIXe siècle – au grand dam des pangermanistes – et l'indéniable réalité diglossique de la Double Monarchie, les pays nés de son démembrement avaient hérité, en 1919, de

[1] *Dossier néo-nazisme*, *op.cit.*, p.407.

[2] Cité par W. HOFFMANN, « Die Deutschen in Argentinien », in H. FROESCHLE, *Die Deutschen in Lateinamerika. Schicksal und Leistung*, p.144.

fortes minorités germaniques[1] ; or, malgré leur nationalité administrative, elles se considéraient comme allemandes par l'origine, la langue, la culture et les traditions communautaires.

Qui était natif de Cluj (donc de Klausenburg), de Sibiú (donc de Hermannstadt), était *Siebenbürger*, officiellement roumain ; à Pecs – Fünfkirchen pour les *Donauschwaben* –, on était hongrois et à Ljubjlana, ex-Laibach, slovène et yougoslave. L'Allemand de la Volga, arrivé d'Engels après 1918, ou le mennonite de Sibérie, comptaient en Amérique comme citoyens soviétiques ; d'où une marge d'erreurs non négligeable, les *Volksdeutsche* se trouvant exclus du comptage germanique et l'historien contraint à des approximations complémentaires et correctives difficiles à quantifier. Ces évidences rappelées, d'autres difficultés existent pour opérer un décompte, au moins approximatif, qui puisse satisfaire.

Selon les états dressés par les Services d'immigration argentins, de 1945 à 1955, 66327 Allemands seraient entrés en Argentine et 51398 en seraient repartis, d'où un solde très mince de 14929 personnes, soit quelque 25%, la moitié des pourcentages enregistrés avant 1914. Mêmes proportions ou presque pour l'Autriche restaurée en 1947 : en neuf ans, 13 895 entrées pour 9710 sorties, un solde de 4185 personnes. Au total pour les deux pays germanophones un gain argentin définitif n'atteignant qu'à peine 19 000 immigrés[2].

Pour maintes raisons, trompe-l'œil évident, sous-évaluation manifeste[3]. Outre le compte non tenu de milliers, voire de dizaines de milliers de *Volksdeutsche* réputés non-allemands, notez la singulière confusion statistique entre flux et contre-flux de deux temps pourtant distincts : celui des immigrants austro-allemands, juifs pour la plupart, arrivés avant 1940 et qui ne font que regagner l'Europe, et celui des retours immédiats ou presque de gens venus ici après 1944, d'où un solde global indifférencié qui induit en erreur par majoration des retours de gens à peine débarqués. Ajoutez les contingents

[1] Les « Saxons » de Transylvanie sont, en 1910, 234 000, soit 8,7% de la population, les Souabes de Banat 387 000, soit 27,6% des habitants. En Bohème, malgré un recul devant les Slaves, 37% de la population est encore allemande, et 30% en Moravie. Partout existent des « Associations de défense » allemandes : *Bund der Deutschen in Böhmen* avec 800 sections et 76 000 membres, *Deutscher Böhmerwald Bund* à Budweiss (Budejovice), *Bund der Deutschen Nordmährens* à Olmütz (Olomouc) et *Südmährens* à Znaïm (Znojno) etc… Il y a encore 126 000 Allemands dans le Nord-Schleswig danois et la Pologne abrite un *Verein zur Förderung des Deutschtums in den Ostmarken* à Posen (Poznan), outre un *Deutscher Ostmarkverein* (DOV) à Varsovie depuis 1899. Voir les études de F. GOTTAS et F. G. SCHULTHEISS dans *Die Habsburgermonarchie* et celles de P. SAMASSA dans l'*Alldeutsche Wochenschau* pangermaniste de 1905 à 1908. On peut consulter aussi M. KORINMAN, *Deutschland über Alles, 1890-1945*, Fayard, 1999, pp.81-97.

[2] « Extranjeros per nacionalidad. Entradas, salidas y saldo, 1938-1947, 1948-1957 », *Dirección de Migraciones.*

[3] « Damit ist die undifferenzierte Saldozahl trügerisch », constate H. MEDING, *Flucht vor Nürnberg?*, *op.cit.*, p.133.

présumés d'entrants souvent incontrôlables, sans papiers, ou munis de faux documents, voyageant sous une identité d'emprunt ou une fausse nationalité, franchissant sans encombre les frontières terrestres et poreuses avec les pays voisins – les périples d'un Rauff, d'un Barbie, d'un Mengele n'ont rien d'exceptionnel. Enfin, sont exclus du répertoire les bi-nationaux germano-argentins, rapatriés dès la fin de la guerre.

Au total, ce sont au moins 30 000 à 50 000 personnes qui sont concernées ; l'estimation peut même paraître basse, eu égard à d'autres données plus fiables relatives aux déclarations d'ordre linguistique obtenues de certains contingents au débarquement à Buenos Aires ; ainsi, pour la seule année 1948, le nombre des passagers se disant germanophones aurait dépassé 14400[1], alors même que celui des ressortissants austro-allemands entrés cette année-là officiellement n'aurait pas excédé 9000.

Rectifier sensiblement, doubler, tripler même le solde officiel des immigrants austro-allemands pour une évaluation proche de la réalité n'est pas déraisonnable. On estime parfois à plus de 30 000 ceux qui seraient passés par l'Italie entre 1945 et 1950, la plupart des autres ayant transité par les voies ibérique et scandinave.

Il semble que la répartition des arrivants sur le territoire argentin ait obéi prioritairement à l'impératif du regroupement familial, du moins chez ceux qui y avaient déjà de la parenté ou des connaissances. Les ex-*Spee-Männer* –plus de 500 – retrouvaient vite les lieux d'une « captivité heureuse », renouant ainsi des liens à peine distendus avec les familles créoles naguère fréquentées et auxquelle ils étaient parfois déjà apparentés. *Volksdeutsche* et expulsés d'Europe centrale démunis ralliaient les associations communautaires (*Landmannschaftliche Vereinigungen*) déjà présentes et qui aideraient à leur installation. Ignorant tout du pays, malgré sa réputation germanophile, de ses réalités géographiques et humaines, de sa langue et de son histoire, la plupart des arrivants devaient trouver aide et protection auprès de compatriotes installés et groupés dans les régions marquées, plus que d'autres, par la présence germanique : centres de la province de Córdoba (Villa General Belgrano, La Cumbrecita), piémont andin avec Bariloche, San Martín de los Andes, Junín, La Angostura, *aldeas* d'Entre-Rios aux milliers de descendants de *Russlanddeutschen*, ou encore *Siedlungskolonien* et centres de colonisation du Territoire de Misiones sur le Haut-Paraná créés depuis 1903 et renforcés après 1918 comme Eldorado, Monte Carlo, Esperanza, Puerto Rico – en tout plus de 40 000 âmes en 1950[2].

---

[1] *Dirección de Migraciones*, Memoria 1946, « Idiomas hablados », p.96.

[2] W. LÜTGE, W. HOFFMANN, K. W. KÖRNER, *Geschichte des Deutschtums in Argentinien*, Buenos Aires, 1955, pp.200-220; W. HOFFMANN, « Die Deutschen in Lateinamerika », in H. FROESCHLE, *Die*

Les grands centres urbains étaient en définitive préférés, Buenos Aires d'abord. On y trouvait des écoles pour les enfants, la formation professionnelle nécessaire et la possibilité de stages de reconversion, l'accès enfin aux emplois les plus variés bénéficiant à toutes les catégories sociales. Le « temps des pionniers » du XIXe siècle dans le Chili des lacs, le Rio Grande do Sul brésilien ou l'Entre-Ríos argentin, prolongé après 1918, semblait révolu ; seule la vie urbaine offrait désormais une chance à l'arrivant démuni et désorienté résolu à lier son sort à celui d'une « nouvelle patrie » accueillante et riche. Des exceptions toutefois : de fort contingents de paysans souabes de Hongrie, de Sudètes et de Silésiens manifesteraient le souci de rester solidaires dans la transplantation pour réussir dans un monde nouveau.

Autre caractéristique : survivants, et pour beaucoup nostalgiques du Reich anéanti, ces immigrants d'après-guerre n'étaient que rarement enclins à un sentiment de revanche. Si les « chasseurs de nazis » ne voyaient en eux que des criminels en fuite, ces exilés étaient, majoritairement et malgré leurs différences d'origine géographique, professionnelle et sociale, étrangers au fantasme d'un IVe Reich austral, Eldorado maudit, « microcosme nazi », « résurgence germanique » (R. C. Newton) que l'obsession d'un Farago situait, par ouï-dire et sans précision – et pour cause – quelque part sur le Haut-Paraná entre Resistencia et Posadas.

Mais qui sont ces nouveaux immigrants *volksdeutsch* ?

b- Militaires et Waffen-SS

Soldats de la Wehrmacht, de la Luftwaffe et Waffen-SS sont, avec leurs proches et les personnels techniques et civils à leur suite, nombreux à rejoindre un pays où leurs homologues créoles admiratifs (sans avoir eux-mêmes jamais combattu) sont prêts à les accueillir au nom d'une fraternité d'armes anti-anglo-saxonne réaffirmée.

Ancien commandant en chef de la chasse et historien de la Luftwaffe, le *Generalleutnant* Adolf Galland, bientôt conseiller de Perón, appréciera vite, comme les sous-mariniers, la haute estime des Argentins pour la valeur du soldat allemand et son sens reconnu de l'honneur[1].

Deutschen..., *op.cit.*, p.10. Sur ces régions d'implantation et de colonisation germaniques, voir notre étude *Migrations et mémoire...*, *op.cit.*, Livre II, Chap. I, pp.97-128, III, pp.129-138.

[1] « Dans le monde entier existaient toujours des barrières de haine contre tout ce qui était allemand. Ici, au contraire, dans les cercles de l'armée argentine, rien de tel, pas de parti pris défavorable à notre encontre. Nous avions bien, à leurs yeux, perdu la guerre, mais en aucune manière notre honneur », A. GALLAND, *Die Ersten und die Letzten*, p.7 (trad. *Les premiers et les derniers*, Paris, Michelet, 1985).

Parmi les arrivants, beaucoup de Waffen-SS officiellement poursuivis comme « criminels de guerre associés » (*Verbrecherische Organisation*), donc exposés à des inculpations personnelles ou soumis à des enquêtes déshonorantes.

Changer d'identité ou de nationalité, en partant pour l'étranger par les pays neutres – Portugal, Suède ou Suisse –, choix tentant pour tirer un trait définitif sur un passé plus ou moins sulfureux. Pour éviter l'arrestation ou l'emprisonnement, certains s'engageaient dans la Légion étrangère française en partance pour l'Indochine[1]. Quoi qu'il en fût, partir c'était partir pour un avenir moins sombre que celui qui semblait le lot de compatriotes désespérés. Distincts des expulsés civils, des *Volksdeutsche* avaient rejoint en grand nombre les divisions Waffen-SS ; ils se trouvaient ainsi mis à l'écart et tenus en suspicion dans l'Allemagne occupée, mais refuge, qui les avait, à son corps défendant, recueillis.

L'histoire des Waffen-SS rend compte de leur importance numérique dans l'Ordre noir, surtout dans le seconde phase défensive de la guerre, et même dès 1942, comme George Stein et d'autres l'ont établi[2].

> Tout commence en 1933 avec la mince garde prétorienne de la *Leibstandarte Adolf Hitler* et l'année suivante les trois régiments de la *SS-Verfügungstruppe* complétés par les « Têtes de mort », surveillants des camps.
>
> D'abord stricts, les critères raciaux sont assouplis dès 1938. Du volontariat allemand, on passe au volontariat « germanique » et, en 1943, à une mutation complète de cette armée politique avec corps blindés et développement vertigineux des effectifs – 100 000 hommes en 1940, 910 000 en 1945 en 38 divisions, avec recrutement de Scandinaves, de Slaves et de « Romans », la brigade rexiste wallonne en tête, mais surtout d'Allemands « raciaux » d'Europe centrale, 200 000 au moins, soit plus d'un homme sur quatre en 1943. A cette date, les *Volksdeutsche* dominent dans les nouvelles unités : *Hohenstaufen*, *Frundsberg*, *Prinz Eugen* avec les Saxons de Transylvanie et les Souabes du Banat, malgré le manque d'officiers et les réticences des chefs nazis les plus intransigeants (tel Theodor Eicke, « maître d'école » de Dachau, assassin de Röhm, tortionnaire en chef et inspecteur des camps à la tête de 60 000 « Têtes de mort »).
>
> Dès la fin de 1942, au moment de Stalingrad, Hitler craignant un débarquement à l'Ouest, décidait le transfert en France des divisions SS d'élite – *Leibstandarte*, *Das Reich*, *Hitlerjugend*, *Götz v. Berlichingen* –, tandis qu'une

---

[1] Engagement difficile. Composée alors en grande partie d'anciens de la Wehrmacht – au grand dam de l'opinion publique allemande – la Légion récusait en principe l'enrôlement des ex-Waffen-SS, selon les assurances des autorités françaises.

[2] Il existe sur les SS une foule d'études, critiques, mais aussi sous angle favorable, nostalgique ou admiratif : C. CERF, G. STEIN (1966), H. LADEMER (1972), F. DUPRAT (1976), F. REIDER (1975), H. WALTHER, outre le plaidoyer de H. HAUSSER et les quatre volumes de R. LEHMANN sur la *Leibstandarte* (1977-1983) ; plus récent encore, de B. WEGNER, *Hitlers politische Soldaten : die Waffen-SS, 1939-1945*, Paderborn, 1988.

douzaine de nouvelles unités accentuaient le passage à une armée de masse, certaines, improvisées, vite entachées d'une sinistre réputation : corps biélorusse, brigade russe *Roona*, divisions musulmanes avec imams et sous l'égide du grand Mufti de Jerusalem, Hadj Amin El Husseïn, admirateur d'Hitler. La *Handjar* bosniaque et la *Skanderberg* albanaise, voulues par Himmler, devaient se rendre coupables de nouvelles atrocités dans les Balkans, avant d'être en proie à des désertions massives.

Ces *Volksdeutsche*, souvent mêlés à des étrangers – Croates, Roumains, Hongrois, Ukrainiens, Baltes, Flamands ou Wallons, Français de la Charlemagne rescapés de la LVF –, étaient-ils volontaires ou enrôlés de force ? Beaucoup étaient, en fait, victimes de contrats passés dans leur pays d'origine pour être ensuite versés d'autorité dans les nouvelles formations, telles la légion estonienne ou les divisions lettones de Courlande en juillet 1944. Des « Malgré-nous » alsaciens-lorrains combleraient les vides de la *Das Reich* – voyez Oradour.

Après juillet 1944, des milliers de soldats de la Luftwaffe ou de marins de la *Kriegsmarine* immobilisés dans les ports devaient renforcer les Waffen-SS ; de même, près de 18% des appelés de la Classe 28 – ils avaient 17 ans –, on l'oublie volontiers. Parmi eux, un certain Günter Grass, né aussi en 1927. Vouer aux gémonies, sans distinction, *tous* les Waffen-SS peut sembler quelque peu abusif.. Mais deux questions se posent. La première sur la valeur militaire des Waffen-SS. Il semble que la célébration collective relève ici du mythe et ne résiste pas à l'examen. Les corps blindés SS ont pu intervenir efficacement, notamment après Stalingrad, avec les divisions *Leibstandarte*, *Wiking* (ex-*Germania*) et *Wallonie* pour reprendre Kharkov ; des exploits individuels ont pu servir à créditer l'ensemble d'une réputation flatteuse[1] ; bien des témoignages existent sur l'acharnement, l'esprit de sacrifice et l'héroïsme de jeunes sans expérience, mais fanatisés, dans la *Hitlerjugend* ou la *Panzer-Lehr Division*. Reste que la fable de Waffen-SS surarmés, fer de lance des armées du Reich, a fait long feu. La fin de la guerre n'a fait qu'imposer une nécessaire synergie entre Wehrmacht et Waffen-SS au sein de l'OKW.

Les Waffen-SS enfin, troupe d'élite ou bandes d'assassins ? « Soldats comme les autres », ou ramassis de criminels impitoyables ? La polémique est longtemps restée vive. On peut, avec Philippe Masson, invoquer l'esprit de corps, la valeur offensive et les hautes capacités opérationnelles des Waffen-SS, expression achevée de la « combativité latente » d'un peuple fier, atteint dans son identité, traumatisé par Versailles et toute une série d'humiliations[2], mais encore ?

Le fossé séparant la Wehrmacht des Waffen-SS dans l'inhumain n'a pas toujours été aussi profond qu'on a coutume de le dire, Karl-Dietrich Bracher l'a

---

[1] Cas du jeune *SS-Obersturmführer* (lieutenant) Michael WITTMANN, du *SS-Panzerkorps West* qui aurait détruit à lui seul 138 chars et canons d'assaut sur le front de Normandie outre 132 pièces antichars, avant de périr le 8.08.1944. Béat d'admiration, Jean MABIRE fait de lui l'archétype du héros germanique, prenant lui-même soin de taire les crimes des « grands gaillards SS » dans *Panzer Marsch*, *Sepp Dietrich*, 1991

[2] *Histoire de l'armée allemande*, *op.cit*, pp.282-283. Il ne dit rien, en revanche, des exactions et des crimes attribués aux formations SS.

rappelé[1], même si les seconds l'ont largement emporté sur la première en matière de crimes de guerre et de persécution raciste systématique.

Soldat « humain » détestant les crimes gratuits – et, pour cette raison, muté par Hitler loin de la Pologne envahie –, le général d'Armée Blaskowitz affirmait que dans la troupe, en Pologne, dès 1939, « les sentiments envers les SS oscillaient entre la répulsion et la haine ». Dès 1940, les Waffen-SS avaient fusillé en France des prisonniers anglais et canadiens, avec l'idée, reprise plus tard, délibérément, de se défaire des « encombrants ». L'habitude avait vite été prise d'assassiner les prisonniers, y compris les évadés des camps qui avaient été repris. Les interrogatoires de Göring, Milch, Keitel ou v. Brauchitsch concernant les « aviateurs terroristes » n'en sont qu'une confirmation. Mais c'est surtout en Russie, d'emblée en 1941 et surtout après Stalingrad, qu'allaient se produire des tueries à grande échelle de prisonniers et de civils avec le martyrologe des Juifs d'Ukraine et des Pays baltes, des unités se « distinguant » dans d'abominables carnages, sans doute insurpassés à ce jour – Tout cela, bien connu[2].

La conclusion s'impose : d'Oradour à Malmédy, de Lidice au ravin de Baby Yar, non, les Waffen-SS n'étaient pas des « soldats comme les autres ». Et il n'y avait pas de Waffen-SS dans l'*Afrika-Korps*, d'où, avec Rommel, « la guerre sans haine ».

Souvent victimes d'un certain discrédit de la part des nazis les plus obtus – tel Eicke qui les qualifiait d'ignares « à l'esprit inférieur, ne comprenant pas les ordres et ne sachant que tirer au flanc », les *Volksdeutsche* étaient nombreux, jusqu'à être majoritaires dans les Waffen-SS en 1943-1945. Mais outre cette surreprésentation sous les armes, beaucoup servaient aussi dans les forces de leurs pays d'origine, Hongrie, Roumanie, Croatie, Slovaquie, alliés du Reich contre la Russie soviétique.

Or, tous ces soldats, *Volksdeutsche* perdus dans l'apocalypse de 1945, se trouvaient exclus des statistiques migratoires allemandes. Reniés par leurs pays d'origine, expulsés, déracinés, réduits à l'état d'apatrides ou de « personnes déplacées », ils ne pouvaient figurer comme « allemands » sur les

[1] « A de nombreuses occasions, la Wehrmacht travaillait en étroite collaboration avec les services SS, qui, grâce à leur pouvoir de police et à la mission spéciale dont ils étaient chargés, disposaient à leur guise de la population juive et des camps, ainsi d'ailleurs que des Polonais et des Russes. Une fois de plus, comme cela arrivait fréquemment en 1933-1934, mais à une toute autre échelle, la Wehrmacht se fit complice d'une politique dont la grande majorité des officiers permit la concrétisation, même si elle était souvent contraire à leurs convictions », note Karl-Dietrich BRACHER, *La dictature allemande*, *op.cit.*, p. 569, à propos de l'extension de la « solution finale » aux pays satellites avec la coopération de l'*Auswärtiges Amt* et du RSHA. Même opinion de C. STREIT, *Keine Kameraden* , *op.cit.*, p.125 sq. et Omer BARTON, *Hitler's Army*, Oxford 1991.

[2] Outre les *Einsatztruppen*, peu nombreuses (5000 hommes ?) aidées par les *HIWIS* ukrainiens et les unités de police enrégimentées aux ordres d'Erich v. dem Bar-Zelewski, la brigade de cavalerie *Fegelein* dans les marais de Pripet, et celle d'Oskar Dirlewanger (futur conseiller de Nasser), troupe d'asociaux et d'anciens détenus de droit commun à la sauvagerie sans bornes. Comme son camarade Blaskowitz, le général Wilhelm Ulex parle de « bestialité » dès le 2 février 1940 à l'évocation des Waffen-SS en Pologne : « Il n'y a chez eux ni humanité ni sens moral », affirme-t-il. En matière de crimes respectifs, Wehrmacht et Waffen-SS en effet, ne se comparaient pas. Les Waffen-SS, ajouterons-nous, étaient d'autant plus fanatisés qu'ils étaient, surtout à la fin de la guerre, très jeunes, mineurs pour un grand nombre d'entre eux.

listes d'émigration. Admis en Argentine comme réfugiés, ils étaient disposés à s'engager dans l'armée argentine, mais seule l'aviation nationale, manquant de pilotes, de mécaniciens, d'instructeurs et de spécialistes, recrutait des étrangers ; d'où l'arrivée d'officiers de la Luftwaffe, au moins 70, dont les généraux Galland et Baumbach[1], le colonel Rudel et des médecins militaires de l'aviation comme le professeur v. Dieringshofen et son confrère Harald v. Beckh[2]. Quant à la marine, sa formation traditionnelle britannique (comme dans la plupart des autres pays latino-américains) l'empêchait d'avoir recours aux Allemands ; mais le préfet maritime de Buenos Aires, l'amiral bi-national Eduardo Aumann, et le directeur des douanes Walter v. Renzell, souhaitaient remédier aux insuffisances de la flotte de commerce nationale en faisant appel à d'anciens officiers de la Kriegsmarine désormais sans affectation. Parmi eux, Friedrich Wilhelm Rasenack, ex-chef-canonnier du *Graf Spee* et président de l'Amicale des Anciens du *Panzerschiff*[3] ; avec lui, plusieurs centaines d'anciens marins allemands époux d'Argentines, issus de provinces allemandes occupées par l'Armée rouge et ne souhaitant pas y retourner.

L'accueil des Argentins était souvent chaleureux. Un autre expatrié définitif en porte témoignage : l'ancien et prestigieux commandant de l'*U-977*, Heinz Schaeffer, heureux de s'être fait, par gratitude, argentin de cœur et de conviction[4]

c- Les victimes expatriées du nettoyage ethnique

Comprendre le drame des germanophones migrants de tous les pays de l'Est européen, fugitifs (*Flüchtlinge*), bannis, expulsés (*Vertriebene*) de leurs vieux foyers d'Europe centrale en 1944-1946, c'est prendre la mesure de l'immense exode de transplantés, *Übersiedler* en quête désespérée d'un refuge et d'un établissement, « le nettoyage ethnique le mieux connu et le plus discuté dans l'Europe d'après-guerre […] un mouvement de masse probablement sans égal dans l'histoire européenne », pour Anne Applebaum[5] ; en fait, celui de gens alors traités comme des Allemands, non comme des hommes, victimes d'une tragédie dont on leur imputera aisément la responsabilité.

---

[1] Auteur de *Zu spät ? Aufstieg und Untergang der deutschen Luftwaffe*, Munich, 1944.
[2] W. LÜTGE, *Deutsche in Argentinien…*, *op.cit.*, p.261.
[3] Auteur de *Panzerschiff « Admiral Graf Spee ». Kampf, Sieg und Untergang*, Biberach, 1957.
[4] *U-977, 66 Tage…*, *op.cit.*, p.263.
[5] *Iron Curtain. The Crushing of Eastern Europe, 1944-1946*, Doubleday, 2-12 (trad. *Rideau de fer. L'Europe de l'Est écrasée*, Grasset, 2014, pp.183-187.

Arrivés plus qu'accueillis en Allemagne occidentale, regroupés en *Landmannschaften* qui, avec les originaires d'Allemagne orientale, passeraient les 2,7 millions d'adhérents, ces centaines de milliers de réfugiés d'Europe centrale et balkanique n'étaient-ils que des Waffen-SS, des collaborateurs au sens méprisable du mot, des criminels usurpateurs d'identité ou « réutilisables » au besoin pour attiser la subversion dans la future RDA ? Ainsi le pensait Chairoff[1], manière de voir abusive, sans nul doute, mais l'ignorance volontaire de cette tragédie collective avait ses raisons : le long silence imposé par les partis communistes rejoint ici par le souvenir exclusif des atrocités nazies avec la sacralisation très compréhensible de la Shoah. S'étonnera-t-on que, dans ces conditions, les révisionnistes aient « récupéré » sans scrupules le bénéfice d'une mémoire douloureuse, injustement méconnue ?[2]

Jusqu'en 1945, ces *Volksdeutsche* étaient administrativement tchèques, hongrois ou roumains, mais allemands par le patronyme, le *Schriftdeutsch* ou la *Mundart* ancestrale, gages d'appartenance, de solidarité et de préservation de l'identité des groupes. Ils se disaient *Volksdeutsche* par fidélité à leur propre histoire et par un attachement de longue date à la communauté germanique par fierté ethnique ou pour être respectés[3]. On sait aussi qu'ils étaient souvent très sensibles à l'influence du nazisme, comme l'ont souligné bien des historiens avec Karl-Dietrich Bracher.

Les traités de Saint-Germain-en-Laye et de Trianon qui avaient démembré l'Autriche-Hongrie les avaient en quelque sorte épargnés, les maintenant là où ils avaient toujours vécu avant d'être chassés par l'Armée rouge, devenant « personnes déplacées », apatrides, *Heimatlose* en vertu d'une anomalie juridique, rejoignant ainsi le statut d'exception des détenteurs de passeports Nansen, institués par les décrets de déchéance soviétiques de 1921 et 1924 frappant les émigrés russes[4].

---

[1] *Dossier néo-nazisme*, *op.cit.*, pp.413-415.

[2] *Témoignages 1945-1946*, Akribeïa, réed. 2014 ; H. NAWRATIL, *Le livre noir de l'épuration. L'épuration ethnique des Allemands en Europe centrale et orientale, 1945-1948*, ibid., 2014 ; T. SUNIĆ, « La destruction des Allemands ethniques et des prisonniers allemands en Yougoslavie », *Tabou*, Nr. 14, 2014.

[3] Dans *Immigration positive*, O. Jacob, 2006, p.143, J. LANG et H. LE BRAS parlent d'une conception allemande « romantique, fantasmatique et imaginaire de la nation », tenant pour secondaire l'importance de la langue dans la définition de la nationalité. Or, ici, tout démontre au contraire le primat de la fidélité linguistique et culturelle séparant allogènes allemands et nationaux à l'étranger. Pour Hans Heinz Altmann, Juif allemand en Argentine, « la langue maternelle est la patrie de l'apatride ». Voir, sur ce point, nos commentaires dans *Migrations et mémoire germaniques*..., *op.cit.*, Livre III, pp.203-215.

[4] Le statut d'apatride sera aboli par la Déclaration des droits de l'homme des Nations Unies le 10.12.1951 : « Tout individu a droit à une nationalité » (art.15), et « nul ne peut être privé de sa nationalité ni du droit de changer de nationalité », cf. C.WIHTOL de WENDEN, *Les nouvelles migrations. Lieux, hommes, politiques*, Ellipse, 2013, p.145. Staline et Hitler avaient largement utilisé la pratique de la déchéance civique (*Entbürgertum*) à l'encontre des Russes blancs en URSS et des Juifs en Allemagne. On peut interdire la double nationalité, mais on ne peut pas priver quelqu'un de sa nationalité unique.

Filles ou fils de communistes allemands « de l'extérieur » – il y en avait –, volontaires ou jeunes contraints de rejoindre la Wehrmacht, militants de l'AO de Bohle ou voisins des Slaves ayant toujours vécu en bonne intelligence avec eux, enfin ressortissants allemands des vieilles terres de Poméranie, de Prusse orientale ou de Silésie : tous étaient voués à l'expulsion, à la déportation – 70 000 *Siebenbürger* en Russie par le NKVD dès décembre 1944 –, ou au désespoir d'un exil sans retour.

Ruinant le mythe communiste d'indifférence en matière de distinction nationale et culturelle[1] – déjà renié par la terreur contre les Polonais, les Tchétchènes, les Tatars de Crimée, les Allemands de la Volga, les mennonites de Sibérie et finalement les Juifs –, Staline, qui avait sacrifié jusque-là au messianisme révolutionnaire, devait avec la guerre introduire dans l'idéologie et les institutions soviétiques une dimension étatique, stable, nationale. Victorieux, l'Etat soviétique avait cédé la place aux liens d'une longue histoire vécue par les hommes issus du même espace, parlant la même langue, défendant les mêmes intérêts, la même patrie. L'URSS était redevenue la Russie[2].

Dans la ligne de la perception candide que Roosevelt avait de Staline et des illusions qu'il nourrissait quant à sa bonne volonté, Potsdam avait entériné l'entente entre les grands concernant l'expulsion généralisée des *Volksdeutsche* d'Europe centrale et orientale. Etait prévu ce « transfert » en Allemagne des populations allemandes de Pologne, de Tchécoslovaquie et de Hongrie, les territoires situés à l'Est de la ligne Oder-Neisse passant sous administration soviétique (avant de devenir polonais). Churchill, qui évoquerait bientôt le « rideau de fer », n'avait rien objecté[3]. François Furet l'a dit : l'idéologie soviétique avait très bien su ancrer les passions nationales à l'universalisme révolutionnaire.

Une clause de Potsdam stipulait que « tous les déplacements se feraient de manière humaine et ordonnée ». Or, dès 1944, avec le soutien soviétique, il devait s'agir de mouvements massifs, anarchiques, cruels et désespérés dans des violences de toutes sortes accompagnant la « libération » des pays en

---

[1] « Du jour où il a été créé, le parti bolchevik a combattu le nationalisme sous toutes ses formes », dit une brochure soviétique de 1950, citée par A. APPLEBAUM, *Rideau de fer*..., *op.cit.*, p.114.

[2] Noté par E. CARRERE D'ENCAUSSE, *Le grand frère. L'union soviétique et l'Europe soviétisée*, Flammarion, 1983, pp.15-16. « Même les Eglises seront tolérées en 1941 après deux décennies de persécution, puis après Stalingrad, réincorporées dans le cadre des institutions sociales. Tous les héros de l'Etat – d'Alexandre Newski à Souvorov – qui ont assuré la défense de la terre russe et le développement de l'empire, deviennent autant d'emblèmes de ce renouveau politique et sont appelés à précéder dans la conscience collective les héros tardifs de la Révolution », *ibid.*, p.16.

[3] « L'expulsion des Allemands est la méthode qui, pour autant qu'on ait pu le voir, serait la plus satisfaisante et durable pour assurer la paix à l'avenir », déclarait-il aux Communes en 1944. Il invoquait, à l'appui de cette thèse, des échanges de populations entre la Grèce et la Turquie en 1921-1922, cf. N. NAIMARK, *Fires of Hadred : Ethnic Cleansing in Twentieth-Century Europe*, Cambridge, Mass., 2001, pp.110-111.

question[1]. C'était là, il est vrai, un legs hitlérien, celui de la rançon de l'occupation allemande en Pologne avec déportation des habitants de Poznan, Lodz ou Gdynia remplacés par des « colonies allemandes » et astreints au travail forcé en camps ou en Allemagne.

L'occupation allemande des terres tchèques[2] avait été moins brutale, mais aussi dégradante pour leurs propriétaires spoliés ; la guerre terminée, elle allait coûter cher aux Allemands, surtout en pays sudète dont 85% des habitants avaient adhéré au nazisme et accueilli avec enthousiasme la Wehrmacht avant la conquête du pays tout entier sous la férule d'Heydrich. Partout, la fuite des Allemands honnis s'effectuerait à la hâte, sous les imprécations et les sévices infligés par les Tchèques, sans autre organisation que la constitution de longues cohortes à croix gammée, les partants abandonnant tout, maisons et magasins, mobilier, moyens de transport, fermes, usines, propriétés...

En janvier 1945, les 100 000 Allemands de Lodz, terrassés par le froid et la faim, étaient harcelés par l'Armée rouge et emportés dans la bataille ; des dizaines de milliers de fuyards se noieraient dans la Baltique sous les bombardements soviétiques.

Dans les Sudètes et en Bohème, les expulsions « sauvages » étaient encouragées, le président Beneš, rentré de Londres, se disant décidé à « liquider le problème allemand », tandis que le secrétaire général du parti communiste, Klement Gottwald, appelait à venger la défaite tchèque de la Montagne blanche de... 1620 !

On évalue à deux ou trois millions le nombre des Sudètes expulsés et à plus de 200 000 ceux qui devaient succomber sur le chemin de l'exil. En fait d'organisation « ordonnée et humaine », un maelström de fureur, d'anathèmes, de vengeances nationalistes et d'excès de toute nature[3].

D'autres déplacements de populations interviendraient dans cette époque troublée – un million et demi de Polonais partiraient d'URSS pour la

---

[1] « Libérées, les nations le sont, mais à quel prix ? Et dans quelle intention ? L'Armée rouge a multiplié les pillages, les viols sans faire beaucoup de différence entre les pays censés être alliés, comme la Pologne, ou ennemis, comme la Hongrie », rappelle François FURET dans *Le passé d'une illusion. Essai sur l'idée communiste au XXe siècle,* Laffont/ Calmann-Lévy, 1995, p.405. Il rappelle que la « redistribution » des populations avait été déjà prévue en 1939 par Ribbentrop et Molotiov. Enfin des liquidations collectives de Soviétiques rapatriés en 1945 (l'Armée Vlassov) n'avaient rien de commun avec l'épuration en Occident.

[2] Bien étudiée par les historiens tchèques Piotr RYKEL, Timothy SNYDER, Norman NAIMARK, Kálman JANICS, que cite A. APPLEBAUM, *Rideau de fer..., op.cit.*, pp.174-211.

[3] Outre les mauvais traitements infligés, les Allemands devaient porter un brassard blanc marqué d'un « N » (Nemec, Allemand en tchèque), une croix gammée dans le dos et parfois l'inscription « Je suis un porc allemand ». Il leur était interdit d'emprunter les trottoirs, de fréquenter cafés, cinémas, restaurants, de s'asseoir sur les bancs publics. Plus de 20 000 Allemands furent chassés de Brno, rappelle A. Applebaum et des milliers se sont suicidés en 1946, selon les statistiques tchèques. Sur cette question, voir P. RYKEL, « The Expulsion of the Germans from Czechoslovaquia », in PAUSER-REES, *The Second World War*, E.U.I. Working Paper, Nr. 2004/1, p.18.

Pologne « homogène » déplacée vers l'Ouest, des Hongrois quitteraient la Slovaquie, des Ukrainiens la Tchécoslovaquie, mais rien ne se compare à cet exode *volksdeutsch* généralisé, 12 millions de personnes au bas mot dont un demi-million mort en chemin, selon Rykel et Snyder, avant que le typhus et la dysenterie n'éclaircissent encore les rangs de ces cortèges misérables et résignés en quête d'une fixation quelque part... et dont on ne parle pas.

Dans un premier temps au moins, ils constitueront en Allemagne de l'Ouest une main-d'œuvre bon marché, classe sociale subalterne des régions rurales les plus ingrates ou prolétaires des faubourgs à reconstruire. Selon Christian v. Krockow, ils ont largement contribué à transformer un pays en ruines en une puissance économique qui étonnerait assez vite l'Europe. Toutefois, malgré l'interdiction d'émigrer, certains voulaient « aller plus loin », outre-océan, prêts à tout risquer, une fois encore, pour une autre vie.

Arguant de leur statut d'apatrides, chassés de leur pays natal, ils ne se disaient pas allemands, mais « personnes déplacées », donc sous la protection de l'UNRRA pour gagner, de préférence, l'Argentine ou l'Australie. Leur désir était de s'y établir en communautés solidaires pour réussir leur transplantation[1].

Malgré les défenseurs du projet[2], le Département d'Etat américain récusait l'idée de voir s'installer de nouvelles « colonies » allemandes en Argentine, Perón lui-même répugnant à autoriser une implantation en *aldeas* fermées, susceptibles de retarder l'assimilation projetée des arrivants ; seules étaient recevables les demandes d'admission individuelles, tant pour les Souabes du Banat que pour les originaires de Prusse orientale – plusieurs centaines – qui, après s'être vu refuser une installation en communautés dans la province de Neuquén, s'étaient tournés vers le Brésil ; sous couvert d'une agence suisse agissant pour le compte de *Caritas*, celui-ci aurait, selon Karl Ilg, promis la délivrance de 100 000 visas aux *Donauschwaben* désireux de choisir l'Etat de Paraná (siège de nombreuses « colonies » nouvelles après 1918, dont celle de Roland en 1932) dans le prolongement des centres argentins du Territoire de Misiones[3].

Dans les années 1950, de forts contingents de cette origine rejoindront, par saccades, les premiers arrivés ; des membres de leurs associations,

---

[1] Comme l'avaient fait *Wolga*-et *Russlanddeutsche* en Argentine en 1877 (cf. *Migrations et mémoire germaniques...*, *op.cit.*, pp.107-109, 137-148, 295-300). Cultivant les valeurs du sang et du sol, ils illustreront la littérature régionaliste et nazifiante de terroir de Friedrich Blunck et Will Vesper dont les héros honoraient leurs pères et « l'invincible fleuve de sang » des plus anciens jusqu'à eux.

[2] Notamment le Dr. Kraft, leader d'un « parti allemand » dans la Yougoslavie d'avant-guerre, ou le consul d'Autriche à Buenos Aires, le Germano-argentin Ricardo Staudt, familier de Perón.

[3] « Brasilien nimmt 100 000 Volksdeutsche auf », *Neue Zeitung*, Munich, 3.09.1951.

interrogés par Meding en 1989, assuraient que leurs effectifs globaux dépassaient alors 20 000 âmes grâce au concours des « anciens » et des sociétés d'entraide créées en République fédérale. Ici, comme ailleurs à l'étranger, les *Vereine* unifiés auront aidé à se reconnaître, à s'épauler, puis à se divertir[1] ; mais le premier objectif de ce refuge, c'était bien le maintien de la solidarité entre immigrés propres aux glossonèses d'Europe centrale et balkanique transplantées ici dans un pays cultivant la liberté[2]. D'où le risque encouru d'un certain misonéisme rural retardateur d'adaptation et d'assimilation au pays plébiscité.

Ce qui est vrai des Souabes vaut également pour les Sudètes. Leur association locale, *Sudetendeutsche Landmannschaft in Argentinien*, née en 1936, se trouvait renforcée d'apports importants en 1946 – plus de 1500 membres – avec un fonctionnement rénové et un comité directeur rajeuni.

Dans cette période troublée d'après-guerre, les Allemands « ethniques » n'ont pas été les seuls à être victimes de violences, d'émeutes et de passions souvent irrationnelles « surgies des profondeurs du Moyen Âge » comme l'écrit un historien polonais[3] : au premier rang, car habitués à voir la rage focalisée sur eux, les Juifs rescapés de la Shoah et rentrés chez eux – 10% des Juifs de Pologne sur 3,5 millions en 1939. Ils sont, en Pologne, en Hongrie, en Tchécoslovaquie, victimes de crimes « ordinaires » ou de pogroms antisémites comme à Kielce et à Miskolc en juillet 1945, souvent avec la complaisance communiste, le parti semblant ainsi plus « national » et plus « patriotique » par « un outil de plus, arme supplémentaire dans son arsenal traditionnel »[4]. Grâce aux accords passés avec de nombreuses institutions, dont l'*American Jewish Joint Distribution Committee*, nombreux sont alors les Juifs d'Europe centrale à gagner Israël – dont 70 000 polonais – ou à s'embarquer pour les Amériques, des milliers pour l'Argentine.

S'agissant des Allemands, deux enseignements se dégagent. D'abord le constat qu'à l'inverse du processus d'assimilation inéluctable en milieu urbain, les communautés rurales d'Argentine renforcées par les immigrants ont cherché en priorité à maintenir leur unité et leurs traditions garantes de sécurité

---

[1] Selon W. KEIPER, l'Argentine comptait en 1939 288 associations germaniques, *Der Deutsche in Argentinien*, p.58. Même bilan quinze ans plus tard, « Deutsche Gesellschaftsleben in Argentinien », *Mittn. D. Instituts für Auslandsbeziehungen*, 1954, ¾, p.49.

[2] « Ne rions pas de la *Vereinsmeierei*, écrit Keiper. Il n'y a ici aucune association publique nationale ou municipale derrière les Allemands, qui veille à les pourvoir de tout ce dont a besoin une véritable communauté… », *Der Deutsche…*, *op.cit.*, p.58.

[3] J. GROSS, *Fear : Anti-Semitism in Poland after Auschwitz*, New York, 2006, pp.130-132.

[4] Voir A. APPLEBAUM, *Rideau de fer…*, *op.cit.*, pp.195-210, qui parle d'une « relation embrouillée des juifs d'Europe de l'Est avec les communistes », les juifs s'étant livrés à « une sorte de martyrologie compétitive », toute allusion à d'autres souffrances que les leurs était « une façon de dénigrer la tragédie unique de leur expérience ».

et d'enracinement dans « la nouvelle patrie ». Enfin, avec les réfugiés qui ont fui, nombreux, la zone soviétique d'occupation en Allemagne – les *Zugewanderte* –, les *Volksdeutsche* ont bien constitué, semble-t-il, plus des deux tiers des immigrants germanophones en Argentine après 1945[1].

A s'en tenir au chiffrage officiel de 1945 à 1948, le solde de l'immigration allemande en Argentine serait des plus minces : à peine 1700 et, dès 1952, 700 gains définitifs, pas davantage, 600 à peine l'année suivante et 85 seulement en 1955. Mais nous avons vu qu'ils étaient beaucoup plus nombreux.

Après 1955, la chute de Perón, le marasme économique argentin et le « miracle allemand » inverseront la tendance, les « rapatriés » (*Rückwanderer*) l'emporteront désormais sur les immigrés sans retour[2]. Ceux-ci, en revanche, « s'argentiniseront », se disant « victimes de la démocratie de Bonn » (*Demokratie-Verfolgten*). Il est cependant entre eux des différences notables, déjà quant à leurs antécédents politiques, à leur degré de responsabilité ou de culpabilité dans ces crimes et autres atteintes aux droits de l'homme imputables au régime nazi. On se gardera enfin de croire que tous les germanophones d'Argentine étaient d'anciens nazis ou d'anciens expulsés de 1945. L'importante implantation juive allemande en Argentine depuis 1933 et encore après 1945 explique qu'on ait eu affaire ici à une germanophonie divisée, éclatée, antagoniste, sans autre remède que son extinction progressive au gré des générations « argentinisées » se succédant ou d'un inéluctable rapprochement avec Bonn. Les pays américains n'ont que faire officiellement de l'entretien de la mémoire européenne des immigrés. Seul compte l'idéal patriotique nouveau affirmé en « actes » solennisés. C'est à l'arrivant de s'adapter au pays d'accueil qu'il a plébiscité, non l'inverse.

Finalement, les Allemands, soucieux de sécurité, mais divisés par des haines européennes inexpiables, sont invités à rejoindre, au prix de nécessaires reconversions, le grand rassemblement d'un pays neuf ignorant exclusives, préjugés et interdits.

Les « colonies » d'ascendance étrangère ont créé en Amérique latine leurs associations d'origine, leurs clubs, leurs stades – rassemblements sportifs et festifs très fréquentés. Mais le respect de l'héritage créole et ibérique, même lointain, le primat reconnu de l'idiosyncrasie – mot-clé du vocabulaire local - et le culte unanime à rendre à l'emblème et aux héros nationaux : autant

---

[1] Dans la liste des Associations germano-argentines dressée en 1955 par l'*Argentinisches Tageblatt*, 11 au moins sont exclusivement composées d'immigrés nés au-delà de l'Elbe dans la future zone d'occupation soviétique de l'Allemagne.

[2] W. HOFFMANN, « Die Deutschen.. », *op.cit.*, p.144.

d'obligations auxquelles nul ne saurait se soustraire, entretenues par l'Ecole publique ou privée, comme par les cérémonies et commémorations officielles.

Dirigée à l'origine contre la « pègre cosmopolite », à l'époque des grandes vagues migratoires qui pouvaient mettre en péril l'hispanité et la cohésion du pays, la « Restauration nationale » était-elle autre chose que l'affirmation fièrement unitaire du creuset hospitalier de l'*Argentinidad* ?

CHAPITRE II

CRIMINELS ET PRESUMES COUPABLES

Tous les Allemands n'étaient pas nazis, mais dès 1933 toute résistance était vaine. Rétablies quatre ans plus tard, les juridictions militaires allaient fonctionner « selon un nouvel ordre rigoureux, sévère et populaire » défini par Werner Hülle, chef de file des juristes de l'OKW. Ainsi des centaines de tribunaux militaires de la Wehrmacht ont-ils condamné et fait exécuter de 1939 à 1945 – Auguste Gerhards le rappelle dans *Tribunal de guerre du IIIe Reich* – quelque 50 000 soldats, allemands aux deux tiers au moins[1] ; de quoi remettre en question, derrière la cruauté des Waffen-SS, la croyance germanophobe paresseuse en une adhésion coupable, spontanée et unanime à l'idéologie hitlérienne.

La liste, d'autre part, est impressionnante des gens de lettres allemands – plus d'une cinquantaine d'écrivains de renom –, communistes, socio-démocrates, chrétiens et pacifistes, opposants notoires et délibérés, prisonniers de l'émigration « intérieure » ou partis dès 1933 pour l'étranger, la France d'abord, puis l'URSS ou les Etats-Unis.

Cela étant, et malgré ce refus manifesté par d'importants secteurs de l'intelligentsia (voyez les campagnes menées à l'étranger pour la défense de la culture allemande comme à Paris en 1935), le régime nazi a exercé un incontestable attrait sur une grande part de l'opinion publique nationale. Des écrivains comme Hermann Claudius, Wolfram Brockmeier, Herbert Böhme ou Heinrich Arnacker priaient Dieu de prêter assistance au Führer promu Nouveau Christ sauveur de l'Allemagne, saluaient l'aube d'une vie nouvelle, voyaient le soldat allemand en porteur d'une flamme olympique qui ne s'éteindrait plus. Ils étaient sensibles aux résonances lointaines mais récurrentes du Diktat de Versailles et de ses conséquences humiliantes pour un pays frappé par les réparations, l'occupation et la méfiance des vainqueurs.

[1] Contre 102 dans l'armée française, 48 en Grande-Bretagne, 146 aux Etats-Unis, mais 22 000 au Japon et 150 000 peut-être en URSS, lâches, traitres ou déserteurs pour l'essentiel. Lire sur ce bilan purement militaire (auquel s'ajoutent des centaines ou des milliers de civils), M. MESSERSCHMIDT, F. WÜLLNER, *Die Wehrmachtsjustiz im Dienste des Nationalsozialismus. Zerstörung einer Legende*, Baden-Baden, 1987; F. WÜLLNER, *Die NS Militärjustiz und das Elend der Geschichtsschreibung,* Nomos, Baden-Baden, 1997 ; cf. *Supra*, Deuxième partie, chap. 4, p.122-123, Note n°8.

Ajoutez une sorte d'esthétisation politique du nazisme à l'impact parfois considérable sur d'autres écrivains nationalistes allemands, mais aussi étrangers, français notamment, chantres de l'Europe nouvelle et admirateurs du fascisme triomphant comme Drieu la Rochelle, Chardonne, Morand ou Montherlant.

a- L'échelle des responsabilités

Parmi ces émigrés, certains qui auraient pu regagner l'Allemagne en 1945, n'ayant désormais plus rien à craindre, bien au contraire, de la justice des vainqueurs, se refusaient à le faire, restant à l'étranger où ils s'étaient établis et avaient parfois fondé une famille.

D'autres, partis en catastrophe en 1944, car compromis avec le IIIe Reich, ne songeaient pas, eux non plus, au moins dans l'immédiat, à retrouver un pays anéanti, occupé et où ils se seraient sentis en danger. Le changement de générations contribuerait, pensaient-ils, à apaiser les rancunes, la vengeance et les ressentiments comme à faire reculer le nombre et la sévérité des procès. Rangés dans les deux premières catégories de la nomenclature politique définies par les autorités d'occupation – « coupable » (*Hauptschuldiger*) et « chargé » (*Belasteter*) –, ils appréhendaient leur arrestation et leur procès devant les tribunaux des Alliés. Vivre sous un régime républicain « à la Weimar » concocté par les vainqueurs ne leur disait rien de bon.

En fait, ces « victimes de la démocratie » (par auto-appellation) réfugiées en Argentine relevaient de catégories assez différentes.

La première, peu fournie, mais à la triste célébrité, était celle des grands criminels de guerre pourchassés en tous lieux, traqués, donc contraints de changer d'identité, de résidence, d'emploi et de fréquentations – ici, en Argentine, Eichmann, Mengele, Schwammberger, Roschmann, Kutschmann, v. Alvensleben[1] –, vivant dans la hantise d'être reconnus, extradés ou enlevés par les services secrets étrangers, tel Eichmann « après dix ans de sursis en Argentine », constate Farago.

---

[1] Eduard Roschmann était commandant en second du ghetto de Riga, Joseph Schwammberger de celui de Przemyl en Pologne, avant de prendre l'un et l'autre une part active aux massacres de juifs baltes et ukrainiens dans les *Einsatztruppen*. Walter Kutschmann, parti d'Allemagne dès octobre 1944, était resté caché dans un couvent italien sous le nom de Pedro Olmo avant de pouvoir gagner l'Argentine en 1947 d'où « faute de preuves suffisantes de sa culpabilité », il ne devait jamais être extradé. Objet d'un mandat d'arrêt international, le *SS-Obergruppenführer* (général de corps d'armée) Ludolf v. Alvensleben, criminel de masse en Pologne occupée, réfugié en Argentine en 1948, obtenait la citoyenneté argentine en 1952 et décédait à Santa Rosa de Calamuchita en 1970.

Un second groupe, selon Meding, rassemblait les hauts fonctionnaires de l'Etat et du parti, outre les officiers généraux et supérieurs de la Wehrmacht et des Waffen-SS.

L'état général de l'Allemagne, mais surtout l'insécurité de leur propre situation et le risque d'être appréhendés et traduits en justice – par les Alliés ou par les Allemands à partir de 1955 – les avaient convaincus de ne pas rentrer aussi longtemps que les « vagues » de l'épuration ne seraient pas apaisées et qu'une amnistie générale ne serait pas décrétée (à l'image de la loi autrichienne du 13 juillet 1949, prélude à l'évacuation du pays par les Alliés six ans plus tard). Rentrer en secret – certains l'ont fait – était risqué, et s'échapper à nouveau, après une arrestation, exposait à une extradition en bonne et due forme, pour peu que le président protecteur ait cédé la place à d'autres – Frondizi ou Ilia après 1955 –, moins réticents à répondre favorablement aux sollicitations des instances judiciaires européennes.

En Amérique latine, par tradition, le passé de l'arrivant n'intéresse guère. Seuls comptent son comportement à l'égard du pays d'accueil, sa volonté d'intégration et d'assimilation dans un pays comme l'Argentine, façonné par l'immigration. Comment d'ailleurs des pays comme le Chili ou l'Argentine auraient-ils eu, depuis plus d'un siècle, un préjugé défavorable à l'encontre d'immigrants allemands souvent appréciés pour leur ardeur au travail, leur honnêteté proverbiale et leur fidélité exemplaire à toutes les grandes causes nationales ?

On peut lire dans un rapport de la « Section spéciale » du Département d'Etat nord-américain à propos des immigrants allemands en Amérique latine en octobre 1942, le jugement suivant :

> « Le colon allemand des autres Républiques américaines est unique dans l'art de faire participer sa propre existence personnelle et professionnelle à l'intérêt général du pays de résidence. Il demeure néanmoins très conscient de ses origines allemandes et loyal envers les manifestations traditionnelles du germanisme… Aucune autre nationalité ne pourrait à ce point combiner l'adaptation au nouveau pays avec l'organisation d'une minorité restée consciente de ses propres valeurs. »[1]

L'écho des exactions et des crimes dont étaient accusés les arrivants ne parvenait ici qu'étouffé ou amoindri par la distance, le temps, les préoccupations nationales immédiates et préférentielles, quand ces méfaits

[1] « German Kulturpolitik in the Other American Republics », *Reports of the Special Section*, vol.3, 5.10.1942. Cité par R. C. NEWTON, « The Myth of the Fourth Reich », *The « Nazi menace »…*, *op.cit.*, p.346.

n'étaient pas mis en doute ou contestés par une part importante de l'opinion publique.

Vue de loin, l'Allemagne de 1945 rappelait celle de 1918. Reste que si l'espoir mis par beaucoup de ces arrivants dans la prescription de leurs actes en question pouvait paraître illusoire, c'est que les actes en question étaient souvent loin de l'innocence. La biographie, même sommaire, de ces inculpés, n'est-elle pas déjà accablante ?

Ancien ministre de l'Economie et des Finances dans le cabinet autrichien en 1938 avant d'être promu *SS-Brigadeführer* et Commissaire du Reich aux Pays bas, le Dr. Hans Fischböck avait été un collaborateur immédiat de Seyss-Inquart, chargé de la politique d'aryanisation dans ce pays et de la déportation des juifs. En 1958, il bénéficiera d'une citoyenneté argentine protectrice.

Figure notable, lui aussi, du crime de guerre avéré, le Dr Kurt Christmann, ex-*SS-Obersturmbannführer*, membre de l'état-major du S.D. et commandant de compagnie dans l'*Einsatzgruppe* D aux ordres d'Otto Ohlendorf. Réfugié en Argentine, il s'occupera activement du *Kameradenwerk* de Rudel, mais sera finalement condamné à plusieurs années de prison à son retour en Allemagne.

Le Dr Karl Klingenfuss, Conseiller de légation, n'était, affirme Farago, qu'un vulgaire « diplomate sanglant ». Il avait, en effet, participé, lui aussi, à plusieurs massacres en Ukraine, en tant qu'ancien collaborateur et adjoint d'Eichmann. Devenu gérant de la Chambre de Commerce germano-argentine, il ne sera jamais inquiété, pas plus que le Dr Erich Müller, *Ministerialdirigent* chez Goebbels.

Ex-*SS-Obergruppenführer*, *Gauleiter* et *Statthalter* de Styrie, le Dr. Siegfried Uiberreither est en Argentine l'honorable Dr. Dardieux, et l'ex-lieutenant de police Friedrich Joseph Rauch, ex-adjoint de chancellerie, le paisible citoyen argentin Juan Pavić, familier après 1952 de l'ambassadeur de la République fédérale à Buenos Aires. Lui aussi vite « argentinisé », Fridolin Guth, ancien commandant de police en France, secondera le Dr. Christmann dans l'administration du nébuleux *Kameradenwerk*.

Voyez encore le « cas » du Dr. Joseph Janko, ancien responsable mobilisateur des *Volksdeutsche* de Yougoslavie. Chargé d'une politique d'extermination dans le Banat hongrois, il ne sera jamais extradé d'Argentine pour cause d' « accusations insuffisantes ».

Le Dr. Gehrhard Bohne et son confrère Hans Hefelmann étaient, eux, des criminels civils, mais d'envergure, chargés, au titre de la Section T4, d'un monstrueux programme d'euthanasie ayant conduit à l'assassinat de plus de 200000 handicapés physiques et mentaux. Après six années en Argentine, le premier, juriste et « conseiller de chancellerie », était revenu en Allemagne en 1953, mais pour regagner Buenos Aires dix ans plus tard. Ayant fait l'objet d'une demande d'extradition, il sera appréhendé en février 1964, embarqué pour Francfort en 1966, incarcéré un temps à Butzbach, jugé enfin, mais vite élargi pour raisons de santé. Juriste lui-aussi et agronome, Hefelmann avait pu, comme Bohme, gagner l'Argentine grâce à *Caritas* et aux bons soins de l'évêque Hudal. Revenu en Allemagne où il pensait n'avoir plus rien à craindre, il sera néanmoins inculpé par le procureur Bauer en 1964, jugé, mais immédiatement relâché, étant reconnu « physiquement et mentalement inapte à passer en jugement »[1]

Avec d'autres immigrés, difficiles à suivre car souvent passés, comme Barbie, Mengele ou Müller, d'un pays à l'autre, ces personnages aux « états des services » éloquents, étaient passibles, comme Christmann, de lourdes condamnations. Mais tous, ou presque tous, par absence de qualification juridique précise ou « faute de preuves suffisantes » seraient finalement oubliés ou libérés pour raisons de santé ou au bénéfice d'une amnistie tacite et grâce à des compatriotes dévoués ; ainsi le *SS-Brigadeführer* Dr Franz Six, Theodor Ganzenmüller (ex-ministre des Transports), Horst Wagner, Franz Rademacher ou encore Rolf Günther et Horst Röthke, deux ex-adjoints d'Eichmann.

Le troisième groupe que distingue Meding concerne les intellectuels nazis « à la conception idéalisée du monde » (*aus weltanschaulichen Idealisten*). Un sentiment commun d'impunité les confortait dans le refus de venir à résipiscence. Leurs engagements nationaux-socialistes se voulaient purement formels, spirituels, extérieurs, déconnectés de la réalité du nazisme et des décisions prises par ses dirigeants. Mais ces anciens thuriféraires d'Hitler qui, dans l'immigration, nourrissaient toujours un vif ressentiment contre les vainqueurs d'une Allemagne démocratisée après 1950, n'avaient-ils fait qu'exprimer par le verbe ou la plume des opinions honorables, acceptables et inoffensives ?[2] Il est permis d'en douter.

Les cinq sections – radio, presse, cinéma, théâtre et propagande – du ministère de l'Information du peuple et de la Propagande créé après mars 1933 étaient autant d'instruments du totalitarisme à la mesure des ambitions, du talent et des intrigues de son titulaire, Joseph Goebbels.

Un tel regroupement faisait que les Allemands ne pouvaient plus désormais choisir ce qu'ils aimaient à savoir, à lire et à penser. Toute la vie culturelle impliquait, au nom de la race, le respect de dix commandements nouveaux, dont l'obligation de se référer à *Mein Kampf* toujours à portée de main.

Avec l'autodafé de mai 1933, les Listes noires de la Ligue de la Culture et le rejet de la « fausse littérature d'avant-garde », ce « poison judéo-

---

[1] Pour Farago, Bohne « fut, en trente ans, le seul et unique criminel nazi, sur les quelque 40 000 ou 50 000 fugitifs ayant trouvé asile en Argentine, à avoir été extradé par cet hospitalier pays », *Le IVe Reich…*, *op.cit.*, p.327. Quant à Hefelmann, il était accusé d'avoir assassiné 73 000 personnes. Sur ces criminels et le programme d'euthanasie, voir E. KLEE, *Was sie taten, was sie Wurden. Ärzte, Juristen und andere Beteiligte am Kranken-und Judenmord*, Francfort, 1966, pp.50 sq.

[2] «Juristisch hatten sie, wenn sie durch seinerzeit politisch exponiert waren, in der Regel nichts zu befürchten gehabt. Sie entflohen der neuen Ordnung in Europa voller Ressentiments…», H. MEDING, *Flucht vor Nürnberg?*, *op.cit.*, p.151.

asiatique », c'était la mise au pas de l'appareil étatique réduisant instances et institutions, des syndicats aux Eglises, à une masse de subalternes et d'esclaves endoctrinés, hypnotisés et enrégimentés derrière « l'artiste suprême », démiurge sanctifié d'un monde nouveau.

Or, Wilfred v. Oven, secrétaire et intime de Goebbels, ex-directeur du Service de presse audit ministère de la Propagande[1] avant de partir pour Buenos Aires où il serait le rédacteur en chef de *Freie Presse* et l'éditeur du *La Plata Ruf* – deux organes toujours nazifiants –, n'avait-il eu aucune responsabilité dans cette culture de la barbarie intégrée à l'appareil d'Etat et dans cette subversion de la pensée et de la société allemandes ? De même Carlos v. Merck, correspondant local du *Völklicher Beobachter*, et surtout l'ineffable Johann v. Leers, historien amateur, mais d'abord obsédé d'antisémitisme, « l'homme-orchestre du nazisme renaissant en Argentine et en Egypte », pour Chairoff, auteur de séries grossières à la vulgarité consternante des chants de marche pour Sections d'assaut[2]

Protégé de Rosenberg, d'abord interné dix-huit mois dans un camp « où la fine fleur nationale-socialiste se trouvait à la merci des nègres et des pourceaux hébraïques derrière les barbelés », dit-il élégamment, il gagne ensuite l'Argentine, collaborant, sous divers pseudonymes le plus souvent, à *Der Weg*, avant de répondre, comme certains généraux de la Wehrmacht – Fahrmbacher, Voss, Munzel – à l'invite du *Raïs* Ab-el-Nasser qui lui confie la direction du « Service de propagande antisioniste » de la RAU, ainsi que celle des programmes de « La Voix des Arabes » destiné à l'Amérique du Sud. Journaliste vindicatif, entouré d'autres fanatiques – Dieudonné, *alias* Oltramare, Perret-Gentil, Per Andersson, Louis Heider dit Louis El-Hadj –, v. Leers se déchaîne contre l'occupation alliée en Allemagne, les « milliers de profiteurs juifs » et les commandements du christianisme, « religion de larves, de malades, d'hommes et de femmes couchés, religion qui prône le refus de tout ce qui est noble, sain, robuste et fier ».

Devenu Omar Amin, il recrute en Egypte nombre d'anciens officiers SS également « islamisés » : Bender, Berner, Gleim, Moser, Daemling, Luder et le célèbre criminel Dirlewanger. Il aide, d'autre part, à la construction de camps de concentration confiés à la direction de deux spécialistes émérites : les Dr. Hans Eisele, ex-médecin-chef de Buchenwald et Heinrich Willermann,

[1] Ses mémoires s'intitulent *Mit Goebbels bis zum Ende*, 2 vol., Buenos Aires, 1949-1950. Il est aussi l'auteur d'un guide de l'Argentine, Arg*entinien, Stern Südamerikas*, Globetrotter-Bücher, Bd. 9, Zürich, 1957 et d'articles dans *Kultur der Nationen et Nation Europa*, entre 1969 et 1978. Dès 1950, il sera l'un des artisans essentiels du rapprochement entre les anciens nazis immigrés et les instances de la République fédérale (cf. *Infra*, chap V, d).

[2] Dont *Geschichte des deutschen Volkes – deutsch gesehen* (le sous-titre indique le contenu), les trois volumes de *Reichsverräter* ou encore, parmi d'autres factums infamants, *Judentum und Gaunertum. Eine Wesens-u. Lebensgemeinschaft*, titre, là encore, sans équivoque.

alias Naïm Fahun. Chairoff affirme que, pour stimuler leur zèle, v. Leers (décédé en mars 1965) leur décernait « au nom du Führer », comme au bon vieux temps, Croix de fer et autres insignes honorifiques recherchés.

Avec Rudel, Baumbach, Galland et d'autres militaires de haut rang sur lesquels il nous faudra revenir, tous ces gens compromis avec le IIIe Reich n'auraient représenté selon Juan Maler (*alias* Reinhard Kops) dans *Frieden, Krieg und « Frieden »*[1] qu'entre 1 et 2% des immigrés allemands en Argentine après 1945, le « noyau dur » n'excédant pas quelques douzaines, très loin, en tout état de cause, des projections fantaisistes d'un Farago et des surestimations improuvées de Wiesenthal.

Suivant les enquêtes et allégations plus ou moins sérieuses de Farago, Brockdorff, Gray, Stevenson, Erdstein, bien des « chasseurs de nazis dilettantes », selon Meding, s'étaient lancés sur de fausses pistes – celles d'un Bormann fantômatique ou d'un Mengele réel, mais insaisissable –, aucune n'ayant abouti, à l'exception de la capture d'Eichmann par le *Mossad* avec l'aval du président Frondizi[2].

Depuis longtemps localisé et ses confessions dûment enregistrées par Willem Sassen (*alias* Sluyse, ex-capitaine SS et rédacteur en chef du *Weg*) avec l'accord d'Eberhard Fritsch, l'éditeur de *Dürer*, Eichmann se savait épié, menacé et en danger d'être pris. Durant trois ans, de 1957 à 1960, il avait parlé inlassablement en 67 bandes – « chapitres sordides de l'histoire des fuyards nazis », pour Farago – transcrites ensuite avec ses corrections, ajouts et apostilles (*Bemerkungen am Rande*), puis rangées en 17 classeurs cartonnés, au total près de 700 pages. Eichmann capturé, Sassen devait révéler l'existence du manuscrit au journal *porteño La Razón*, puis le proposer à *Life* pour 50 000 dollars, somme reversée à la veuve et au fils du condamné[3] ; dans le texte, celui-ci, proclamant sa « fidélité au drapeau » et sa fierté du « devoir accompli », confessait la satisfaction qu'il eût éprouvée à faire tuer 10 millions de Juifs, mais affirmait qu'il n'avait pris personnellement aucune part à leur destruction systématique et que le nombre des victimes juives avait été inférieur au million – de quoi nourrir plus tard l'argumentaire révisionniste.

---

[1] Ancien capitaine de l'*Abwehr*, incarcéré par les Anglais en 1945 à Hambourg. Evadé en 1947 grâce à Hudal, il prend le nom de Mahler (ou Maler), s'abouche avec les Croates et la Délégation argentine en Italie qui faciliteront son passage en Argentine. Il figure avec Clarita Stauffer, Carlos Horst Fuldner, Hudal et Draganović au nombre des activistes les plus influents pour favoriser l'émigration en Argentine des nazis les plus compromis. Son action est évoquée par G. WALTERS, *La Traque...* , *op.cit.*, pp.141-148.

[2] Avec un certain nombre de confusions identitaires faisant prendre d'honnêtes retraités pour des criminels immigrés poursuivis.

[3] Cf. *Kölnische Rundschau*, 16.11.1960. *Life* a rendu compte de cette transaction en novembre-décembre 1960, ainsi que de « l'histoire accablante » (*damning story*) d'Eichmann.

b- Hans Ulrich Rudel et le *Kameradenwerk*

Soldat illustre, as inégalé de la Luftwaffe, Rudel était arrivé discrètement en Argentine par la filière vaticane, sous le pseudonyme d'Emilio Meier et comme simple employé civil et sans contrat dans l'Armée de l'Air à Córdoba.

Dans son livre sur *La Traque du Mal* (*Hunting Evil*), Guy Walters, qui ne se réfère qu'aux sources diplomatiques anglo-saxonnes, porte sur Rudel – comme d'ailleurs sur Baumbach et Galland – un jugement bref et négatif quant à ses qualités professionnelles : pilotage médiocre et téméraire, interdiction de vol, objet de ressentiment de la part de ses camarades argentins[1]. Mais en 1950, grâce à l'amitié chaleureuse et enrichissante de Perón (au plein sens du mot[2]), il est le leader incontesté, fédérateur, moteur, des Associations germano-argentines amplifiées et réunies sous l'égide du nazisme exporté.

En même temps qu'il assure le financement et la direction de fait du journal SS *Der Weg*, il est surtout le fondateur et l'animateur du *Kameradenwerk*, efficace entreprise d'entraide sociale aux contours imprécis et dont les activités vont vite déborder le cadre caritatif prétendu. Mais, ses compétences professionnelles mises à part, il est sûr que sa raideur nazie – on a pu le traiter de « sectaire borné » –, son caractère parfois naïf, mais inflexible et dominateur, comme ses initiatives intempestives et son comportement dommageable – selon l'ambassadeur d'Allemagne Terdenge – à la concorde entre immigrés, auront assez vite réduit le nombre de ses fidèles à un cercle d'admirateurs inconditionnels[3].

Avec *Der Weg*, ses Mémoires autobiographiques, « bible des irréductibles du nazisme » pour Farago, jettent une lumière crue sur les dirigeants côtoyés du IIIe Reich, sur la fin de la Luftwaffe et sur la diaspora des rescapés criminels, inquiétés ou seulement désespérés, réfugiés en Amérique du Sud[4].

Par son zèle inlassable, ses dons de chef, la séduction de son verbe et ses talents d'organisateur, il a bien été – malgré ses défauts et son fanatisme

---

[1] *La Traque du Mal*, *op.cit.*, pp.262-263.

[2] En dehors du salaire versé par les Argentins, sa fortune venait pour l'essentiel de licences d'importation accordées par Perón, notamment pour des cargaisons d'aniline qui lui avaient rapporté 800 000 pesos, outre de substantielles commissions – 10% - obtenues au Paraguay et grâce à Stroessner sur les commandes officielles passées à des firmes exportatrices d'Outre-Rhin.

[3] « Seine Herrschernatur, seine Compromißlose Haltung, sein politischer Aktionismus [...] reduzierten die Bewunderer zu einem Kreis von Sektierern », H. MEDING, *Flucht vor Nürnberg?*, *op.cit.*, p.191.

[4] *Trotzdem : Krieg und Nachkriegszeit*, Göttingen, 1950 (trad. *Pilote de Stukas*, 1950); *Aus Krieg und Frieden. Aus den Jahren 1945 und 1950* (trad. *Journal d'un pilote*, M. Roth, 1954); *Zwischen Deutschland und Argentinien. Fünf Jahre in Übersee, Memoiren*, Bd. 3, Göttingen, 1954. Dans la série *Schriftenreihe der Gegenwart*, « Wir Frontsoldaten zur Wiederbewaffnung », Nr. 2 ; Dolchsstoß oder Legende », N. 4 ; « Es geht um das Reich », Nr. 6.

hitlérien aidant – « d'une singulière importance dans l'informe IVe Reich », selon le diagnostic de Farago.

Dans *Krieg und Frieden*, il dénonce le comportement de Göring et, pudiquement, « ses vices communiqués à l'ensemble de l'institution » ; pour Goebbels, en revanche, il n'a que des éloges[1], mais il a surtout été, comme tant d'autres – Blomberg, Keitel, Jodl, Dönitz, Guderian, Degrelle aussi, admirateur d'un Hitler « fascinant » – victime du « charme maléfique » et d'un don singulier d'envoûtement du Führer qui l'aura reçu à trois reprises à la chancellerie en avril 1945, la dernière le 19, veille du dernier anniversaire du dictateur et de son ultime sortie du bunker pour décorer quelques enfants-soldats sacrifiés[2]. Rencontre ultime, poignante, affirme Rudel, avec le dictateur en perdition, tour à tour abattu et agité, convulsif jusqu'à l'épilepsie, se disant trahi, abandonné et n'ayant pour tout fébrifuge que l'espoir insensé d'un retournement final de la situation grâce aux « armes nouvelles » promises par ses derniers fidèles. Combattre, dit encore Rudel, c'était démontrer le droit de l'Allemagne à l'existence, les puissances ennemies exigeant, par la capitulation sans conditions, « l'élimination biologique du peuple allemand ».

En Silésie, après une « guerre sainte » aux T34 soviétiques pour la défense du sol natal – il est né à Görlitz -, Rudel met son espoir dans le Führer qui « par son sacrifice aurait pu laisser le champ libre à un accord avec l'Ouest ». Espoir absurde, suivi d'un accès de désespoir devant les survivants rassemblés de l'escadre Immelmann[3]. Mais le respect témoigné à Dönitz aurait prouvé « sa haute valeur morale et son patriotisme en acceptant la lourde charge du dernier gouvernement ». Le pilote allemand se retrouve ensuite prisonnier des Américains avec les généraux Bodenschatz, v. Rhoden et Galland ; il se voit, dit-il, proposer avec eux de reprendre le combat, contre les

---

[1] Pour Göring, « spécialiste de l'art de vivre qui a développé dans de larges couches de l'armée de l'Air une véritable soif de jouissance, soif amollissante qui persiste encore aujourd'hui », *Aus Krieg und Frieden*, p.116 ; pour Goebbels, « l'homme le plus lucide, le plus franc, le plus courageux que j'aie rencontré [...] Il estime que les dés sont jetés. La Russie domine le continent et les Anglo-Saxons ont livré au communisme la Finlande, les Etats-Unis, l'Amérique et l'Allemagne jusqu'au Rhin », *ibid.*, p.117.

[2] « ...Cette rencontre m'a bouleversé jusqu'au profond de mon âme [...] Il a fait de notre pays enchaîné la nation la plus puissante de l'Europe et voit maintenant son rêve sombrer dans une mer de sang et un chaos de ruines », *ibid.*, p.212. Dönitz écrira, lui aussi, d'Hitler qu'il était « une personnalité puissante dont l'intelligence et l'énergie étaient extraordinaires et les connaissances universelles », ajoutant : « Je lui rendis rarement visite car j'avais l'impression que c'était la meilleure façon de préserver mon initiative, et je sentais qu'il valait mieux que je me dérobe à la forte influence qu'il avait exercée sur moi », *Dix ans et vingt jours*, Plon, 1959, p.288.

[3] « Camarades ! Après avoir perdu tant des nôtres... après que tant de sang allemand a coulé sur tous les fronts... un sort incompréhensible ne nous a pas permis de gagner cette guerre ... Les exploits de nos soldats... l'effort de notre peuple tout entier ont été incomparables. La guerre est perdue. Je vous remercie du dévouement avec lequel vous avez, à l'escadre, servi notre pays », *Pilote de Stukas*, p.271. Cité par Ph. MASSON, *Histoire de l'armée allemande*, *op.cit.*, p.473.

Japonais, cette fois ! Transféré en Angleterre, il rejoindra, de là et comme beaucoup d'autres, l'Argentine péroniste, hospitalière et germanophile.

A Córdoba, il n'oublie pas sa vocation de pilote, se livre à d'éclairantes comparaisons entre le MIG 15 soviétique et les chasseurs américains – inférieurs, à son avis ; il rend hommage à Pierre Clostermann, surtout à Saint-Exupéry, « Icare littéraire et poète de l'aviation qui savait, mieux que quiconque, célébrer la merveilleuse entreprise qu'est la conquête de l'espace ». L'emportent toutefois chez lui les considérations techniques sur la fabrication du *Pulqui* II – proche du MIG – et les avantages des divers types d'appareils, fruit de son expérience personnelle[1].

C'est, en Argentine, la pêche, le tennis, l'alpinisme – jusqu'à 6600 mètres ! – qui occupent ses loisirs et ceux de ses compagnons d'exil. Les Andes rappellent le Tyrol et on peut, dit-il, se faire entendre en allemand à Bariloche dans la plupart des commerces de la station. On le voit en *alemán loco* se livrer à skis à d'étourdissants slaloms au point d'en perdre sa prothèse ! Ne pas croire, pourtant, à une existence de sybarite. La mémoire intacte du Reich impose des obligations : articles pour *Der Weg*, abondante correspondance avec les anciens camarades d'escadre exilés en Amérique du Sud ou en Egypte, liens à maintenir avec ceux qui servent en Indochine dans la Légion[2].

Bien qu'il se dise « durablement inquiété » par la justice alliée ou allemande – menace latente l'empêchant de fournir un « travail positif » ! –, Rudel se fait dans les années 1950 et 1960, au gré de ses pérégrinations américaines et européennes, à Santiago, Genève, Barcelone, Vienne, Madrid ou Lisbonne, pèlerin et conférencier pour des auditoires particuliers, admiratifs et reconnaissants, acquis à sa cause : Waffen-SS réfugiés en Suisse, anciens de la L.V.F., rexistes belges encore en Espagne avec Degrelle, Portugais germanophiles, simples vétérans du front de l'Est ou industriels bavarois tentés par le commerce avec l'Argentine. Il rencontre à maintes reprises des visiteurs ou des amphitryons anciens nazis impénitents : l'omniprésent Skorzeny, Léon Degrelle (dont l'Espagne franquiste refusera toujours l'extradition), le prince Borghèse[3], Muñoz Grandes, ancien commandant de la Division *Azul*, les

[1] Le Stuka (Jv 87) et le Focke-Wulf (FW 290), lents (200 km/h pour le premier, 500 km/h pour l'autre), s'ils paraissent dépassés, sont en revanche très manoeuvrables, faciles à redresser pour un soutien efficace de l'infanterie, à l'inverse des jets cinq fois plus rapides, mais que leur trajectoire horizontale condamne à voir trop tard l'objectif assigné. Pour Rudel, le progrès ne vaut que pour le combat aérien, pas pour l'atteinte d'objectifs terrestres déterminés.

[2] Malgré « le pouvoir français qui oblige les Allemands à verser leur sang sur l'autel d'un pays qui fait, de son côté, l'impossible pour s'opposer à la renaissance de l'Allemagne pour la seule raison qu'il aurait besoin du charbon de la Sarre ».

[3] Le « prince noir », ancien chef des hommes torpilles de la prestigieuse Xième Flotte italienne. Condamné à mort pour crimes de guerre en 1946, libéré trois ans plus tard grâce aux larges amnisties accordées en Italie. Il rejoindra le MSI d'Almirante de Marsanich et de Michelini avant de patronner, avec ses anciens adjoints

généraux Ramcke, Student et Sturm parmi d'autres, sans oublier l'évêque Hudal « dont l'action humaine a secouru tant de victimes des persécutions antifascistes, et qui, grâce à lui, avaient trouvé à Rome un premier refuge sûr et inviolable », confesse-t-il, reconnaissant.

Ne pas oublier enfin l'hommage à rendre et l'aide à dispenser par le *Kameradenwerk* aux épouses de Hess et de Dönitz – celle-ci, infirmière silencieuse et recueillie, habituée, comme l'autre, aux parloirs démoralisants de Spandau.

Nombreuses sont aussi les réponses à apporter aux demandes de renseignements, de secours ou de simples rendez-vous émanant d'arrivants désorientés dans un pays dont ils ne savent rien. Des lettres d'Allemagne font état, dit encore Rudel, d'un profond désarroi, surtout les veuves de guerre qui « vident leur cœur » et regrettent « les erreurs commises ».

Ajoutez, avec le lot des anciens ennemis anglo-saxons « fanatiquement germanophiles » (*sic*) par admiration pour la Luftwaffe, les débordements épistolaires d'anonymes « accablant le destinataire de calomnies fantaisistes et d'accusations grotesques »[1].

Tout bien considéré, le premier devoir, dit Rudel, n'est-ce pas l'aide multiforme à dispenser, par le canal du *Kameradenwerk*, « ce lien actif avec la mère patrie », à tous les compatriotes déshérités, pourchassés, exilés, emprisonnés ou sans ressources ? Mais qu'était-ce au juste que le *Kameradenwerk* ?

La face respectable de cette institution (qui n'est pas la seule à avoir œuvré dans le champ de la solidarité interallemande[2]), c'est bien la réalité d'une aide matérielle et morale fournie directement, de 1947 à 1952, aux familles de militants et de sympathisants réfugiés en Suisse, détenus en Allemagne ou exécutés à divers titres en vertu des sanctions alliées [3] ; et cela en coopération avec les princesses v. Isenburg – la providence des Landsbergeois – et v. Schaumburg-Lippe, tandis que *Der Weg* et l'éditeur Fritsch communiquaient à Rudel la liste des bénéficiaires à contacter. Ainsi pouvait-on, en faisant appel aux Germano-Argentins aisés, aider au sauvetage des compatriotes oubliés dont beaucoup étaient tombés dans la misère.

Rosa et Saccucci, un Front national héritier de la République de Salo. Réfugié en Espagne en 1970. Ses obsèques à Saint-Marie-Majeure devaient donner lieu à de violentes manifestations néo-fascistes.

[1] *Pilote de Stukas…*, *op.cit.*, p.90.

[2] Ainsi l'institution nord-américaine CARE (*Cooperative for American Remittances to Europe*) avec des milliers de colis sous le patronage argentin officiel et avec la photographie des Perón sur chaque envoi ! Autres initiatives : celle des femmes de la Croix Rouge argentine, le *Comité pro socorro argentino-alemán* de Mertig et Lahusen, la firme privée *Asmyma* ou le Bureau de voyages EROS (*Eine Reise ohne Sorgen*) agissant de concert avec les Eglises et les journaux germano-argentins locaux.

[3] Le *Kameradenwerk* s'intitulait *Hilfsorganisation für die noch in Gefangenschaft befindlichen Kameraden, deren Angehörigen oder Familien von Hingerichteten.*

L'envoi, à Noël 1951, de 1500 colis par le *Kameradenwerk* à des officiers des Waffen-SS ou de la Wehrmacht – l'expéditeur étant « Tante Ute » - remplissait d'aise Rudel, tandis qu'en Allemagne même les *Landmannschaften* ravitaillaient les camps de réfugiés, et que, de son côté, l'Association philanthropique israélite s'occupait de soulager les juifs survivants de l'holocauste. Mais ce *Kameradenwerk* n'a-t-il été qu'une institution caritative ? En clair, n'a-t-il pas été aussi une filière d'évasion surpassant les autres par son envergure, ses relations et ses moyens financiers, conçue par un esprit « dévoyé par le nazisme et animé d'une haine inextinguible envers les vainqueurs », comme l'écrit Farago ? Etait-ce un réseau néo-nazi camouflé qui, en liaison avec d'autres – l'*Ecluse*, l'*Araignée* de Skorzeny, *Stille Hilfe,* la Fraternelle ou *Odessa* –, aurait aidé, grâce à des fonctionnaires complices et à des gens d'Eglise, à la fuite de criminels aux abois ?[1]

La vérité n'a que faire de révélations spectaculaires. Doit-on voir dans cette initiative autre chose qu'une œuvre de bienfaisance au service de compagnons d'armes dans la disgrâce et le dénuement ? Derrière la valeur professionnelle et l'épopée du combattant demeure, quoi qu'il en soit, l'ignorance, volontaire ou non, d'un régime abominable pour faire de la patrie idolâtrée une entité désincarnée, intemporelle, mythique, car étrangère à l'histoire et à la nature des événements. Comment voir les choses autrement ?

L'antisémite qu'était Rudel n'avait jamais persécuté de Juifs ni vu de camp d'extermination ; peut-être sa faute a-t-elle été de ne jamais s'être interrogé et de n'avoir jamais vu le IIIe Reich qu'à travers la guerre traditionnelle, donc sans l'holocauste, « cette singularité quasi mythique d'événements terribles illustrant par excellence le mal absolu » (Kershaw). Le Mal absolu, entendez Auschwitz, l'enfer du judaïsme européen, le haut lieu de la folie exterminatrice des Schumann, Clauberg, Mengele et consorts, rivalisant dans le recul des limites de l'horreur.

c- Sans regrets ni repentir

Rentré en Allemagne en 1953 – avant un bref retour en Argentine en 1974 –, c'est le même Rudel, « obstinément apolitique », qui rejoint sans attendre les activistes attardés du nazisme.

Fort de la « petite phrase » d'Adenauer qui, dès 1953 et dans un souci de réconciliation nationale, déclarait, avant le plaidoyer d'Hausser, les Waffen-SS

---

1 Thèse de STEVENSON pour qui le *Kameradenwerk* n'aurait été qu'un avatar de la « Fraternité Bormann », tandis que WIESENTHAL y voit une variante d'*Odessa*. Pour l'*Argentinisches Tageblatt* antinazi, « eine politische Tarnung », oct.1952.

« soldats comme les autres », la HIAG, conçue en 1956, allait s'employer à la réhabilitation de ses membres, « soldats d'élite, pionniers d'une union européenne anti-communiste [...] boucs-émissaires de l'après-guerre, chargés de tous les méfaits [...], mais soldats honorables du Reich, citoyens éprouvés par la République fédérale et injustement soumis à des lois d'exception », dit leur journal[1].

Parallèlement à cette autodéfense, une profusion de groupuscules néo-nazis[2] allait précéder la naissance en 1964 de la NPD (*Nazionaldemokratische Partei Deutschlands*), très vite déconsidérée par des résultats électoraux décevants, dérisoires en 1972, quasi-nuls en 1976[3] ; la DVU (*Deutsche Volks Union*) du Dr. Frey – association d'extrême droite « insignifiante », selon le chancelier Schmidt – reprend alors, à l'aide de son trust de presse (dont le *Deutsche Anzeiger* et la *Deutsche National Zeitung*), « le flambeau de la liberté pour l'unité allemande, la réunification, la constitution d'une union européenne forte, l'amnistie pour tous les criminels encore emprisonnés et le combat à outrance contre le communisme ».

Au premier rang des militants dans les manifestations, un indispensable invité d'honneur, une vedette omniprésente, ancien collaborateur de la SRP, de la DRP et toujours pigiste du *Weg*, combattant suprême, objet d'attentions exceptionnelle : Hans Ulrich Rudel[4].

Obsédé d'antisémitisme, mais aussi toujours hanté par l'impossible croisade à mener contre « l'affreux cauchemar communiste pour renvoyer les Russes dans leurs steppes asiatiques » après le rêve évanoui d'un renversement des alliances avant la fin de la guerre – on pense à Patton[5] –, Rudel gardera toujours les mêmes convictions élémentaires, estimant que refuser de se rendre, c'était toujours avoir raison.

Le voici encore à Stuttgart en 1977 à la tribune d'une réunion de la DVU en compagnie de nazis américains : Austin J. App, antisémite patenté et négationniste précoce, « président des Américains de souche germanique », auteur de *Friedensgrundlagen : Hungerstreik und Frauenschändung*, et Wilfred v. Oven, collaborateur de *Nation Europa*, venu d'Argentine donner

[1] *Der Freiwillige*, Nov. 1968.

[2] PNE (*Partei der Nationale Einheit*), BDE (*Bund der Deutschen Erneuerung*), DB (*Deutscher Block*), SRP (*Sozialistische Reichs Partei*), DRP (*Deutsche Reichs Partei*), UAP (*Unabhängige Arbeiter Partei*) etc...

[3] 9,9% des voix en 1968, moins de 5% l'année suivante, 0,6% en 1972, la moitié, 0,3% en 1976, soit moins de 100 000 suffrages.

[4] Le DVU diffusait par centaines de milliers des pendentifs à l'effigie de Rudel avec le slogan « Pour Rudel ! Pour l'Allemagne ! ». Les réunions publiques étaient simplement annoncées par des affiches laconiques : *Rudel kommt*.

[5] Qui, proconsul en Bavière, souhaitait « réhabiliter les nazis contre les Mongols » (*sic*), considérant qu'ils étaient « les seuls Allemands corrects », enfin que « le virus sémite généré par Morgenthau et Baruch était toujours vivant » et que les juifs étaient « inférieurs aux animaux », M. BLUMENSON, *Patton*, Mémorial de Caen, 2004, p.247,253,257.

des conférences en Allemagne, après s'être rapproché de la démocratie de Bonn.

En janvier 1978, cinq ans avant sa disparition, Rudel est président d'honneur de la « Conférence de la jeunesse nationale-européenne » du BHJ (*Bund Heimattreuer Jugend*), principale association de jeunesse néo-nazie d'Allemagne de l'Ouest. Avec lui, Gordon M. Gollob, ex-général de la Luftwaffe, sa vieille et célèbre amie l'aviatrice Hannah Reitsch – présente dans le bunker de Berlin en mai 1945 –, le pilote du Führer, Hans Baur, et le grand-amiral Dönitz, libéré de Spandau.

Cette année-là, vingt-deux camps de jeunes sont organisés ; Rudel est chargé de s'adresser à eux au nom de la fidélité à entretenir, l'hymne de la BHJ est celui de la SS, *Wenn alle untreu werden*[1]. Mais ne nous y trompons pas. C'est là un chant du cygne et gardons-nous d'accorder trop d'importance à ces résurgences groupusculaires, comme le faisait encore Bracher en 1970, alors que l'Allemagne de l'Est était le paradigme de la dictature.

> Comme le rappelle Chairoff, la République démocratique semblait avoir respecté les dispositions arrêtées à Yalta : extirper les bases du nazisme, démanteler les monopoles, éliminer les structures capitalistes. Mais pour quel résultat ? Scrupuleux et implacable en matière de dénazification, ce « dossier néo-nazisme » s'applique à diaboliser l'émergence de groupuscules d'extrême-droite à l'existence éphémère, aujourd'hui bien oubliés et dont le rôle dans la vie publique de l'Allemagne fédérale n'a jamais été que très marginal. Aux élections fédérales, ces formations minuscules n'ont jamais recueilli, ensemble, plus de 2% des suffrages, loin des 5% nécessaires pour une représentation.[2]
>
> L'ordre de la RFA reposait, au vrai, sur un consensus fondamental anti-totalitaire fixé par les grands partis et les mouvements républicains avec interdiction du SRP et du KPD, parmi d'autres organisations jugées subversives. Plus tard, par pragmatisme, on a jugé qu'il valait mieux tenir ouvertement en observation les groupements extrémistes et les contrôler, plutôt que de les renvoyer à la clandestinité.
>
> Abusé par la République allemande dite « démocratique », Patrice Chairoff ignorait la pauvreté, l'embrigadement et l'enfermement des citoyens de l'Est ; il taisait les violations élémentaires des droits de l'homme, la triste réalité d'un régime policier – 91 000 agents officiels de la STASI et 174 000 informateurs répertoriant 4 millions de personnes sur une population de 16 millions –, enfin le bilan économique désastreux, humainement terrifiant dans ce pays où les lendemains ne devaient jamais chanter jusqu'en 1989. Entrevoir la réunification par la seule provocation de groupes venant de l'Ouest propager meurtres, incendies et fusillades (voyez pp.414-416) relevait de l'absurdité. Enfin, fustiger la résurgence du nazisme à l'Ouest, c'était ignorer le reclassement de nombreux nazis dans l'appareil d'Etat de la RDA, comme les scandales

[1] P. CHAIROFF, *Dossier néo-nazisme*, *op.cit.*, pp.55-57.

[2] Très bien noté par Stéphane Courtois, *Le jour se lève. L'héritage du totalitarisme en Europe, 1953-2005*, « XVI, Le totalitarisme en Allemagne : traces et mutations, 1953-2002 », Ed. du Rocher, 2005, p.48 sq.

Grossmann (membre du Comité central du SED et ancien gardien SS à Sachsenhausen) ou Bartsch (ministre de l'Agriculture, entré jadis dans les Waffen-SS à l'âge de 18 ans !). Pour une analyse plus lucide de cette parenthèse de 40 ans, préférer à ce « dossier » partisan les conclusions d'Horst Möller ou *La démocratie de Bonn* d'Alfred Grosser. Berlin-Est, Poznan, Gdansk, Budapest, Prague : pour Chairoff (cf. pp.426-434), cibles d'agressions concertées de la démocratie socialiste par les réseaux d'émigrés fascistes – « Croix fléchées » et « Garde de fer » en avant-garde – manipulés par le BND et la CIA. Du « printemps de Prague » faisons table rase! Seule la disparition de la RDA, et avec elle la révélation de la répression politique dévoileront ici l'héritage soviétisé du IIIe Reich. Dès 1945, Ulbricht, cynique, avait prévenu : « Derrière l'apparence démocratique, nous devrons tout contrôler ». Tout, jusqu'à « la vie des autres ».

Entre l'Allemagne et l'Argentine, Rudel n'aura cessé de faire la navette. Il reviendra même à Buenos Aires plus de vingt ans plus tard, longuement reçu par son vieil ami Kurt Tank le 14 mars 1974 dans une Argentine en pleine ébullition, mais aussi par un Perón vieilli, rentré d'exil, mais à quelques mois de sa disparition ; audience émouvante et chaleureuse qui n'aura pas eu l'heur de plaire à Farago déchaîné contre la fidélité de Perón à ses amitiés nazies[1].

Hémiplégique pour n'avoir jamais vu que la face officielle et présentable du nazisme et ignoré l'autre, essentiellement abominable, Rudel ne connaissait que la fidélité à ses anciens camarades d'escadre – et *de* ses anciens camarades ; une attitude qui lui valait leur gratitude, l'empêchant toutefois de dépasser les rancoeurs et les revendications, plus ou moins tapageuses, d'anciens combattants frustrés et de vieux nazis encalminés, exilés ou non, parfois à la dérive, tous aigris ou désabusés.

[1] Dans une note infrapaginale du IVe Reich, il peste contre cette « longue audience » et se dit « effrayé que rien n'ait changé en trente ans et que les nazis, bien représentés par Rudel et son durable *Kameradenwerk* aient continué à bénéficier de la protection de Perón dans un monde prétendument transformé ».

CHAPITRE III

A L'OMBRE DU PERONISME

Les arrivants en 1945 ne venaient pas d'une Allemagne « exportable »[1] ; leur pays n'existait plus, désolé, occupé, opprimé, divisé, sans représentation à l'extérieur, sans liens d'aucune sorte entre ses décombres et l'Argentine prospère et prometteuse, mais lointaine et inconnue.

Il n'existait pas d'institutions germano-argentines pour les accueillir, les assister, aider à leur installation, aucune banque, aucun organisme de crédit qui fussent en mesure de leur consentir un prêt ou de financer un quelconque projet. Aucun bureau d'aide sociale ne pouvait pourvoir à leur entretien. Seule la présence de parents déjà immigrés ou de relations sur place pouvaient adoucir leur nostalgie et faciliter leur adaptation. Enfin, et contrairement à la légende de fuyards lestés du trésor de Kaltenbrunner et des SS sorti du lac Töplitz – des caisses d'or et de pierres précieuses destinées au IVe Reich –, les arrivants étaient, dans leur immense majorité, dépourvus d'argent et de biens matériels, ayant dû souvent solliciter de partenaires ou de parents l'avance de leur voyage – cas classique du *Prepaid* chez les émigrants au XIXe siècle –, avec l'assurance qu'à l'arrivée ils ne tomberaient pas à la charge du Trésor argentin. Seuls les détenteurs, peu nombreux, d'un contrat d'embauche en bonne et due forme pouvaient aborder le Nouveau Monde armés d'un raisonnable optimisme.

Toutefois, comme dans les années 1880 d'immigration massive, les Services d'immigration nationaux assuraient en principe une prise en charge de huit jours aux nouveaux venus dans un hôtel d'immigrants ; mais certains, restés fiers dans leur dénuement, devaient passer leurs premières nuits argentines à la belle étoile, rapporte Federico Menger, plus tard entrepreneur comblé.

Lié par contrat à l'Etat argentin, on était privilégié. Des responsables vous trouvaient un « gîte d'étape » dans un établissement agréé, tenu par des descendants de compatriotes, chez Juhrmann à Vicente López ou à Belgrano chez Arnold, à la pension *Don José* ou à l'hôtel *Meier* bien connu des gens les

[1] « Hinter der Immigration stand nicht mehr ein exportfähiges Deutschland », H. H. MEDING, *Flucht vor Nürnberg?*, *op.cit.*, p.157.

plus inquiétés, dit un ancien de l'*Abwehr*[1]. Eichmann y aurait séjourné quelque temps, comme nombre d'officiers, d'ingénieurs ou de spécialistes avant de gagner assez vite Córdoba, notamment les représentants du groupe Schmedding, ingénieurs des usines d'armement[2]. Dans l'attente d'un contrat officiel à établir, ils trouvaient au « Museum des Sciences naturelles Bernardino Rivadavia » une situation transitoire à vocation scientifique. D'autres, également qualifiés, s'empressaient d'occuper un poste dans un établissement d'enseignement métropolitain.

a- L'accueil officiel

Ami inconditionnel des Allemands, nous l'avons vu[3], Perón scandalisé par Nuremberg – il le dira à maintes reprises – et par le sort réservé aux vaincus dans leur ensemble, était très sensible à la détresse de ceux qui débarquaient ; d'où les instructions données aux représentants argentins en Europe de faciliter au maximum le départ des suspects et accusés poursuivis dans leur pays d'origine.

Plus tard, en exil, il reviendra sur Nuremberg, stigmatisant sans ambages l'attitude des vainqueurs vis-à-vis des dirigeants du Reich et des autorités du régime. Il dira y voir, à titre personnel comme au nom du peuple argentin tout entier, une « infamie ». Sa conviction était que le procès de Nuremberg était une honte, une ignominie, que c'étaient les vainqueurs, ainsi déshonorés, qui auraient dû perdre la guerre : « Comme je l'ai souvent dit dans mes discours contre Nuremberg, ce procès a été une énorme monstruosité que l'histoire ne pardonnera jamais »[4]. Voir dans la déclaration de guerre argentine à l'Axe le 26 mars 1945 (à laquelle Perón avait été contraint) « un coup de pied de l'âne » (*sic*) à un adversaire terrassé, c'est se méprendre sur les vraies relations entre Perón et le IIIe Reich[5].

C'est dans cet esprit de générosité partisane que le *lider* argentin avait voulu créer une institution nationale originale qui, malgré la gravité des accusations pesant sur les fugitifs, se consacrerait à leur défense et à leur sécurité sur le territoire argentin. Un secrétariat à l'Information, véritable

[1] R. SPITZKY, *So entkamen wir den Alliierten. Bekenntnisse eines « Ehemaligen »*, Berlin, 1989, p.123 sq.
[2] « L'Argentine était la terre d'accueil la moins discriminatoire et la plus corrompue, où les criminels ont pu s'enraciner virtuellement à leur guise », commente FARAGO.
[3] Cf. *Supra*, Première Partie, Chap. V et *Infra*, Chap. V, d.
[4] LUCA DE TENA, *Yo, Juan D. Perón*, *op.cit.*, pp.85-86. Notez que, loin du négationnisme à la Bardêche, des juristes anti-nazis – Helmut Quaritsch ou Wilhelm Grewe – ont aussi jugé Nuremberg comme « l'illustration du droit des vainqueurs ».
[5] J. C. ROLINAT, *Qui suis-je ? Juan Perón*, Pardès, 2013, p.111.

service secret présidentiel confié aux bons soins de Rudi Freude, remplirait cette mission de protection des arrivants grâce au concours d'agents allemands expérimentés restés sur place et présentant toutes les garanties de loyalisme et de dévouement envers le régime péroniste.

Tous les arrivants – Waffen-SS, Oustachis, rexistes belges, « croix fléchées » hongrois ou « collaborateurs » et miliciens français – représentant plus de vingt nationalités, seraient jusqu'en 1950 accueillis et interrogés par une Commission spéciale placée sous l'autorité de hauts fonctionnaires des Services d'immigration – Pablo Diana, Enrique González et Santiago Peralta, farouche antisémite, ce dernier[1]. Ceux dont la situation n'aurait pas semblé nette seraient interrogés plus avant sur leurs origines, leurs antécédents et leurs fonctions et attitudes durant la guerre, un comportement jugé « suspect » (?) entraînant une interdiction de séjour de l'intéressé et son réembarquement immédiat.

Les Italiens, plusieurs milliers, formaient le groupe le plus important. Passé devant la Commission, le candidat se voyait délivrer par la police une « autorisation d'entrée », puis une pièce d'identité pour circuler librement et rechercher au plus vite un emploi stable, avec le concours d'un responsable de groupe commis à cet effet.

b- Communauté allemande et nouveaux arrivants

Sitôt admis en Argentine, l'arrivant devait s'enquérir d'un emploi. Premier obstacle : la langue. Ignorer l'espagnol – cas de la plupart – allait occasionner les premières frictions entre « Quarante-huitards »[2] et « vieux » Germano-Argentins. Ceux-ci, qui s'étaient félicités de l'apparent relèvement de l'Allemagne après 1933 et avaient suivi avec passion les premiers succès militaires du Reich, s'étaient trouvés anéantis en 1945. Les mesures prises contre la communauté germano-argentine les avaient remplis d'amertume contre ce qui restait sur place du IIIe Reich, mais aussi, parfois, contre les arrivants pourtant étrangers à la situation locale. Ceux qui débarquaient

---

1 Certes, comme l'écrit ROLINAT, *ibid.*, p.48, le régime péroniste permettait aux Juifs d'entrer dans l'administration, même dans l'armée ; 10 000 au moins ont été admis en Argentine après 1945 et Perón a favorisé l'émigration en Israël de 45 000 autres, mais les milieux antisémites nationaux n'en étaient pas moins très actifs, fonctionnaires, militaires, intellectuels, politiques et religieux, tels les historiens Leveme, Ibarguren, Levilliers, les médecins Aráz, Castex, Houssay (nobélisé en 1947), les hommes politiques comme Sánchez Sorondo, Fresco, Scasso, Lugones, Luís Hipólito Irigoyen, Alberto Baldrich, Llosa, Loyarte etc… Voir notre étude *Les Juifs allemands et l'antisémitisme…*, *op.cit.*,Troisième partie, Chap. IV, pp.193-211.

2 *Achtundvierzigern*. Désignation « piquante » sans doute, mais qui rappelle improprement les vagues migratoires allemandes à destination des Amériques un siècle plus tôt. Rien de commun, en effet, entre les vaincus, criminels du IIIe Reich et les libéraux et démocrates de 1848, victimes de la réaction et en quête de liberté outre-océan.

s'étonnaient, pour leur part, de l'incompréhension d'une communauté patriarcale, brocardant son conservatisme et critiquant même les insuffisances et le retard pris sur le monde moderne par une Argentine involuée.

Malgré ces malentendus entre gens qui ne se connaissaient pas, la solidarité entre Allemands de l'étranger devait pourtant s'imposer et l'amalgame s'opérer. Les chefs d'entreprise locaux avaient à leur disposition une main-d'œuvre nouvelle, qualifiée, bon marché et présumée docile, car habituée à l'obéissance et à l'effort – et cela malgré son ignorance de la langue et de la législation nationales. Des néo-nazis locaux iront jusqu'à dénoncer les exploiteurs, les « chasseurs d'esclaves », les « hyènes » intermédiaires offrant le service des autres sur le marché du travail.

Conservateurs, paternalistes, volontiers nationalistes, mais réalistes quant à la gestion de leurs entreprises, les représentants de la communauté germano-platéenne ont toujours déclaré vouloir prendre soin de maintenir l'unité entre groupes d'où dépendait la solidarité envers les plus pauvres, ainsi que l'avenir des nouveaux arrivants, gage de renouvellement et de rénovation des organes directeurs des associations.

Solidement établis en Argentine depuis des lustres, voire davantage, des familles prestigieuses comme les Freude ou les Staudt, proches du pouvoir, s'étaient distinguées dans les secours prêtés aux immigrants récents ; avec elles, des industriels comme Roberto Merzig ou Friedrich Wilhelm Schlottmann, allaient suivre la même voie. Le premier, le « roi de Saxe », était arrivé en Argentine sous Weimar pour y fonder *Orbis*, gigantesque complexe d'usines à gaz occupant plus de 350 personnes ; par ses dons aux associations germanisantes et sa générosité pour l'Allemagne ruinée – il envoyait des tonnes de vivres –, il s'était acquis une réputation de mécène, n'hésitant pas à créer son propre centre d'apprentissage, à recruter des arrivants et à embaucher une part du personnel des écoles allemandes fermées en 1945. *Orbis* était la première adresse utile à celui qui débarquait[1].

Tandis que grâce à d'importantes contributions versées au Trésor argentin, Merzig échappait à la nationalisation de ses entreprises, le *Konzern Sedalana* dépendant de *Lahusen y Cía* aux milliers d'employés et d'ouvriers devenait une entreprise argentine, mais conservait à sa tête Carlos Deckert et Friedrich Wilhelm Schlottmann, lequel recrutait directement son personnel en Europe, voyage payé et séjour en Argentine assuré.

Bien des exemples démontrent cette solidarité interallemande dans l'exil. Chef du holding *Staudt y Cía*, Ricardo Guillermo Staudt, vice-président de Siemens-Schückert jusqu'en 1941, figure dominante de la communauté,

[1] Adolf Eichmann y avait travaillé incognito dix-huit mois comme magasinier, avant de passer chez Mercedes-Benz. Il avait aussi travaillé à CAPRI et tenté un élevage de lapins angoras.

était la « bête noire » de l'ambassadeur yankee Braden; dès 1948, il retrouve des fonctions exécutives importantes dans la banque et dans l'industrie, en liaison avec de grandes firmes nord-américaines.

Nombreux sont les témoignages assurant que l'Argentine a longtemps exercé une singulière attirance sur les candidats allemands à l'émigration, riches ou pauvres, seuls ou en famille, innocents ou compromis, instruits ou sans grandes qualifications. Le journal SS local, *Der Weg*, annonce encore en 1949 la création d'un « Service de renseignements pour les immigrants allemands » destiné en principe aux fugitifs austro-allemands, mais aussi italiens, croates, français « collaborateurs » ou ex-Waffen-SS, las d'errer de place en place, anxieux de pouvoir enfin s'établir quelque part.

Remarquable était la diversité professionnelle et sociale des associations de la communauté germano-platéenne ; chefs d'entreprises et notables, petits patrons et artisans, employés, ouvriers, étudiants jeunes et moins jeunes, membres d'organisations politiques, sociales et culturelles, avaient une aspiration commune : prêter aide et assistance aux parents, amis, camarades, collègues et compatriotes de la métropole « catastrophée ». Or, dès 1947 et jusqu'en 1952, avec les attributions régulières de devises, c'est une vague d'envois de toutes sortes qui atteint l'Allemagne des privations, les organisations à l'origine de ces initiatives rivalisant de zèle et effaçant ainsi, dans un concours de solidarité, les différences entre donateurs[1].

Plus tard, en 1975, la situation inverse allait prévaloir. Economiquement prospère, l'Allemagne fédérale va à son tour aider, dans l'Argentine en crise et par une initiative spécifique[2], les associations germano-argentines appauvries.

Un pont était jeté entre les deux pays, qui n'est pas sans importance psychologique. Comme leurs homologues teuto-brésiliens et surtout germano-chiliens, les Germano-Argentins avaient désormais deux vies dans deux mondes différents : l'argentin, réel, immédiat, à maîtriser chaque jour, et l'allemand, passéiste, sentimental, peu à peu effacé, mais aussi idéalisé par la distance et par le temps.

Comme ailleurs en Amérique latine, le problème de l'assimilation des immigrants – au-delà de leur intégration économique – s'est posé ici avec une certaine acuité. Les différences de genre de vie et de penser avec les populations créoles pouvaient provoquer une dynamique antagoniste entre les deux sociétés.

---

[1] Sur ces initiatives et les organisations participantes, du *Kameradenwerk* de Rudel à EROS, cf. *Supra*, Chap. II, b, note N°2, p.147.

[2] GEBEZAR, *Gesellschaft für gemeinnützige Beziehungen zu Argentinien.*

La conservation du germanisme – *Volkstum* ou *Deutschtum* jusqu'à la Seconde Guerre mondiale – a fait l'objet de multiples commentaires élogieux ou critiques et polémiques selon le cas. Les études consacrées à cette question[1] ont démontré, en tout état de cause, que le phénomène de « l'associationnite », ou la *Vereinsmeierei*, n'a pas été seulement une manie germanique et une propension au regroupement et à l'encadrement nourrissant bien des jugements négatifs sur les Allemands en général, mais le fruit de la nécessité pour des immigrants confrontés à un milieu étranger, inconnu et où souvent rien, ou presque rien, n'existait avant leur venue[2].

Buenos Aires est déjà une grande capitale en 1945, mais le foisonnement des « sociétés allemandes » n'en a pas moins été caractéristique, nous l'avons vu. Celles-ci constituaient encore en 1913 ce qu'un observateur appelait « le miroir de l'unité des Allemands outre-mer » avant la déchirure fatale de 1918 et « cette troisième cellule de la vie » (après la famille et l'Eglise) était pour leurs membres comme une coopérative de bonheur, surtout en milieu rural ingrat, déshérité, peu touché ou déserté par la civilisation.

En 1945, avec la déclaration de guerre, les sociétés « allemandes » considérées comme ennemies étaient dissoutes et leurs personnels - notamment ceux des écoles – contraints d'exercer d'autres activités. Certains pourtant résistaient, dont le club d'aviron *Teutonia* et le *Sportklub Austria* qui, dans les années 1950, enseignait toujours le *drill* et la culture physique sans dévier des normes de la *Hitlerjugend.*

Des activités suspendues en 1945 devaient renaître assez vite. Ainsi les réunions festives d'officiers de marine et de responsables de la *Norddeutscher Lloyd* avec soirées de gala (*Ehreabende*) et cérémonies commémoratives – en priorité, celle du *Skagerrakschlacht* (la bataille du Jutland en 1916).

Jusqu'en 1943, les personnalités de la communauté, mais aussi les ministres argentins et tout le personnel diplomatique allemand – avec l'ambassadeur v. Thermann et l'attaché naval Niebühr – honoraient de leur présence ces manifestations rituelles sous l'œil vigilant des agents locaux de l'AO. La cérémonie la plus populaire était organisée par le « Cercle de camaraderie *Admiral Graf Spee* » regroupant tous les anciens du cuirassé de poche restés ou revenus en Argentine, manifestation en hommage à Langsdorff et à laquelle étaient conviés tous les marins étrangers, anciens

---

[1] Nous les avons passées en revue dans *Les Allemands au Chili, 1815-1945*, Böhlau, III, 3, « Les sociétés », pp.596-601 et *Migrations et mémoire…*, *op.cit.*, pp.238-253.

[2] Un directeur d'école de La Paz, F. KÜBLER, écrit que « les *Vereine* sont le signe distinctif des Allemands où qu'ils se trouvent » et, ajoute-t-il, « ne voir dans leurs associations que des nids de bêtise où l'on ne tiendrait que des propos futiles entre deux chopes de bière serait se tromper du tout au tout. Les *Vereine* sont des lieux d'asile et de concentration où chacun a le sentiment de se retrouver dans la vieille patrie », *Deutsche in Bolivien*, Stuttgart, 1936, pp.39-41.

ennemis de la *Kriegsmarine*. Dirigé trente ans par le capitaine Friedrich Wilhelm Rasenack, le *Kameradenkreis* recevait à l'hôtel *Bremen* qui abritait un musée du *Graf Spee* et un monument à la gloire de ses équipages.

Plus engagé, plus discret aussi, le Cercle des vétérans SS – plus de 200, selon Jacques de Mahieu – tenait ses assises à l'hôtel *Zur Post*, avenue *25 de mayo*, ancien rendez-vous des agitateurs nazis de Siegfried Becker, alors chef local de l'AO. La crainte, dit-on, dominait les réunions ordinaires de ces anciens Waffen-SS toujours en position victimaire, attachés pourtant à venir en aide à leurs pareils en difficulté, confirmera Erich Priebke qui les a un temps fréquentés. Pour une vision nouvelle de l'homme et du monde fondée sur une interprétation très particulière de l'histoire, un vademecum commun : *Der Weg*.

c- Organisations et initiatives politiques

Bien étudié par Holger M. Meding[1], *Der Weg* (*El Sendero*) était à l'origine un journal conservateur des Allemands d'Argentine, mais il est vite devenu l'arme de combat idéologique des Waffen-SS d'Argentine de 1947 à 1957, dirigé par Wilhelm Sluyse, *alias* Sassen, ex-*SS-Hauptsturmführer* hollandais, sauvé par la fuite d'une sentence de mort en Europe et, en tant qu'ancien journaliste, intervieweur patient d'Eichmann durant trois ans.

Objectifs proclamés du *Weg* : avec la défense et la réhabilitation des Waffen-SS considérés comme membres d'une organisation criminalisée à Nuremberg (tel « un procès des Templiers au Moyen Âge », écrit Sassen), la critique argumentée de la politique de dénazification en Allemagne, enfin la condamnation du partage du monde entre les vainqueurs de 1945.

L'Ordre noir est vu par l'éditeur Eberhard Fritsch du *Dürer-Verlag* local comme une « noblesse révolutionnaire », fidèle au serment SS d'honneur et de fidélité. Pour Sassen, « droit de vote, Etat de droit, libertés et démocratie ne sont que de la boue, aussi longtemps que des milliers de camarades seront prisonniers de tels Etats de droit encensés ». Pour nous, conclut-il, « l'Etat de droit commence toujours derrière des grilles »[2]. Naîtra bientôt une organisation de Waffen-SS rénovée, affirme-t-il, qui laisse augurer des temps difficiles pour les puissances dominantes. « Nous sommes, certes, peu nombreux au front, mais nous y sommes solidement ancrés »[3].

---

[1] *Der Weg. Eine deutsche Emigrantenschrift in Buenos Aires, 1947-1957*, Cologne, 1988.
[2] *Der Weg*, VII, 1953, 6, p.399.
[3] *Ibid.*, VI, 1952, 12, p.860.

Présidée par l'ex-vice-amiral Joachim Lietzmann, la *Casa europeo-argentina* (*Europäisch-Argentinisches Haus*) de Buenos Aires, qui rassemble quelques centaines d'ex-Waffen-SS originaires d'une dizaine de pays, procède du même état d'esprit, « pour la liberté de l'Europe, contre l'esclavage de l'Ouest et de l'Est », dit un membre de sa direction. On y rivalise d'imprécations contre le nouvel ordre mondial – né des conférences internationales, stigmatisé dans les feuilles multilingues des diverses « colonies » européennes « collaboratrices » exilées en Argentine.

On s'était battu contre le bolchevisme pour la défense de l'identité européenne, argue Rudel dans un éditorial du *Weg* (sans voir que la « croisade européenne » n'était qu'une entreprise de conquête hitlérienne). Pour sa part, Johann v. Leers assure que le caractère international des formations Waffen-SS prouve l'idéalisme d'une armée de volontaires attachés à la sauvegarde de l'Europe, une Europe finalement vaincue par des puissances extérieures dont le comportement bestial à l'encontre du courage des Waffen-SS justifie pleinement la vengeance projetée des survivants[1].

Les Waffen-SS n'étaient pas nazis, pour Sassen. C'étaient les nazis qui créaient l'Etat dont chacun rêvait, les Waffen-SS étant les soldats politiques chargés de défendre à l'intérieur comme au-dehors un Etat racial (*völkisch*) sans parti ni hommes de parti[2]. Mais derrière les accès d'indignation collective, il faut bien voir que la diversité des nationalités et des tempéraments nuisait à la prise de décisions communes (dont on peut d'ailleurs se demander de quels effets elles eussent été suivies à supposer qu'on ait pu en prendre !). Les rescapés russes de l'armée Vlassov, nombreux à avoir échappé à la vengeance de Staline, avaient vite transformé ces réunions amicales sous le sceptre de Gambrinus en bruyantes et interminables beuveries...

De ces réminiscences, il ressort que la seule association d'entraide structurées et agissante a bien été le *Kameradenwerk* de Rudel, malgré les doutes pesant sur ses initiatives dans d'autres domaines. Parmi ses fondateurs, l'ex-*SS-Obersturmbannführer* Dr. Christmann condamné plus tard en Allemagne, les chefs de police Guth et Wirth, le fils de l'ancien ministre Konstantin *Freiherr* v. Neurath, le général d'aviation Baumbach, outre l'ancien secrétaire général du parti fasciste italien Carlo Scorza et l'ex-*Poglavnik* croate Ante Pavelić. Dans son élan, il arrivait que le *Kameradenwerk* commît des impairs, tel ce dépôt ridicule d'une couronne noir-blanc-rouge précédant la fédérale *schwarz-rot-gold* de l'ambassadeur Terdenge lors de la Journée traditionnelle de deuil national (*Volkstrauertag*) de

---

[1] « Sind wir am Ende ? », *Der Weg*, IV, 1950, 12,p.1072.
[2] «Bernhard Ramcke, Obergruppenführer der Waffen-SS h.c.», *Ibid.*, VI, 1952, 12, p.859.

1953 ; un geste intempestif, inutilement provocant, critiqué par la communauté évangélique de la capitale.

Pour l'ambassadeur de Bonn, Rudel et ses partisans n'étaient que « quantité négligeable » – en français dans le texte[1]. Vrai peut-être à Buenos Aires, sûrement pas ailleurs, ni au Chili ni au Brésil où, sous l'égide du Mouvement teuto-brésilien du 25 avril[2], le colonel pèlerin rassemblait des foules en critiquant l'Allemagne fédérale au point d'inquiéter son ambassadeur à Rio, Oellers. Après des sanctions envisagées contre lui, Bonn y renoncera. A quoi bon lui retirer son passeport et en faire un martyr ? Souvent entravé dans ses multiples déplacements d'un continent à l'autre – il s'en plaint dans ses Mémoires –, Rudel restait libre en l'absence de griefs, autres que moraux, contre lui.

A l'échelon présidentiel, le MPE (*Movimiento Peronista de los Extranjeros en la República Argentina*) était d'une autre importance que le *Kameradenwerk* purement germanique. Cette émanation du parti justicialiste officiel, présidée par l'Inspecteur général Gustavo Müller, comprenait 32 sections nationales, dont l'allemande, inusable *Deutsche Landesgruppe* dirigée par un Comité des Douze sous l'autorité de l'entrepreneur Ludwig Lienhardt[3]. C'est un écrivain belge exilé, condamné à mort par contumace, Pierre Daye[4], qui était le rédacteur en chef du journal de l'association.

> Müller s'était dit inquiet de la réticence de certaines sections à l'idée de s'engager pleinement à soutenir des initiatives diplomatiques, économiques et sociales du président de la République. S'agissant, en revanche, des Allemands, il en allait tout autrement. Ils ne peuvent, dira Müller, qu'éprouver la plus vive gratitude envers lui pour la sollicitude dont il les a toujours fait bénéficier ; d'où, en retour, un hommage appuyé, obséquieux, que seule l'emphase habituelle du discours sud-américain pourrait excuser :
>
> « Nous assurons Votre Excellence de notre vive solidarité pour les efforts qu'Elle a toujours cru bon de déployer en faveur de l'établissement de la paix dans la dignité et la justice, une paix telle que Votre Excellence l'a définie dans son inoubliable adresse au monde, le 7 juillet 1947, et qui a suscité l'admiration de tous les hommes de bonne volonté.
>
> Notre *Deutsche Landesgruppe* s'efforcera toujours, soyez en convaincu, d'emprunter cette voie et de faire vivre cet éternel principe : rester fidèle »[5].

---

[1] *Auswärtiges Amt*, Bd.74, 3, 28.12.1953, p.6.

[2] Anniversaire de l'arrivée des premiers Allemands du Rio Grande do Sul en 1824.

[3] « Peronische Ausländer », *Deutsche Zeitung und Wirtschaftszeitung*, 1.06.1955.

[4] Ami de Degrelle, Fuldner et Freude, admirateur d'Hitler et de Pie XII, condamné à mort par les tribunaux militaires belges. Il gagne l'Argentine en mai 1947 après un long séjour en Espagne, accompagné de l'avocat René Lagrou, *alias* Reinaldo v. Groede, ancien dirigeant des Waffen-SS flamands. Leurs figures sont évoquées par G. WALTERS, *La Traque…*, *op.cit.*, pp.125-126.

[5] « Deutsche Landesgruppe in der MPE », *Argentinisches Tageblatt*, 18.02.1955. Les désirs du pouvoir sont des ordres. Le texte avait été dirigé à plusieurs journaux de la capitale, le secrétaire d'Etat à la Presse et à

Lienhardt dira lui-même avoir songé un temps à créer, dans cet esprit et avec le concours d'anciens soldats allemands immigrés – notamment des Waffen-SS de la *Leibstandarte* – une manière de milice supplétive au service de la présidence, mais il y avait vite renoncé, inquiet des implications et répercussions qu'aurait suscitées une telle initiative dans l'opinion publique argentine. Le projet avait donc fait long feu ; « on savait qu'une telle résolution étrangère n'aurait pu produire qu'un enfant mort-né », dira plus tard v. Oven. Enfin, le silence de la grande presse sur ce genre d'initiative avait eu le mérite de rendre impossible la création d'une nouvelle « association allemande » s'ajoutant à toutes celles qui existaient déjà, dont une « Union germanique » des anciens membres de l'Agence d'Information *Transocean*, sans parler des « soirées de camaraderie » autour de Johann v. Leers, Sassen, Rudel et autres collaborateurs réguliers ou occasionnels du *Weg*.

De cette agitation de velléitaires rétrogrades aux initiatives irréfléchies, malencontreuses et vaines, une conclusion se dégage : le défaut de cohésion entre associations et groupes d'immigrés, outre l'impossible définition d'objectifs raisonnables et clairs. Croire, comme Brockdorff, à une communauté allemande rassemblée, solidaire et disciplinée, ou à un possible « Service de Sécurité international », n'était qu'une fable. Qu'avaient, en effet, de commun les anciens du *Graf Spee* heureusement établis et mariés en Argentine, avec un Johann v. Leers, obsédé d'antisémitisme et collaborateur surproductif du *Weg*[1], passé au service du *Raïs* égyptien qu'il jugeait « supérieur à Hitler » en matière d'antisionisme ?

Entre immigrés, les contacts étaient très fréquents, mais surtout individuels, distendus peu à peu par des intérêts immédiats et divergents, la nécessité d'une intégration personnalisée dans la société locale et la vision purement onirique d'un impossible IVe Reich ultramarin.

---

l'Information, Dr. Antonio Cataldo, ayant « recommandé » une diffusion maximale dans tous les grands journaux métropolitains.

[1] Près de la moitié des articles seraient de lui, soit sous son propre nom, soit sous un pseudonyme : Fitzstuart, Euler, Schwarzborn…

CHAPITRE IV

ACTIVITES ET INTEGRATION DES IMMIGRES

Loin des esprits embrumés des arrière-salles de café occupés à lancer des anathèmes et à refaire le monde en toute impuissance, ingénieurs, techniciens et spécialistes ont tôt fait de rejoindre usines et bureaux d'études pour lesquels ils avaient été recrutés.

C'est l'aéronautique qui offrait aux Allemands les meilleures possibilités de travail et d'insertion dans la vie professionnelle locale.

a- Les Allemands et l'aéronautique argentine

Ancien ingénieur en chef et directeur technique des usines d'aviation *Focke-Wulf* à Brême, Kurt Tank, après s'être adressé aux Anglais et aux Soviétiques, avait accepté l'offre des Argentins et, parti du Danemark, gagné Buenos Aires à l'automne 1947.

Pour l'aviation argentine embryonnaire, un atout majeur face à la concurrence des grands pays.

Tank avait mis au point le *Stieglitz* (FW 44), avion de reconnaissance lointaine, le bombardier *Condor* (FW 200)[1], enfin le chasseur monomoteur FW 190.

Parmi ses collaborateurs, dont le choix lui avait été laissé à *l'Instituto Aerotécnico* de Córdoba, 75 spécialistes et techniciens des grandes firmes *Focke-Wulf*, *Dornier*, *Messerschmitt* et *Daimler-Benz*, outre un lot d'experts aux compétences reconnues[2].

Leur liste, dressée par le Dr. Manfred Melzer[3], est impressionnante[4], le Dr. August Siebrecht, intermédiaire entre les autorités de tutelle argentines et

[1] Vitesse de 360 km/h et plafond à 5800 mètres, armé d'un canon de 20 mm et de 5 mitrailleuses. Avion à réaction, le *Messerschmitt-262* surclassait les appareils alliés avec une vitesse de 900 km/h. Mis au point dès 1943, il ne sortira en série qu'en octobre 1944.

[2] H. U. RUDEL, *Zwischen Deutschland und Argentinien*, *op.cit.*, p.128.

[3] Cf. *Flucht vor Nürnberg ?*, *op.cit.*, p.182.

[4] Dont les Dr. Thaler, Eyting, Haesser, Horten, Plock, Greiner, Ksoll, Pabst, Wedemeyer, Wehre, Wolff et le colonel Rudel.

les spécialistes allemands, s'étant chargé du logement des familles à Villa Carlos Paz et Villa del Lago dans la Sierra de Córdoba.

Avant l'arrivée de Tank, le Français Dewoitine[1] avait construit le IA 27, dit *Pulqui*, avion à réaction dont le prototype avait volé le 9 avril 1947, les Allemands reprenant les essais au prix de modifications par les « Industries aéronautiques et mécaniques de l'Etat » (IAME) de Córdoba. Les premiers essais de ce *Pulqui II* auraient dû avoir lieu en 1950, mais faute de turbines adéquates – *Rolls-Royce* trop chère et moteurs allemands à charge axiale dépassés – il avait fallu improviser et fabriquer les pièces sur place.

La sécurité étant la préoccupation essentielle des ingénieurs, les qualités aérodynamiques de l'appareil devaient être testées dans une conduite d'air appropriée[2]. Le premier vol test du *Pulqui II* était assuré par le capitaine argentin Weiss, le second confié, en juillet 1950, à Otto Behrens, ancien pilote d'essai du centre expérimentale de Rechlin, dans le Mecklembourg. L'atterrissage brutal avait nécessité des modifications avant la réalisation de performances remarquables et dûment homologuées[3]. En février 1951, l'appareil est officiellement présenté à l'*Aeroparque* de Buenos Aires en présence des autorités, du corps diplomatique, de Perón lui-même et d'une foule considérable. Ayant félicité Tank, le président, tirant profit de l'événement, annonçait l'entrée de la *Nueva Argentina* dans l'âge de la technologie de pointe. De fait, l'appareil soutenait la comparaison avec les meilleurs chasseurs américains et le MIG 15 soviétique[4]. Mais sa carrière devait être brève, cela pour des raisons purement « extérieures », financières d'abord[5], puis à cause d'accidents[6], alors que les ingénieurs allemands avaient déjà quitté Córdoba.

En dépit de cette fin peu glorieuse, d'autres projets ont été élaborés dès 1947, certains suivis de réalisations dont trois prototypes de bimoteurs

[1] Inventeur en 1939 du *Dewoitine D-520* avec une autonomie de 1000 km et un plafond de 11 000 mètres. Armé d'un canon de 20 mm et de 4 mitrailleurs de 7,5, cet appareil fut réemployé par les Allemands (600 unités) de 1942 à 1944.

[2] H. U. RUDEL, *ibid.*, p.124.

[3] V. OVEN, VITZ, « Ein Leben für die Luftfahrt », *Freie Presse*, 14.10.1952.

[4] H. CONRADIS, *Forschen und Fliegen. Weg und Werk von Kurt Tank*, Göttingen-Berlin ... Francfort, 1959, p.350; L. M. MAIZ, « Argentina, una herencia de Guerra », *Todo es historia*, Nr. 148, 1979, p.54 ; H. FOGED, H. KRÜGER, *Flugrute Nord...*, *op.cit.*, p.107.

[5] L'Argentine avait commandé plus de 200 *Gloster-Meteors* à Londres, d'où l'annulation des programmes argentins prévus et la fin des subventions à Córdoba.

[6] Du pilote d'essai Fabri, puis d'Otto Behrens en 1953. Dans *La Traque du mal*, *op.cit.*, pp.262-263, Guy WALTERS écrit que l'appareil n'avait pas dépassé le stade du prototype ; il cite un rapport de l'attaché de l'Air britannique, W. E. Oulton, affirmant qu'il n'était bon qu'à illustrer les « parades présidentielles » et qu'à « fournir un spectacle pour l'édification du public ». Sur la même ligne, Walters s'en prend à Rudel, Baumbach et Galland qui, selon lui, auraient échoué dans leurs tentatives d'améliorer l'état des forces armées argentines, « n'ayant pas réussi grand-chose pendant leur séjour ». C'est exact, mais la faute n'en incombe pas, pour l'essentiel, aux seuls conseillers allemands.

multiusages pouvant transporter de six à vingt passagers et qui donneraient naissance à la série *Huanquero* après la chute de Perón[1], outre un *Condor* à long rayon d'action susceptible d'embarquer jusqu'à 40 personnes[2]. Guy Walters ne fait pas état d'autres contributions allemandes importantes à l'essor des ailes argentines, une dizaine au moins de spécialistes et d'universitaires allemands occupant alors les chaires de l'Ecole supérieure d'aéronautique de Córdoba dépendant de l'Académie militaire[3], et l'un d'entre eux, Reimar Horten, lauréat du prix Lilienthal[4], réussissant à mettre au point des quadrimoteurs – IA-37 et IA-38 – aux performances ambitieuses. Les échecs relatifs – et non absolus, comme le suggère Walters –, Holger Meding les attribuera à la surcharge financière et technique que l'Argentine, encore insuffisamment développée, s'était elle-même imposée. Le saut dans l'ère industrielle moderne ne pouvait se faire en brûlant les étapes.

Mais la collaboration aéronautique germano-argentine ne s'est pas arrêtée à l'élaboration de prototypes et on ne peut se satisfaire d'une condamnation rapide des participants.

Issu de la Délégation générale argentine de l'Armement, le général Gualterio Ahrens, futur ambassadeur à Bonn, avait procédé au recrutement d'autres ingénieurs allemands des usines Schmidding, spécialisés dans la fabrication et le lancement des fusées à Peenemünde. Parmi eux, le général Werner Baumbach (qui regrettera le retard pris par l'Allemagne en ce domaine en 1943[5]), promu Conseiller spécial auprès de la Délégation de l'Armement (*Fabricaciones militares*) et de la Section des armes spéciales et munitions (*Departamento de armas y municiones especiales*), chargé, à ce titre et avec le professeur Pelkhofer, de la production d'armes balistiques modernes à partir des réalisations allemandes.

On avait également recruté des spécialistes des usines *Henschel* quand les crédits prévus avaient soudain été suspendus et que le site d'implantation des essais avait été « exilé » à plus de 800 km de Córdoba. Les Allemands

[1] Vitesse 350 km/h, rayon d'action de 1500 km, plafond de 6000 mètres, selon la *Secretaria de Aeronautica*, 1958, p.12.
[2] H. U. RUDEL, *Zwischen Deutschland…*, *op.cit.*, p.128.
[3] Avec Tank, Carl-Hans Plock, Hans-Gerd Eyting, Friedrich Heintzelmann, Rudolf Freyer, Reimar Horten.
[4] Otto Lilienthal a été l'un des pionniers du vol à voile, mort dans une glissade en 1896. Inventeur avec Octave Chanute et Adolphe Pénaud de l'aile en flèche, du train d'atterrissage escamotable et du « manche à balai ». Conseillés par Chanute, George Caylens et les frères Wright avaient eux aussi conçu ce type d'appareil avec hélices et moteur à explosion.
[5] Dans son livre *Zu spät ? Aufstieg und Untergang der deutschen Luftwaffe*, il avait vivement critiqué la direction du IIIe Reich responsable à son avis du manque d'intensification des recherches et des essais en matière de nouvelles armes.

craignaient ainsi de perdre les avantages acquis dans leur spécialité, menacés en outre par la bureaucratie et la corruption gangrénant le pays[1].

Le sort s'acharnait d'ailleurs sur cette coopération pourtant souhaitée des deux côtés : Werner Baumbach, l'ingénieur allemand Henrici et un pilote argentin disparaissaient, le 20 octobre 1953, lors d'un essai probatoire des nouveaux instruments à bord d'un bombardier *Lancaster B-036*, au large de Quilmés.

Conduites par l'ambassadeur d'Allemagne fédérale, le général Galland et son collègue Müller, responsable de la Délégation générale de l'Armement, les obsèques des victimes marquaient alors la fin d'une association qui aurait pu être plus fructueuse[2].

Restaient les positions acquises ici par certains militaires de haut rang : Galland d'abord, titulaire d'un contrat juteux avec la présidence, conférencier apprécié des Ecoles militaires et conseiller influent du mouvement paramilitaire péroniste ALN (*Alianza Libertadora Nacionalista*), mais dont le séjour devait vite être diversement jugé[3] ; Rudel ensuite, enrichi par un Perón admiratif, célébré par l'extrême droite allemande, mais souvent, sur place, maladroit, raide et intransigeant[4].

Avec des « as », bien des pilotes, des mécaniciens, des spécialistes qui, après 1955, regagneront pour la plupart l'Allemagne, la création d'une *Bundesluftwaffe* ne pouvant que répondre à leurs aspirations.

Toujours passionné par la construction d'avions modernes et même par celle de sous-marins nucléaires, Kurt Tank devait poursuivre ses activités en Inde avec des collaborateurs de Córdoba ; ancien gérant de *Fiescher* à Cassel, Thalau allait diriger les usines *Heinkel* à Spire et Plock la construction des *Transall* à Brême. L'ingénieur Eyting, passé d'Argentine aux Etats-Unis chez *Martin Co.*, rejoindra Tank en Inde, puis retrouvera l'Argentine pour y construire le *Pucara IA-58* avant d'achever sa carrière à Munich dans les années 1970 pour mettre au point le *MRCA-Tornado* chez *Messerschmitt-Bölkow-Blohm (MBB)*[5].

En bref, malgré de regrettables accidents et un lot de déceptions, le lien entre Allemands et Argentins ne sera pas rompu, ceux-ci ayant profité de l'expérience et des connaissances des premiers, ceux-là d'une amitié

[1] « On travaillait dans un pays qui ne vivait que de prébendes, de monopoles et de corruption entravant l'essor de l'entreprise, favorisant la concurrence déloyale et tous les obstacles infranchissables nuisant à l'essor économique de la Nation », selon l'*Argentinisches Tageblatt*, 8.02.1992, p.2.

[2] « Couvertes » par l'*Argentinisches Tageblatt* et la *Freie Presse* du 26.10.1953.

[3] Loué par W. v. Oven et par l'ambassadeur Terdenge, critiqué en revanche par Reinhard Kops, *alias* Juan Maler, dans *Frieden, Krieg und « Frieden »*.

[4] Sur Rudel, cf. *Supra*, Chap II, b- et c-.

[5] H. MEDING, *Flucht vor Nürnberg ?*, op.cit., p.192.

chaleureuse, précieuse aux familiers du ciel et du prestigieux domaine de l'aéronautique et de l'espace.

b- Richter et le projet nucléaire *Huemul*

On sait à quelle compétition les Alliés s'étaient livrés à leur entrée en Allemagne pour la capture des scientifiques allemands, notamment en matière d'énergie atomique. Les Allemands possédaient dans ce domaine une incontestable avance – leurs prix Nobel en physique et chimie le prouvent[1] – et les craintes des vainqueurs paraissent avoir été fondées, s'agissant de l'élaboration de la bombe atomique par les chercheurs du IIIe Reich[2].

Ayant en 1945 interdit la reprise des recherches en Allemagne, les puissances occupantes n'avaient eu de cesse de faire travailler chez elles et pour elles les spécialistes allemands, les Etats-Unis passant outre à leurs propres lois pour s'assurer certains concours – ceux de W. v. Braun et de son équipe notamment. Avec la guerre froide, les puissances devaient soumettre au contrôle le plus strict activités et publications scientifiques.

A l'affût des occasions, le physicien argentin Enrique Gaviola, président de l'Association de Physique argentine, avait vu l'intérêt d'attirer physiciens et chimistes allemands – il en voulait 5000 – susceptibles de travailler en Argentine et toute indépendance et sécurité. Lui-même connaissait bien l'Allemagne pour avoir suivi, dans les années 1920, à Göttingen et à Berlin, les cours des maîtres les plus réputés : Lise Meitner[3], Albert Einstein[4], Max v. Laue[5], avant de retrouver à l'Institut de Physique de La Plata les leçons d'un autre maître allemand, Richard Gans.

Gaviola avait projeté, en accord avec le ministère de la Marine, la création d'un Institut de recherches de haut niveau pouvant attirer des

---

[1] Près de 40 pour la seule période 1901-1932, dont, en physique, Röntgen, Lenard, Braun, Wien, Max v. Laue, Max Planck et Johannes Stark, Albert Einstein, Gustav Hertz, Werner Heisenberg en 1932. De 1901 à 1940, dix Allemands « nobélisés » en physiologie et en médecine pour 4 Français seulement jusqu'en 1965. On appréciera la sottise de germanophobes outranciers, tel Pierre BISE, *Le cauchemar allemand*, Lausanne, 1934, accablant « l'Allemand » de tous les vices, de l'obéissance passive au cynisme calculateur et de l'usage d'une langue gutturale et carnassière à une remarquable inaptitude à la recherche et à la découverte !

[2] En 1938, Otto Hahn découvrait le phénomène de l'isomérie nucléaire, l'année suivante, avec Strassmann, la fission de l'uranium. Heisenberg avait, pour sa part, volontairement ralenti ses recherches à l'idée de voir Hitler utiliser la bombe pour prévenir sa défaite.

[3] Célèbre pour sa découverte, avec Hahn, du proctatinium, par ses travaux sur la fission de l'uranium et son interprétation des transuraniens des radio-éléments transversaux.

[4] Nobélisé en 1921 pour sa découverte des lois régissant l'effet photo-électrique et, depuis 1912, la théorie de la relativité.

[5] Prix Nobel en 1914 pour sa théorie de la diffraction des rayons X par les cristaux dont la vérification expérimentale avait démontré la nature ondulatoire, ce qui avait permis de pénétrer la structure de l'état solide de la matière

chercheurs, si possible « nobélisés » et qui se verraient offrir des salaires annuels confortables d'au moins 10 000 dollars[1]. Parmi les candidats pressentis, le spécialiste des états quantiques de l'atome d'hélium, interprète du champ moléculaire et découvreur des formes allotropiques de l'hydrogène, Heisenberg, que Gaviola voulait convaincre grâce à son propre assistant, Guido Beck, arrivé en Argentine en 1953. Trois ans plus tard, Heisenberg acceptait l'offre, mais celle-ci ayant été ébruitée maladroitement par Beck dans une interview à la *New Republic* de New York, Washington et le vice-président Wallace, propriétaire du journal, allaient faire échouer le projet. On dénonçait « le programme nucléaire de Perón » et l'ouverture par les Argentins de « la boîte de Pandore de l'énergie atomique », alors que Heisenberg n'avait jamais eu l'intention de créer un Los Alamos platéen. L'état-major de la Marine devait alors signifier à Gaviola que le recrutement de spécialistes étrangers ne relèverait plus désormais que de la seule autorité militaire et dans le secret absolu.

Un an plus tôt, Tank avait rencontré à Londres un certain Dr. Ronald Richter, technicien nucléaire qui projetait la construction d'avions à propulsion nucléaire. Fils d'un industriel sudète, il avait fait ses études à l'université allemande de Prague conclues par un doctorat de spécialité[2]. Après un travail de laboratoire durant la guerre, il était entré en octobre 1944 chez AEG, un contrat « juteux » d'un million de Reichsmarks lui laissant espérer l'heureuse exploitation d'un brevet à venir.

Richter n'avait pu convaincre la Grande-Bretagne, les Pays-Bas, la France et les Etats-Unis de sa valeur. C'est grâce à Tank qu'il part pour Buenos Aires, reçu avec lui par Perón et le ministre de l'Air, Ojeda.

Il avait séduit, assurant que son propre procédé de fusion de l'hydrogène ne coûterait que six millions de dollars – contre six milliards pour les armes américaines à fission d'atomes lourds – et il avait été engagé comme « Conseiller scientifique pour l'énergie atomique » au salaire de 1250 dollars par mois, au-delà donc de ce qui avait été promis à Heisenberg.

A Córdoba, le « Conseiller » se sentait mal à l'aise avec Rudel et ses amis ; il sollicitera une autre affectation après l'incendie, dû à un court-circuit, de son laboratoire. Perón chargeait alors son vieux compagnon Enrique P. González – haut fonctionnaire préposé à l'installation des immigrants en Patagonie – de trouver un site où Richter aurait tout loisir de faire ses preuves en menant les expériences qu'il jugerait nécessaires.

---

[1] Voir, sur les projets nucléaires péronistes, le récit de Mario MARISCOTTI, *El secréto atómico de Hucmul. Crónica del origen de la energía atómica en la Argentina*, Buenos Aires, 1984-1987.

[2] Titré *Untersuchung von Speerschicht-Photozellen mit weichen Röntgenstrahlen.*

Secrète, au milieu du lac andin Nahuel-Huapi aux eaux pures et cristallines, près de Bariloche, loin de la poussière de Córdoba, l'île Huemul semblait pourvue de tous les avantages pour les expériences à mener. D'énormes travaux de terrassement étaient entrepris, malgré l'incrédulité des Allemands du cru et les protestations des milieux bourgeois de la capitale... Perón et son épouse visitaient le chantier le 8 avril 1950, admirant l'énorme réacteur de 12 mètres sur 12, avant la création de la première « Commission nationale de l'énergie atomique » (CNEA) d'Amérique latine.

Richter avait avec lui plus de 200 collaborateurs, mais son autoritarisme, sa suffisance, son excentricité avaient dissuadé les chercheurs les plus compétents de rejoindre son équipe. Recrutant, congédiant, fulminant contre ses assistants, il s'en remettait à Perón qui lui réitérait un soutien inconditionnel[1].

Le 16 février 1951, son assistant, Jaffke, réussit une suite d'expériences aboutissant à la production dans la chambre du réacteur d'un arc voltaïque où se trouvait le plasma surchauffé de lithium et d'hydrogène, dont la vitesse atteignait 3200 km/seconde. Satisfait, Richter refusera à ses assistants le renouvellement de l'expérience, affirmant que les essais réalisés permettaient de dégager dans d'importantes proportions des réactions thermonucléaires contrôlées[2]. On croit à la réussite ; dans le monde, l'émotion est considérable. Les ambassades argentines étaient sollicitées pour de plus amples informations et l'inquiétude de Washington n'était pas feinte. On craignait la bombe à hydrogène argentine et l'irruption des Argentins dans le champ clos des puissances atomiques[3], bien que la presse parlât plus d'un « chimiste de cour » ou d'un « sorcier de l'atome » que d'un génial inventeur[4], tandis qu'à Buenos Aires le promoteur de la *Nueva Argentina* se voyait honoré, décoré, reçu en grande pompe à la *Casa Rosada* présidentielle et fait docteur h. c. par l'Université nationale ! Peu de voix discordantes, en effet, au moins dans un premier temps, sauf l'incrédulité de Tank, les réticences de quelques journalistes et surtout la méfiance affichée du capitaine de frégate Pedro Iraolagoítia, aide de camp de Perón, après une visite à Bariloche. Enfin Gaviola, mieux informé, avait « douché » l'enthousiasme officiel en déclarant que le secret ne pouvait être qu'un encouragement à l'imposture.

[1] M. MARISCOTTI, *El secréto atómico*, *op.cit.*, p.139.

[2] « Avancée capitale », selon WALTERS, quand Richter convoque la presse pour annoncer que l'Argentine « pourrait bientôt distribuer d'énormes quantités d'énergie dans des récipients de la taille d'une bouteille de lait », *La Traque...*, *op.cit.*, p.261.

[3] L'époque était celle de « l'hystérie atomique » avec le « cas » Oppenheimer, l'explosion de la première bombe soviétique en mars 1949 et, un an plus tard, la volonté de Mc Arthur d'employer la bombe contre les Chinois.

[4] « Fusion ou illusion ? », titrera *Time* le 8.05.1959.

En Europe, Hahn et Heisenberg prenaient leurs distances et Manfred v. Ardenne, ancien « patron » de Richter, prodiguait sur lui les jugements les plus défavorables, assurant qu'il prenait volontiers ses spéculations théoriques pour des résultats acquis et une présentation fausse pour une expérimentation concluante, à seule fin d'en retirer des avantages personnels[1].

Si enfin une commission parlementaire était revenue « conquise » de Bariloche, les spécialistes qui en faisaient partie avaient constaté qu'à l'inverse des enregistrements du compteur Geiger, un autre détecteur n'avait pas montré de radiations électromagnétiques. Richter n'avait fait qu'exploser de l'hydrogène dans un arc électrique, sans plus. Tout s'écroulait, mais comment tout abandonner ? L'opération avait coûté cher – 62 millions de dollars de l'époque, selon Mariscotti –, il ne fallait pas perdre la face ; d'où la réunion d'une nouvelle commission présidée par Richard Gans, fondateur de la Société de Physique locale, et qui allait soumettre Richter à un interrogatoire intensif et implacable, véritablement humiliant. Le « gourou » démasqué, on abandonnerait définitivement toute référence théorique ou expérimentale aux essais nucléaires nationaux[2].

La première bombe atomique à hydrogène – américaine – explosait en novembre 1952. Début 1953, Richter quittait Bariloche, mais il ferait encore parler de lui en 1953[3]. Infatigable malgré le déshonneur, il devait rejeter les accusations du Congrès, ce qui lui vaudrait cinq jours de prison pour « affront à la représentation nationale », peine légère, mais qu'il jugera injuste et infamante, la comparant dans le *New York Times* à un verdict de la Gestapo !

« Folie d'un projet trop ambitieux », écrit Walters. Certes, mais bien des ombres subsistent sur cette malheureuse expérience, d'abord avec les rumeurs concernant la vie privée de Richter[4], mais surtout le manque d'informations sur les résultats d'autres expériences relatives à la fusion nucléaire de l'hydrogène.

Reste que, dans le sillage des tentatives en question, de durables relations devaient se nouer entre responsables argentins et astro-physiciens nord-américains. A Bariloche serait créé un nouveau centre de formation pour jeunes physiciens, de réputation internationale grâce à Guido Beck et à

---

[1] M. v. ARDENNE, *Mein Leben für Fortschritt und Forschung*, 1972, p.217.

[2] M. MARISCOTTI, *ibid.*, p.248 ; F. LUNA, « Richter kaput », *Perón y su tiempo*, pp.289-295.

[3] Le gaspillage auquel « l'affaire » Richter avait donné lieu servirait d'arme à l'opposition contre le gouvernement. Or Richter prétendra que l'opération n'avait coûté que quelque 10 millions de dollars, très loin des sommes colossales dépensées par les Etats-Unis dans leurs essais infructueux concernant la fabrique de séparation des isotopes au long de la rivière Savannah – au moins 1,5 milliards de dollars.

[4] On le disait amputé d'une main pour avoir fait exploser une bombe miniature ; d'autres affirmaient qu'il n'avait jamais fait d'études de physique et qu'il avait seulement été garçon de café dans une brasserie de Vienne. Comme l'écrit, en français, Meding : « du sublime au ridicule, il n'y a souvent qu'un pas ».

Enrique Gaviola, ennemi de Richter, mais qui ne quittera plus Bariloche jusqu'à son éméritat en 1982.

c- Universitaires, ingénieurs et techniciens de la *Nueva Argentina*

La science allemande procède toujours, en Amérique latine, de la deuxième découverte du continent, entendez le somptueux itinéraire de Humboldt, et de la troisième, collective celle-là, celle des grandes vagues migratoires qui, de 1880 à 1914, ont élargi l'œkoumène aux dimensions du monde connu.

Dès les premières décennies de l'Indépendance, les Allemands ont, comme les Français et les Anglais, reconnu le « cône sud » des Amériques, s'attachant à l'inventaire savant de la flore, de la faune et des richesses exploitées ou potentielles des régions parcourues. Guths-Muths, Poeppig, Gersting, Andrew, Ritter : autant de géographes ayant tenté d'éveiller l'attention du public cultivé pour ce Nouveau Monde et surtout l'Argentine longtemps fermée et repliée. Wappäus déplorait encore à Göttingen en 1846 dans *Deutsche Auswanderung und Colonisation* « l'immense ignorance allemande » d'une Amérique tempérée qui n'avait pas eu la chance d'être parcourue par Humboldt.

En Argentine, le précurseur de la recherche allemande a été Hermann Burmeister[1]. Ce médecin et naturaliste, originaire de Halle, ancien élève de Humboldt, enthousiasmé par la Révolution de 1848 et déçu par la réaction comme beaucoup de ses pareils qui partiront alors pour les Etats-Unis, le Brésil ou le Chili[2], a été le chef de file d'une pléiade de scientifiques séduits par les prouesses d'un pays vide, ou presque vide, jusqu'à la chute du dictateur xénophobe Rosas en 1852.

Dès les années 1860, sous Mitre et Sarmiento, des dizaines d'universitaire allemands occupent déjà les chaires de géographie, de géologie et de sciences naturelles du *Museo Público* de Buenos Aires et de l'université de Córdoba[3] ; une participation accentuée après 1870, tant dans le domaine civil que dans la modernisation des forces armées jusqu'en 1924.

Avec le *golpe* du GOU en 1943 et malgré les mesures anti-allemandes prises sous la pression anglo-saxonne, les offres argentines vont séduire bien

---

[1] Auteur de nombreuses études dans les *Petermanns Mitteilungen* entre 1860 et 1875 et du monumental *Reise durch die La Plata-Staaten mit bes. Rücksicht auf die physische Beschaffenheit und den Culturzustand der argentinischen Republik*, 1857-1861, Halle, 2 vol., 1861.

[2] Sur ces émigrants, voir notre livre *Les Allemands au Chili*, *op.cit.*, Livre II, A, pp.188-195.

[3] W. LÜTGE, *Deutsche in Argentinien*, *op.cit.*, pp.170-175 ; W. HOFFMANN, « Die Deutschen in Argentinien », *in* H. FROESCHLE, *Deutsche in Lateinamerika*, *op.cit.*, p.115.

des militaires poursuivis ou sans emploi, mais aussi des scientifiques de haut niveau désireux de s'affranchir de la tutelle des vainqueurs pour rejoindre une nation justement réputée germanophile, comme l'écrivent Galland ou Rudel[1].

Parmi les premiers universitaires, Hans Joachim Schumacher, ex-doyen de l'Institut de Physique et Chimie de Francfort et, durant la guerre, conseiller de l'OKW – pour cette raison, révoqué par l'administration et pressenti par les Argentins pour exercer les mêmes fonctions au profit de leur Délégation générale de l'Armement, en même temps que celles de directeur de recherches à l'Ecole de Chimie de l'université de La Plata.

Issu du *Museo Argentino Bernardo Rivadavia*, l'Institut de recherches en sciences naturelles voit, dès 1946, la plupart de ses départements – médecine, biologie, botanique, géographie, hydrologie – confiés à des Allemands. Il en est de même en province, à Tucumán en électro-technique (Grewe), topographie (Schulz), physique (Würtschmidt, bientôt doyen de la Faculté des Sciences exactes). En 1950 déjà, on estime que 25 à 30% des enseignants de cette université, donc une cinquantaine au moins, sont allemands ou d'origine allemande[2].

Même engouement à Mendoza, grâce au recteur Genz qui attire ici nombre d'Allemands, de Croates, de Hongrois, de Flamands et de Roumains, indésirables dans leur pays et dont Lütge et Hoffmann se sont plu à dresser la liste. Mais le point fort de cette coopération, ce sont les Instituts de Physique de Buenos Aires et de La Plata dirigés par Richard Gans, conseiller du gouvernement et originaire de Koenigsberg, avec ses collègues Szidat et Schwerdtfeger venus se mettre au service du Conseil scientifique de l'Argentine, le CONICET.

Moins importante, la contribution des sciences humaines à l'avancement de l'Enseignement supérieur nationale n'en a pas moins été appréciable après 1945 avec Gerhard Moldenhauer, fondateur de l'Institut de Linguistique de Rosario, et le préhistorien et ministre de Seyss-Inquart, Oswald Menghin, ex-recteur de Vienne, professeur d'ethnographie à Buenos Aires et à La Plata.

Des témoignages assurent qu'universitaires et érudits austro-allemands jouissaient de la sympathie et de la confiance de leurs collègues créoles, ainsi que de la gratitude de leurs étudiants, futurs ingénieurs dans l'exploitation minière, les machines-outils, l'électro-technique et la modernisation des infrastructures provinciales à Tucumán et Santiago del Estero en particulier.

---

[1] A. GALLAND, *Die Ersten und die Letzten*, *op.cit.*, p.7; H. U . RUDEL, *Zwischen Deutschland...*, *op.cit.*, p.123.

[2] Liste *in* MEDING, *Flucht vor Nürnberg?*, *op.cit.*, p.212, Note N°148. Les spécialités allaient de la géologie à la physique nucléaire, de la botanique à la musique avec la collaboration du virtuose Walter GIESEKING disparu en 1956.

Mais des « affaires » comme celle du « groupe CAPRI » montrent aussi comment des relents de nazisme pouvaient gâter les meilleures intentions et pourquoi l'hétérogénéité de certains contingents pouvait être fatale aux projets les plus ambitieux.

Directeur d'AEG au Chili durant la guerre, le Dr. August Siebrecht s'était établi en Argentine après avoir été, comme beaucoup d'Allemands d'Amérique latine, interné dans un camp du Texas.

C'est grâce à son amitié avec Perón qu'il avait fait venir à Buenos Aires le Dr. Tank et les ingénieurs destinés à Córdoba. Coordonateur de l'immigration allemande clandestine, il avait réussi à faire admettre en Argentine plus de 700 compatriotes figurant sur les listes de proscription[1]. Hautement qualifiés et politiquement inquiétés, beaucoup d'entre eux avaient été pris en main par Ludwig Freude et l'ex-*SS-Hauptsturmführer* Fuldner – intermédiaire diligent et précieux, nous l'avons vu[2] – dans le cadre d'un grand projet : la CAPRI (*Compañia Argentina para Proyectos y Realizaciones Industriales*), plan d'assainissement, de barrages et d'irrigation dans les provinces de Tucumán et de Santiago.

Le projet devait être piloté par une dizaine d'experts et enseignants allemands dirigés par le professeur Armin Schoklitsch et l'ingénieur Fritz Küper, titulaire de la chaire de mécanique et hydraulique de l'université de Tucumán. Pour transformer une zone de quelque 50 000 km^2, on avait fait appel à une centaine de travailleurs, outre le personnel de plus de 300 sous-traitants.

Très vite, la situation s'était compliquée. Secrétaire du gouverneur Mercante de Buenos Aires, Carlos Schulz devait pourvoir les travailleurs improvisés en fausses cartes d'identité sur la base de faux renseignements de leur part, et organiser leur établissement à plus de 30 km de Tucumán, dans une zone désertique sans poste, téléphone et moyens de communication.

Or, rares étaient les gens aptes aux rudes travaux de terrassement, majoritaires au contraire les anciens cadres des SS, de la police ou de la *Leibstandarte* dont au moins une trentaine d'ex-officiers avec le Dr. Dardieux, *alias* Siegfried Uiberreiter, ex-*Gauleiter* de Styrie[3]. CAPRI, débaptisée, deviendrait la « Compagnie allemande des nouveaux arrivants » (*Compañia Alemana para recién Inmigrados*), appellation plus conforme à la réalité.

Malgré cette situation surprenante et l'inexpérience de beaucoup d'engagés, on allait travailler à la construction de digues, de barrages, de canaux d'irrigation pour transformer la région.

Parmi les travailleurs, un chef de chantier discret, laconique et terne, mais sérieux, respectueux de l'autorité, chargé de recherches géologiques et de sondages aquifères : un certain Ricardo Klement, *alias* Eichmann.

Les travaux auront duré trois ans, parfois arrêtés faute de crédits, mais le rio Hondo, près de Santiago, aura été entièrement aménagé. Quant aux concepteurs allemands de l'entreprise, universitaires et ingénieurs, ils devaient se disperser,

---

[1] Selon Eugenio ROM, *Así hablaba Juan Perón*, Buenos Aires, 1980, p.108.

[2] Cf. *Supra*, Deuxième partie, Chap. III, c, pp.113-114.

[3] Sur ce SS-*Obergruppenführer*, *Supra*, Troisième partie, Chap. II, a, p.140, et sur ses comparses sur place – dont Eichmann – S. SANTANDER, *El gran proceso. Eichmann y el nazismo ante la justicia*, Buenos Aires, 1961, p.25.

certains –Küper, Silberkühl, Sterzinger – appelés en Allemagne où les projets de reconstruction ne manquaient pas. Siebrecht, lui, resterait en Argentine, conseiller du ministre de l'Economie et directeur de la Chambre de Commerce germano-argentine.

On sait que les dirigeants américains, Wallace, Morgenthau, Roosevelt lui-même, s'étaient promis de transformer l'Allemagne vaincue en un pays agricole pour empêcher toute renaissance d'une puissance industrielle et commerciale. Dès 1942, une vive pression avait été exercée sur les neutres – Suisse, Suède, Portugal, Espagne, Turquie – pour interdire par les Listes noires et le blocus commercial, les transferts de capitaux et toutes les transactions avec le Reich.

A la fin de la guerre, les avoirs du Reich, estimés à quelque 256 millions de dollars par Arthur Smith, auraient été volés par des officiers américains, selon Robert M. W. Kempner, substitut du procureur général américain au procès de Nuremberg[1].

Le trésor des SS n'est pas une fable, écrit Farago, mais « il avait vraiment disparu », conclut-il, en accord avec d'autres « chasseurs » fouillant les montagnes et sondant les lacs[2]. Ce qui est sûr, en revanche, c'est que l'inventaire, la destination et la dispersion de ce pactole constituent bien une énigme, assortie de rumeurs et de mystères, sous une apparence d'exposés documentés. Tous les représentants autorisés de l'immigration allemande en Argentine après 1945 – Freude, Fritsch, Fuldner, v. Oven – ont assuré n'avoir jamais entendu parler d'une « pluie d'argent » sur le Rio de la Plata et dont les fugitifs auraient bénéficié[3].

L'insertion professionnelle des arrivants n'allait pas toujours de soi. L'aide de la communauté allemande était limitée et celle des autorités argentines réservée à certains groupes auxquels étaient assignées des tâches précises et d'intérêt national. Il fallait souvent rembourser des dettes (dont l'avance des passages), s'initier à la langue, aux usages et aux lois d'un pays très différent de l'Allemagne. Le meilleur capital était une solide qualification dont on pouvait tirer immédiatement avantage – ce dont bien des arrivants étaient nantis, à la différence de leurs devanciers du XIXe siècle,

[1] Cf. FARAGO, *Le IVe Reich*, *op.cit.*, p.189. Il ajoute que ce butin venait des camps de concentration par le RSHA qui centralisait les rapines de Kaltenbrunner et du SS- *Obergruppenführer* Pohl ; rien que pour la région de Lublin, 180 millions de *Reichsmarks* après le massacre des Juifs, selon Kempner.

[2] Maler, Brockdorff, Manning, Stevenson et Wiesenthal, parmi d'autres. Farago avance un montant de 235 millions de *Reichsmarks* dont les trois quarts en or et en devises étrangères.

[3] « Je n'ai pas reçu d'argent, ni même un seul Pfennig du trésor des SS ou d'*Odessa*, mais je l'aurais pris si j'avais pu », déclarait Wilfred v. Oven à Holger Meding, le 26.10.1989. De même, J. de MAHIEU, à propos de ce « trésor » : « Ojalá que hubiera existido ! ».

majoritairement prolétaires urbains ou travailleurs agricoles des grands domaines de l'Allemagne orientale.

Outre des connaissances techniques, beaucoup d'arrivants avaient une rude expérience de la guerre et étaient prêts à endurer des débuts difficiles. Avec le crédit de l'Etat, des dizaines de petites entreprises se sont montées, dont l'*Argentinisches Tageblatt* se félicitera dans des reportages circonstanciés. Tel conseiller d'ambassade deviendra défricheur et planteur à Misiones, tel officier de l'*Abwehr* exportateur d'onyx, tel médecin militaire professeur de ski à Bariloche, un pilote de la Luftwaffe entrepreneur de travaux publics, un ancien officier des Waffen-SS garagiste à Santa Fe, un autre arboriculteur en région de colonisation... Soucieux de parfaire leur instruction durant leur internement, les anciens du *Graf Spee* représentaient, selon leur président, Rasenack, le modèle accompli de l'intégration économique et sociale à l'Argentine moderne, même si l'admission dans les Services publics et l'exercice de certaines professions libérales – la médecine, par exemple – étaient beaucoup plus aléatoires. Après 1880, devant l'afflux de candidatures étrangères, on avait imposé une reconnaissance nationale des diplômes étrangers, une homologation – dite *reválida* – obligeant l'arrivant à passer les examens nationaux ou à obtenir une équivalence soumise à une série d'épreuves probatoires[1]. Souvent même, la signature d'un Argentin était indispensable pour l'exercice par un étranger plus compétent d'un métier aux exigences « pointues ».

Avec la reprise des relations économiques entre l'Argentine et l'Allemagne fédérale, la présence allemande dans l'économie locale retrouve alors sa place. Dès 1949, note Pedro Hastedt, une douzaine de filiales des grands *Konzern* allemands sont de retour. Or le personnel nécessaire à leur fonctionnement était fait en grande partie d'arrivants recrutés pour leur maîtrise de l'allemand – et de l'allemand technique –, leurs qualifications professionnelles, enfin leurs prétentions raisonnables en matière de rémunération. Ils se voyaient confier des postes de responsabilité chez Siemens, Krupp ou Volkswagen[2], au grand dam parfois des « chasseurs de nazis » enclins à voir dans l'Argentine péroniste le paradis du « Temps retrouvé » pour les indésirables et les criminels[3].

---

[1] Longtemps, un médecin étranger « non homologué » ne pouvait exercer à moins de 20 km d'un confrère argentin. Autant dire qu'il était relégué dans les « territoires » vides et les régions les plus ingrates du pays. Sur ce nationalisme créole, voir notre étude *Les Européens en Argentine*, *op.cit.*, pp.130-142.

[2] Le cas le plus connu est celui du SS-*Hauptsturmführer* Franz Stangl, l'assassin de Treblinka, après trois années syriennes (1948-1951), seize ans mécanicien chez Volkswagen à São Paulo. Le président brésilien Roberto Abreu Sodré fera droit aux demandes d'extradition de la justice allemande et Stangl sera condamné à Düsseldorf. Il mourra peu après. Avec Bohne à Buenos Aires, l'un des rares criminels de guerre extradés.

[3] Cf. G. WEBER, « Paradies für Nazis ? Die Deutschargentinier während des Nationalsozialismus », *Argentinien. Ein Reisehandbuch*, Rieder ; 1988, p.146.

Avec les Italiens, les cadres allemands des grandes firmes, comme les petits patrons de même origine, auront largement contribué à faire entrer l'Argentine dans l'économie moderne[1].

Est-ce à dire que la rupture de 1918 aurait disparu avec la catastrophe de 1945 ? Sans doute pas. Entre « Vieux Allemands » à la mémoire longue et fugitifs toujours nazis, l'opposition est longtemps restée vive. Ceux de 1945 auront vu l'Europe et le monde depuis leur exil péroniste dans une sorte de IVe Reich mental, imaginaire, mais compensatoire, dérisoire avatar d'un bunker paradisiaque qui n'aura jamais existé.

1 Selon Roberto ALEMANN, directeur de *l'Argentinisches Tageblatt* et ancien ministre argentin de l'Economie, qui dit tenir cette contribution pour considérable (*beträchtlich*).

CHAPITRE V

CULTURE ET CONFRONTATIONS

Que les compétences professionnelles de bien des immigrés allemands après 1945 aient été supérieures à celles de leurs homologues créoles ou encore de leurs devanciers en Argentine depuis des lustres ne surprendra pas. Au plan général, faire des responsables ou activistes nazis, indistinctement, des gens incultes et ignares, exécutants mécaniques d'une politique criminelle, serait, en s'abusant sur la personnalité de beaucoup d'entre eux, s'exposer à ne pas comprendre ce qui a fait justement la redoutable efficacité du régime nazi. Guy Walters a su, en quelques mots, résumer le « dédoublement sadique » et la monstrueuse mutation de certains protagonistes dans des circonstances exceptionnelles[1]. Si Himmler, Stangl, Eichmann ou Streicher n'auraient jamais pu figurer, en temps de paix, dans l'album de l'intelligentsia nationale, d'autres, en revanche, auraient pu faire, loin du nazisme, d'honorables carrières dans diverses disciplines.

> L'obédience servile d'un Keitel ne saurait faire oublier la valeur militaire d'un Guderian, d'un Rommel ou d'un Rudel, ni la violence bestiale de Eicke ou la névrose antisémite de Streicher effacer l'honnête culture littéraire de Goebbels[2] ou la bonne éducation plastique de l'hypocrite et faux repenti que fut Albert Speer[3]. Les médecins dévoyés d'Auschwitz n'auraient-ils pas pu être, hors nazisme, d'honorables praticiens et, pour certains, des chercheurs de qualité ?[4]
>
> Des cinquante écrivains les plus connus affiliés de près ou de loin au régime nazi, 38 avaient fait des études supérieures, presque tous issus de milieux petits-

---

[1] *La Traque*..., *op.cit.*, p.54.

[2] Auteur d'une thèse de doctorat sur le romantique Wilhelm v. Schütz, ainsi que de poèmes, d'essais et d'un roman autobiographique, *Michaël*, publié en 1929. Il est, de 1927 à 1935, responsable du journal *Der Angriff*, député en 1928 et chargé, l'année suivante, de la propagande du parti nazi.

[3] Architecte inspecteur-général des bâtiments de Berlin en 1937, ministre de la Production et de l'Armement en 1942, en même temps que directeur en chef de l'Office central des Affaires techniques à la NSDAP, utilisateur conscient de la main-d'œuvre des camps, mais condamné seulement à 20 ans de prison à Nuremberg et libéré en 1967.

[4] Outre Mengele, le cancérologue criminel Carl Clauberg, le SS-*Obersturmbannführer* Eduard Wirths, supérieur des médecins et du personnel SS d'aide sanitaire, auteur d' « expériences » sur les prisonnières juives du camp atteintes de cancer ; avec eux, les médecins SS-*Haupt-* ou *Obersturmführer* Entress, Kitt, Grensker, Thilo, Vetter, Granitz, Lolling, Horst Schumann, Georg Franz Meyer et son confrère Johann Kremer, agrégé de l'Université de Münster, « spectateur » assidu des « actions spéciales ». Voir, outre *Les médecins de la mort* de Philippe AZIZ, F.A. KAUL, *Ärzte in Auschwitz*, Berlin, 1968.

bourgeois[1], tant il est vrai que la culture et le progrès technique n'ont jamais effacé de la conscience des hommes la tentation de la barbarie.

Cela étant, la participation des universitaires, militaires, ingénieurs et techniciens allemands au progrès industriel de l'Argentine après 1945 – ce dont on créditera Perón – illustre une fois encore l'un des aspects fondamentaux de la rencontre entre l'Europe et les Amériques latines si longtemps victimes d'un « temps immobile » ; car le choc capital de l'immigration allemande en Amérique du Sud au XIXe siècle, c'était bien, écrivait Pierre Chaunu, celui de la *Realschule* et de l'ignorance, surtout dans les hinterlands ignorés ou délaissés des Amériques latines – voyez le Sud brésilien, le Chili des lacs ou l'Entre-Rios argentin ; une ignorance grevée, au surplus, de vieux mépris hispanique du travail manuel, alors que celui-ci était mis par la plupart des arrivants au sommet de l'échelle des valeurs, comme l'attestent tant de souvenirs et de témoignages personnels.

S'agissant, en l'occurrence, de la vie culturelle des Germano-Argentins depuis 1918 et surtout 1945, deux aspects attirent l'attention : d'une part, le soin inchangé mis par tous à respecter et à entretenir l'image de la langue allemande, gage de l'identité des groupes, de l'autre un véritable combat politique entre les Allemands immigrés et leurs descendants immédiats, touchant toutes les catégories – art, théâtre, presse, littérature – dédiées à sa défense et à son illustration.

a- La langue et l'école

L'instruction des enfants, d'enfants d'immigrés très nombreux souvent à l'arrivée des familles, avait d'emblée préoccupé les colons du XIXe siècle. Plus qu'à la forêt inentamée ou qu'au sous-peuplement de régions inexplorées ou abandonnées depuis l'Indépendance et où les colons s'établissaient, c'était à un vide culturel absolu que ceux-ci avaient été dramatiquement confrontés[2].

> S'il y avait eu au XIXe siècle des écoles, même médiocres mais en nombre suffisant, la question de l'obligation scolaire n'aurait pas revêtu la même acuité[3].
>
> Or, loin de s'être substitué à l'école publique, l'école allemande l'avait souvent précédée, premier bâtiment communautaire construit avec l'église et la

[1] Voir Lionel RICHARD, *Le nazisme et la culture*, Maspero, 1978, p.22.
[2] Sur l'histoire de l'école allemande en Amérique latine, voir *Migrations et mémoire…*, *op.cit.*, Livre II, Chap. II, pp.212-232.
[3] Au Chili, les « croisés de l'éducation » dénoncent encore en 1910 « le marasme affligeant de l'instruction publique », J. VALDÉS CANJE, *Sinceridad. Chile íntimo*, 1910, p.66.

maison des associations en zone de colonisation. A Diamante-Alvear, dans l'Entre-Ríos où s'établissaient en 1877 les premiers Allemands de Russie, c'est, dit la chronique, « un colon honnête et pieux » qui se chargeait de dispenser le rudiment en attendant une véritable école[1].

Contrat officiel passé en septembre 1877 entre le Commissariat argentin à l'immigration et le porte-parole des immigrés, la *Magna Charta* stipulait (art.9) que les arrivants enverraient leurs enfants à l'école publique où l'enseignement était donné en espagnol[2]. Or, sur plus de 37 000 enfants alors d'âge scolaire recensés dans la province, 7800 à peine fréquentaient l'école, et souvent de façon irrégulière, selon les statistiques concernant « l'assistance moyenne ». Dans leurs « colonies », les Allemands ne voyaient qu'un pédagogue créole itinérant venant à l'occasion censurer l'espagnol lacunaire et approximatif du maître allemand improvisé, mais dévoué et mal rémunéré par le *Schulverein.*

La misère de l'enseignement public était le principal grief des colons – tous lisants-écrivants – à l'encontre de l'administration du pays d'accueil[3]. Nécessaire à la transmission de l'acquis, l'école était gage de réussite et de solidarité, mais cet impératif se doublant d'une conviction fondamentale : celle, selon laquelle la langue était porteuse des vertus et des valeurs réputées germaniques. Très vite bilingues, les immigrés ne se sentaient pas isolés des créoles bien qu'étant toujours vus par eux comme des étrangers ou des allogènes.

Selon la classification de Drascher[4], l'âge d'or ici des écoles allemandes daterait des années 1890-1914 avec l'élargissement de leur recrutement et la croissance de leurs effectifs grâce aux aides du gouvernement impérial et aux bonnes dispositions des autorités locales. Après 1918, avec les menaces intégrationnistes et l'amélioration de l'enseignement public, l'école allemande avait dû modifier ses statuts et réviser ses objectifs. Enfin, les campagnes pangermanistes et plus tard l'inflexion nazie des programmes allait fortifier une réaction germanophobe et nationaliste, encouragée par les milieux francophiles. L'école allemande ne pouvait pas échapper à une forme d'intégration plus ou moins poussée aux systèmes éducatifs nationaux s'améliorant.

En dehors des écoles confessionnelles promptes, surtout les catholiques, à s'affranchir de leurs origines nationales pour privilégier au contraire l'irréductible mémoire religieuse, vraie « ligne de démarcation culturelle » entre immigrants, l'influence nazie sur l'école allemande avait, dès 1933,

---

[1] « L'allemand et la religion, car les deux vont de pair, et, si possible, un peu d'espagnol », selon J. RIFFEL, « Die Russlanddeutschen insbes. Die Wolgadeutschen am La Plata », *Festschrift zum 50-jährigen Jubiläum ihrer Einwanderung* , 1928. De même, P. LÜTGER-GRÜTER, *Festschrift zum 50-jährigen Jubiläum der Einwanderung der Wolgadeutschen in Argentinien, 1878-1928*, Buenos Aires, 1928.

[2] Texte W. LÜTGE, « Russlanddeutsche in Argentinien », *Jahrb. Der Haupstelle für die Sippenkunde des Deutschtums ins Ausland*, Jg. 4, 1939, pp.238-240.

[3] Ancien député au Landtag de Prusse et « conscience » des colons allemands au Chili, Karl Anwandter écrit au ministre Benjamín Vicuña Mackenna le 18.05.1847 : « L'état de l'enseignement national est si lamentable qu'il nous oblige, nous Allemands, à fonder partout nos propres établissements et à les entretenir au prix d'énormes sacrifices financiers ». texte et réponse du ministre chilien, *Les Allemands au Chili, op.cit.*, pp.1124-1130.

[4] « 100 Jahre deutschsprachige Schulen in Chile », *Die deutsche Schule im Ausland. Sonderteil der Überseerundschau*, Jg. 5, Nr. 4, 1952.

entraîné une croissance des effectifs, mais aussi provoqué des résistances, des ruptures, des conflits attisés par le comportement des représentants du Reich[1].

En 1930, Buenos Aires abritait dix écoles allemandes avec 2500 élèves dans deux catégories d'établissements : *Real-* et *Oberschulen*, mais aussi *Volksschulen* primaires à programmes, cursus et direction germaniques, et écoles seulement « germanisantes », mieux intégrées au système national car préparant directement à l'université locale, telles les *Burmeister-* et *Cangallo-Schulen*.

En 1940, pour l'ensemble de l'Argentine, 2000 écoles allemandes instruisaient, avec 400 maîtres, quelque 15 000 élèves. Cinq ans plus tard – avec une seule exception[2] – toutes seront fermées, l'enseignement allemand étant réputé « étranger » (*entfremdet*) au nom d'une politique d'assimilation accélérée et par refus des communautarismes minoritaires. En province, le processus d'« argentinisation » des communautés d'Entre-Ríos était déjà très avancé[3].

Toutes les entreprises et propriétés allemandes – y compris les juives, le pouvoir péroniste n'hésitant pas à les redire allemandes pour l'occasion –, en tout plus de 250 dont les écoles, les hôpitaux, les maisons de retraite et les sièges d'associations, sont alors expropriées, nationalisées sous la pression des Etats-Unis et en vertu de la tardive déclaration de guerre théorique à l'Axe déjà vaincu... Washington considère l'Argentine comme le foyer ultramarin du nazisme, susceptible de faire renaître un IVe Reich sous l'autorité des rescapés du précédent[4]. Tous les moyens sont bons pour restaurer l'hégémonie yankee sur l'hémisphère et pour en chasser toutes les influences et interventions étrangères, y compris la vieille tutelle britannique.

C'est vers 1950, grâce à Perón, que les institutions culturelles allemandes d'Argentine devaient renaître de leurs cendres, et d'abord l'Institut culturel argentino-allemand (*Institución cultural argentino-germana*), né une première fois en 1922, mais nazifié par Keiper et victime, comme toutes les

---

1 « Converti » au nazisme, l'ancien instituteur Keiper joue après 1933 le rôle de conseiller culturel. Déjà en 1930, l'ambassade allemande s'insurgeait contre les détracteurs de l'école allemande : « Le jeune Argentin qui fréquente nos écoles sait très bien qu'elles ne sont pas celles des Huns comme le disent nos ennemis, mais celles des disciples de Goethe, Schiller, Kant et Schleiermacher », *Der Deutsche in Argentinien*, *op.cit.*, p.69.

2 La *Pestalozzi-Schule* d'Ernesto Alemann, établissement libéral et antinazi, pour cette raison épargné par la fermeture en 1945.

3 Sur quelque 800 000 descendants en 1980, rares étaient déjà ceux qui entendaient encore le parler ancestral en 1918, cf. W. v. OVEN, « Das Deutschtum in Südamerika », *Nation Europa, op.cit.*, Jg. 27, p.102 ; H. VOLBERG, *Auslandsdeutschtum und Dritter Reich. Der Fall Argentinien*, Cologne-Vienne, 1981, p.15.

4 Cf. R. C. NEWTON, « The United States, the German-Argentines and the Myth of the Fourth Reich, 1943-1947 », H.A.H.R., Vol. 64, 1984, pp.81-103.

dépendances du Reich, de la Commission d'enquête sur les activités anti-argentines mise en place par le Congrès en 1942[1].

Grâce à l'appui de riches industriels locaux, en tête les Staudt et les Freude, ainsi que par la volonté de l'Allemagne fédérale représentée en 1952, l'Institut réhabilité va redevenir, selon l'ambassadeur Terdenge, « l'un des centres culturels les plus actifs de l'espace sud-américain », aux activités multiples et appréciées d'un large public : cours de langue, conférences, concerts, expositions, avec un Comité directeur à large représentation créole[2]. Cela étant, comment juger en toute impartialité de l'usage entretenu et de la défense jalouse de la langue allemande et de sa transmission en ne se référant qu'aux propos officiels et réconfortants d'après-guerre ? Oubliera-t-on l'attitude des démocrates allemands, et surtout des Juifs, arrivés ici après 1918 et surtout 1933, persécutés, bannis, rançonnés, en voie de dénaturalisation et devant affronter les forts courants antisémites qui traversaient alors la société argentine ?[3]

Leurs puissantes organisations communautaires austro-allemandes, argentines et nord-américaines (*Hilfsverein der deutschsprechenden Juden*, *Theodor Herzl Gesellschaft*, *Refugee Economic Corporation* et *American Joint Distribution Committee*) avaient aidé à l'acheminement outre-atlantique des Juifs expulsés, à leur assistance et à leur entretien à l'arrivée en Argentine par des collectes, des interventions auprès des pouvoirs publics, des distributions de tracts et d'appels anti-hitlériens pour boycotter les produits allemands. Le Secours juif, la HIOCEM parisienne et la SOPROMITIS s'étaient montrés très actifs pour les seconder dans l'accomplissement des interminables formalités d'admission (les *tramitaciones*), la recherche d'un abri et la perception d'un viatique pour subsister, avant de trouver un travail dans les premiers temps d'exil.

Au-delà d'une série d'estimations parfois contradictoires, discordantes même sur une période relativement brève – 1933-1950 – et pour ne retenir que le chiffrage pondéré de Carlota Jackisch[4], on peut penser que le nombre

[1] Qui jugeait l'institution en question comme un établissement « au corps enseignant nazi, supernazi », *La Vanguardia*, Buenos Aires, 29.09.1942.

[2] Cf. *Memoria y Balance general*, 1952. Présidents: Gregorio Aráez Alfaro, puis Raúl Deruti ; Secrétaires généraux : A. Puyrredón, puis Alejándro v. Der Becke.

[3] Sur cette immigration, voir *Supra*, Première partie, Chap. II, b, et notre livre *Les Juifs allemands et l'antisémitisme en Amérique du Sud*, *op.cit.*, en particulier pp. 179-227. Il existe sur cette question une foule d'articles et d'études dûs pour la plupart à des historiens et sociologues nord-américains et israéliens (Avni, Klich, Senkman, Rosenwaike, Lewine, Weissbrot, Sofer...), en Argentine G. Germani, M. J. Dulfano , H. Clementi.

[4] *El Nazismo y los refugiados alemanes en la Argentina, 1933-1945*, Buenos Aires, Belgrano, 1989, pp.154-160 ; Id. « Los refugiados alemanes en la Argentina, 1933-1945 », *Todo es historia*, Nr. 244,1987, pp.6-33. Elle estime que 80% des Juifs d'Argentine étaient citadins en 1934, pour moitié au moins germanophones, et qu'ils étaient déjà 130 000 dans la capitale argentine.

des Juifs austro-allemands entrés en Argentine de 1933 à 1940 aurait sans doute dépassé les 20 000, sur un total de 39 000 à 45 000 Israélites européens dans le pays. Mais c'est là une fourchette basse, car compte tenu de ceux qui, comme le rappelle Newton, par crainte des autorités péronistes ou par simple honnêteté ou conviction personnelle, se disaient « sans religion », on estime à quelque 59 000 membres la communauté juive *porteña* en 1945, soit 6,4% de la population métropolitaine totale – contre 4,28% à Montevideo et 2,28% à La Havane.

Aujourd'hui seconde communauté juive d'Amérique – d'origine germanique pour moitié au moins –, l'argentine aurait vu ses effectifs passer de 218 000 personnes en 1930 à plus de 380 000 en 1950[1]. Ne pas oublier enfin que, malgré l'antisémitisme affiché d'un Santiago Peralta, alors directeur des Services d'immigration argentins, entre un millier et 1500 Israélites étaient encore officiellement admis entre 1945 et 1950, auxquels s'ajoutaient quelque 3000 à 3500 entrées illégales, finalement enregistrées, selon Senkman, Avni et Klich. L'*Encyclopedia Judaïca* en « rajoute » plus de 10 000, Juifs clandestins arrivés par les frontières terrestres du Paraguay, de Bolivie et d'Uruguay, finalement « régularisés » en bloc par Perón à l'occasion de la fête nationale en 1944.. Bref, autant de renforts successifs, et non négligeables, à l'excellence intellectuelle remarquable, selon Erich Koch-Weser (ancien leader du parti Démocrate Allemand et ancien ministre de l'Intérieur weimarien), qui les dira « déghettoïsés avec bonheur depuis la réforme du XVIIIe siècle », et désireux, depuis lors, de se démarquer des *Ostjuden* russes et levantins misérables, ne parlant que yiddish et arrivés en Argentine avant 1914[2]. Peu de ressemblances, en effet, entre ces deux visages incompatibles du judaïsme exporté, bien que tous deux aient souffert d'un antisémitisme abrupt et globalisant[3].

---

[1] E. EBEL, *Das Dritte Reich und Argentinien: die diplomatischen Beziehungen unter der Berücksichtigung der Handelspolitik, 1933-1939*, Cologne, Böhlau, 1978, p.357. L'*Auswärtiges Amt* de Berlin estimait alors ce nombre, sans preuves, à quelque 650 000 en 1939 et l'écrivain nationaliste argentin Gálvez à 800 000, dans ses élans xénophobes et irraisonnés.

[2] C'était, en effet, le terme d'une évolution émancipatrice esquissée en Allemagne dès l'*Aufklärung* grâce aux réformes de Moïse Mendelssohn avec ancrage institutionnel et abandon éducatif du ghetto et du yiddish au profit de l'usage de l'allemand moderne et de l'accession délibérée à la culture contemporaine. Les « Juifs d'Allemagne » étaient devenus « Juifs allemands » assimilés, libéraux, ouverts sur la société et déjà sur le monde, protégés des rois de Prusse déjà un siècle avant leur intégration en apparence définitive.

[3] « Kein Wunder, daß sie nicht nur das höchste Bildungsniveau, sondern auch die effektischen deutschen Kulturgeschäfte repräsentiert haben », écrivait en septembre 1978 ce pionnier de la colonisation allemande au Brésil. Même avis de I. L. HOROWITZ, « The Jewish Community of Buenos Aires », *Jewish Journal of Sociology*, Nr. 4, 1962, pp.147-171. R. C. NEWTON évoque lui aussi « cet apport appréciable de culture juive occidentale laïcisée d'arrivants aisément assimilables », *The « Nazi menace »*..., *op.cit.*, p.141, malgré une presse conservatrice et antisémite qui, à Buenos Aires comme en province, ne désarme pas avec *El*

En quelques années argentines, beaucoup de ces réfugiés d'avant-guerre auront occupé des positions enviables dans la vie économique locale, surtout dans les circuits commerciaux naguère encore embryonnaires, notamment dans l'importation. Leur mémoire épisodique se félicitera d'une prospérité assez vite acquise dans la sécurité garantie et la paix[1]. Libres d'agir, ces Juifs et, avec eux, bien des démocrates ayant fui l'hitlérisme, représentent ici une « autre Allemagne »[2].

Mais, au-delà du plan politique, ces immigrés avaient-ils à cœur de demeurer, malgré leur intégration à l'Argentine, des « pionniers de la culture allemande », à l'instar des premiers maîtres de l'université de São Paulo – Bresslau, Rawitscher, Feder, Rosenfeld –, auxquels Ernst Toller[3], infatigable défenseur des esprits libres et des Juifs, sous le nazisme, avait jugé légitime de décerner ce titre prestigieux entre tous ?

Parmi les immigrés juifs en Argentine, il était aussi des figures originales, inclassables, au parcours politique déroutant et au comportement surprenant, rançon d'existences heurtées, pleines de contradictions parfois et d'imprévus, cela en dehors d'une référence et d'une préférence conservées à une communauté d'origine protectrice et jamais reniée malgré un progressif éloignement[4]. Certains, qui n'auront pas souhaité revoir l'Allemagne reconstruite dix ou vingt ans plus tard, ne devaient plus se distinguer de la bourgeoisie et de l'intelligentsia créoles. La langue locale, le mode de vie et de penser, les aspirations et les élans patriotiques nationaux les auront pleinement assimilés, conformément à la vocation phagocytaire et unitariste des Amériques en devenir. D'autres, au contraire, qu'ils n'aient jamais songé à revoir l'Allemagne ou qu'ils n'aient vu dans le pays d'accueil qu'une étape transitoire dans une existence linéaire, seront restés fidèles à la langue et à la

---

Crisol, *El Comercio* de Tucumán ou *Bandera Argen*tina qui, en mai 1938, dénonce « la silencieuse invasion juive du pays comme une colonne de fourmis ».

[1] Cf. « Nuestra vida israelita en Buenos Aires », *Mundo israelita*, Caracas, 15.09.1943 ; K. J. RIEGNER, « A Flat Apart in Argentina : Diaspora, Settlement », *American Jewish Review*, juin 1955.

[2] *Das andere Deutschland* était l'organe communiste allemand local fondé par les membres du premier Comité antifasciste allemand de Buenos Aires avec Dang, Siemsen, Damus, Damerau, Grönewald, Lehmann, bi-hebdomadaire tirant encore à 5000 exemplaires en 1945, malgré l'éclatement du rassemblement marxisant après la signature du pacte germano-soviétique de 1939.

[3] Pacifiste en 1914-1918, révolutionnaire en Bavière en 1919, condamné à cinq années de forteresse. Libéré en 1924, il s'exilera aux Etats-Unis sous le nazisme, et, désespéré, s'y suicidera en 1939. Il figure avec Brecht, Tucholsky, Fritz v. Unruh, Weyel et Zweig dans le recueil *Les Bannis* publié par le Comité national des écrivains aux éditions de Minuit en 1944, et, dès 1933, il avait déployé une « activité intense » (L. Richard) pour dénoncer le nazisme et attirer l'attention sur les conditions faites en Allemagne aux arts et à la littérature.

[4] Cas de l'ingénieur viennois Paul (Pablo Teodoro) REDL, employeur des anciens du *Graf Spee*. Malgré les nazis, il fréquente les clubs allemands, voit la propagande sioniste comme une injure à l'hospitalité argentine et se sent à Buenos Aires « au paradis ». Tel n'est pas le cas d'Olga OLBERG, ardemment révolutionnaire, militante intransigeante et infatigable, animatrice du Comité antifasciste argentin et du manifeste *El Pueblo contra la invasión nazi*.

culture allemandes que tant des leurs avaient tant aimées et illustrées depuis des siècles. James Friedmann et notre vieil ami Hans Heinz Altmann sont de ceux-là, qui ont titré de la même façon leurs souvenirs d'exil liés à la préservation et au culte de la langue natale, « vraie patrie de l'apatride »[1]. Pour Altmann, « l'allemand reliait à la patrie perdue par des phrases faciles à lire dans une langue qui est notre demeure et comme un gage de sécurité dans un milieu qui nous était étranger »[2].

Cette langue, c'était aussi celle de l'ennemi retrouvé dans l'immigration ; elle ne pouvait rien contre la fracture ouverte entre germanophones, éclatante dans le théâtre, les arts et la littérature de l'exil.

b- La fracture culturelle : théâtre, arts plastiques, littérature

Institution populaire et prestigieuse entre toutes, le théâtre allemand de Buenos Aires devait, lui aussi, retrouver sa célébrité, mais sous le signe d'un antagonisme inexpiable et d'un affrontement reconduit entre deux troupes héritières de la vieille scission de 1918 exacerbée par le nazisme et ses survivances idéologiques.

Le *Deutsche Theater* était la scène la plus ancienne, dirigée par Ludwig Ney en 1938 et qui devait attirer en sept ans plus de 50 000 spectateurs, « Vieux Allemands » pour la plupart, sensibles aux sirènes du nazisme et toujours à l'écoute de la voix officielle.

En face, née le 20 avril 1940, la *Freie Deutsche Bühne*, scène, mais aussi tribune de Max Reinhardt à Berlin, à la fois acteur, dramaturge, metteur en scène, ex-directeur de la *Städtische Bühne* de Coblence, puis à Dessau, Lübeck, Barmen, Essen, Cologne. Avec Paul Zech, le poète tourmenté de *Neue Welt- Verse der Emigration*, lui aussi réfugié à Buenos Aires de 1933 à

[1] Cf. James FRIEDMANN, *Muttersprache – das Vaterland der Heimatlosen: Erinnerungen und Dokumente eines deutschen Verlegers in der Emigration mit anschliessender Anthologie aus Büchern, Zeitschriften und Zeitungen*, Francfort, 1963.

[2] « … Die Kette aber, die mit der Heimat verband, waren die deutschen Sätze, die so leicht zu verstehen, so leicht zu lesen, so viel Innigkeit… », H. H. ALTMANN, *Muttersprache – Heimat der Heitmatlosen?*, Grüb Nachf., Bollschweil, 1992. Voir aussi ses premiers souvenirs, *Grenzstationen meines Lebens*. Le yiddish était, pour lui, le lien avec les Juifs d'Europe orientale, l'hébreu la langue du culte et de la synagogue.

sa mort accidentelle en 1946[1], Paul Walter Jacob a certainement été la plus grande figure intellectuelle juive allemande de l'exil en Argentine[2] :

> Il avait quitté l'Allemagne dès 1933 pour diriger le théâtre allemand de Prague où sa femme, Liselotte Reger, avait fait une grande partie de sa carrière d'actrice. Elle allait le suivre à Buenos Aires en 1938 avec la majeure partie de la troupe. C'est à Ernst Alemann, directeur de l'*Argentinisches Tageblatt*, que Jacob devait l'idée d'un théâtre libre en exil.
>
> En sept ans, la troupe allait donner 550 représentations à la Casa del Teatro, dont 165 premières avec un répertoire étendu, allemand et contemporain, de Schiller à Schnitzler, de Wilde à Pirandello.
>
> Au théâtre, Jacob et ses camarades devaient ajouter des spectacles de cabaret allemand – chansons, sketches, parodies –, soutenus par les organisations antifascistes locales, DAD, *Argentinisches Tageblatt*, *Jüdische Rundschau.*
>
> La *Freie Bühne* aura ainsi démontré la valeur cathartique du Théâtre pour garder à la langue natale sa qualité de vraie demeure de l'être, le lien le plus précieux pour Stefan Zweig, James Friedmann et tant d'exilés à la mémoire intacte[3].
>
> Jacob regagnera l'Allemagne en 1950 et sera titulaire de la chaire d'art dramatique à l'université de Cologne[4].

Grand voyageur en Afrique orientale, prisonnier des Anglais en 1914-1918, le journaliste romancier Balder Olden a quitté l'Allemagne dès 1933. Dès 1940, il confirmait l'opposition radicale entre les deux scènes de la capitale argentine, le fossé d'hostilité parfois virulente entre Allemands immigrés, tant à l'école que dans les associations et toutes les manifestations de la vie sociale[5]. Même constat, quelques années plus tard, en 1954, de

[1] « Fuir les bourreaux était, dira-t-il, le premier devoir de l'homme libre : « Niemand kann eins und einig sein mit Henkersknecht ». Sur Zech, voir *Les Juifs allemands et l'antisémitisme...*, *op.cit.*, pp.225-226. Cet écorché vif, mort dans la rue, détestait Buenos Aires, n'aspirant qu'au retour dans la *Heimat*, « toujours aimée depuis l'âge tendre et malgré le jour où il avait bien fallu dire NON ». Sur Zech, A. SPITTA, *Paul Zech im Südamerikanischen Exil, 1933-1946, Ein Beitrag zur Geschichte der Deutschen Emigration in Argentinien*, Bibl. Americana, Berlin, 1978.

[2] Sur Jacob, K. V. WOLFGANG, *Paul Walter Jacob und die Freie Bühne in Argentinien*, thèse, Vienne, 1979 ; aussi U. NEUMANN, Ein *Theatermann im Exil : Paul Walter Jacob*, Hambourg, 1985.

[3] Sur l'existence de la communauté allemande en exil, voir W. KIESSLING, *Exil in Lateinamerika. Kunst und Literatur im antifaschistischen Exil 1933-1945*, Bd. 4, Leipzig, 1980, et dans notre livre *Les Juifs allemands et l'antisémitisme...*, *op.cit.*, III, Chap. V « Résistance et culture de l'exil », pp.213-226.

[4] Sur Jacob et la *Freie Bühne*, *Sieben Jahre Freie Deutsche Bühne in Buenos Aires. Ein Brevier*, hrsg. von P. W. Jacob, 1946 ; *Theater 1940-1950. Zehn Jahre Freie Deutsche Bühne in Buenos Aires*, hrsg. von P. W. Jacob,1950 ; *Theater-Almanach auf das Goethe-Jahr 1950*, hrsg. von P. W. Jacob,1948.

[5] « Wir haben nämlich ein Theater, die andern haben auch eins, wir haben jeder eine Zeitung, jeder eine Schule, Verein, Vorträge – in einer Umwelt deutsche Welt und deutsche Umwelt [...] Aber die Trennung ist so absolut, daß man in einem Dorf vergessen kann, daß das andere existiert», *Aufbau*, New York, 1941, cité par W. KIESSLING, *Exil...*, *op.cit.*, p.73 et Holger MEDING, *Flucht vor Nürnberg?*, *op.cit.*, p.230. Même le mouvement éducatif anthroposophe de Steiner, fondé sur la gnose chrétienne et très apprécié en Allemagne, n'avait pu éviter le schisme entre adhérents : à l'*Arbeitsgruppe Florida* répondait en 1954 la

l'ambassadeur de République fédérale, Terdenge, pour qui il n'existait pas de pire déchirement que cette rivalité rémanente et mortifère entre les deux théâtres demeurés insensibles à l'évolution du monde.

Devenue *Deutsche Bühne Buenos Aires*, la *Freie Deutsche Bühne* sera dirigée par Siegfried Breslauer après le départ de Jacob, gagnant le concours de grands acteurs comme Ernst Deutsch, Viktor de Kowa ou Theo Lingen, tandis que son concurrent, toujours actif et prisé des arrivants d'après-guerre, est soutenu par la presse locale nostalgique du Reich, *Der Weg* et *Die Freie Presse*.

***

La vie culturelle allemande au Rio de la Plata a toujours obéi à des références anciennes, patriarcales, auxquelles avaient sacrifié bien des immigrés avant 1939, renforcées par les goûts artistiques des fugitifs de 1945 qui ne faisaient qu'emprunter la voix de leurs devanciers. La maison d'édition *Dürer* avalisera aisément les conceptions esthétiques du nazisme, rejetant les créations de l'art moderne et les influences étrangères auxquelles le régime de Weimar avait été très sensible dans une perspective d'ouverture sur l'universel. En Allemagne, un peintre comme Emil Nolde, considéré comme un artiste dégénéré (*entartet*) et décadent avait dû protester de sa fidélité au régime nazi en réaffirmant sa volonté d'honorer « un art allemand vigoureux, dur et ardent »[1].

Pour Robert Scholz, directeur des revues officielles *Die völkische Kunst* et *Die Kunst im Dritten Reich*, l'esthétique est « une foi et la fixation d'un but tirant leur certitude de conceptions et de normes extérieures à l'esthétisme »[2]. Seuls comptent « l'âme collective » et ce qui est valorisé par la « tradition populaire », entendez la pacotille, la carte postale, la littérature d'almanach, ce qui s'avère compréhensible par le peuple, dit Goebbels dans le *Lokal-Anzeiger* en avril 1933[3]. « Etre allemand, c'est être clair », clame Hitler dans un discours aux étudiants de Munich en janvier 1936. L'idéal du beau repose sur

---

branche *Michaelzweig* des réprouvés de 1945, soixante participants dirigés par Lahnsen et le couple Ney du *Deutscher Theater*.

[1] D. SCHMIDT, « In erster Stunde », *Der Kunst*, Dresde, 1964, p.153: « den es ist nicht so, meine Kunst ist deutsche, stark, herb und innig ».

[2] *Lebensfrage der bildenden Kunst*, 1937, cité par J. WULF, *Die Bildenden Künste im Dritten Reich*, S. Mohn, p.211.

[3] Voyageant outre-Rhin en 1939, Saint-Exupéry observe qu'on fait défiler des ouvriers de la Ruhr devant un Van Gogh, un Cézanne et un chromo. « Ils votent naturellement pour le chromo, dit-il. On boucle dans un camp les candidats Cézanne, les candidats Van Gogh et on alimente en chromos le bétail soumis », rapporté in L. RICHARD, *Le nazisme...*, *op.cit.*, p.74.

la conviction que la valeur biologique du sang et du sol forme l'essentiel de la communauté allemande et que le classicisme grec doit être imité puisqu'il correspond aux données biologiques et que ses canons répondent à l'harmonie du corps humain. L'ultime critère de la beauté ? Cette platitude, assénée par le Führer lui-même, en octobre 1934 : « L'image de l'homme, expression exacte de la plus haute vertu mâle, conforme par là à son être et à sa définition voulue par la nature »[1]. Des propos qui n'ont pas empêché les bonzes du régime – Goebbels, Hess, Frank et surtout Speer, Ribbentrop et Göring – de manifester une « appétence compulsive »[2] pour les impressionnistes français et l'art moderne, même au titre de simples placements...

A Buenos Aires, le cercle *Dürer* illustre alors cette conception de l'esthétique nazie par ses graphistes, ses dessinateurs, ses peintres, tandis que *Der Weg* multiplie les articles de Merzig, Maler, Menghin, Unger, bannissant l'art moderne et condamnant l'art « indigne » d'un Klee, d'un Picasso, d'un Feininger et les « barbouillages » des Grosz, Barlach, Ernst ou Kandinsky ironiquement taxés de « charlatanisme » par les habitués de la *Donnerstag-Gesellschaft.* « Nous demandons à l'artiste de posséder la maîtrise de son art et d'avoir saisi que les arts et métiers sont inséparables de la mission qui doit être la sienne », écrit un pourfendeur de la « dictature anarchiste », donc de l'avant-garde qui, en Allemagne même, après 1950, fait triompher l'abstraction pourtant naguère terrassée[3].

***

En littérature, le même parallèle se dégage, mais, dans un premier temps au moins, il était difficile à *Der Weg* – cette réunion des plumes et des plumitifs nazis – d'ignorer la renommée des grands auteurs déjà honorés sous Weimar. Très vite pourtant, priorité sera donnée à ceux qui auront adhéré au nazisme ou qui – presque tous anciens combattants de 1914-1918 – auront préparé, encensé ou illustré le mouvement hitlérien, outre enfin les « compagnons de route » résignés à le servir ou à s'en accommoder. Uwe-K. Ketelsen en a proposé la liste dont on retiendra quelques noms[4].

---

[1] Quant à la femme, « elle glorifie le fruit mûr de la vie et la mère consacrée à son but le plus élevé » (*sic*), *Odal*, oct. 1934.

[2] F. de ALMEIDA, *La vie mondaine sous le nazisme*, Perrin, Tempus, 2008, p.234.

[3] B. MALER, « Schluß mit der Diktatur der Anarchisten », *Der Weg*, X (1956), 7-8, p.743.

[4] *Völkisch-nationale und nationalsozialistische Literatur in Deutschland, 1880-1945*, Metzler, 1976. Paul Alverdes était le directeur de la revue *Das Innere Reich*, Werner Beumelburg, ancien de 1914-1918, membre de l'Académie prussienne des Arts épurée par Goebbels, Wil Vesper, directeur traditionaliste et antisémite de la feuille *Die Neue Literatur* de 1933 à 1943, Heinrich Zillig, engagé en 1914 lui aussi, militant pangermaniste et August Winning, ancien maçon syndicaliste, utile aux nazis comme exemple d'ouvrier social-démocrate rallié au nazisme.

Il y a enfin ceux qui, compromis dans l'ascension du parti, s'en étaient ensuite tenus à distance pour éviter de figurer, la guerre perdue, au nombre des réprouvés ou des condamnés.

Mais d'autres auteurs restent, cités par *Der Weg* au nom d'un patriotisme « biologique » ignorant les conséquences tragiques de telles positions[1].

Dans son analyse de l'évolution idéologique du journal, Meding note la dérive caractéristique du champ sémantique de ses éditoriaux. On a le sentiment que plus on s'éloignait de la guerre et du nazisme abattu, plus les livraisons hebdomadaires se faisaient nostalgiques d'un passé qui ne passait pas. Tel événement funeste – le bûcher des livres du 10 mai 1933 –, jugé d'abord regrettable en 1950, devient, cinq ans plus tard, « une excellente initiative contre la littérature juive pornographique »[2].

D'abord encensée, l'œuvre de Stefan Zweig n'est tenue ensuite que pour l'exemple type de « la domination juive sur les lettres allemandes ». Difficile à ignorer, Heine se réduit pour un Keiper nazifié, à « une simple lueur sur l'autel de la poésie nationale »[3]. De là, on tombe vite dans l'injure gratuite et grossière contre la « littérature d'asphalte », Anna Seghers et ses « productions d'immondices rebutantes », Stephan Hermlin « poète ordurier », Erich Kästner, « auteur fécal » ou Thomas Mann, « escroc littéraire » détesté[4].

Sarcastique et vipérin, *Der Weg* est prodigue en néologismes antisémites d'une implacable haine[5]. Il stigmatise le théâtre avant-gardiste, autant que la sculpture « néanderthalienne » et le « Kraal hottentot » des architectes modernistes. A la dégénérescence (*Entartung*) de la vie culturelle à Bonn, l'acteur Will Quadflieg oppose la tradition du sol, du romantisme d'antan et de l'art populaire « de bon goût ».

Seule échappe à l'anathème la musique, y compris Schönberg et Hindemith pourtant farouches antinazis immigrés ; c'est elle qui accordera, un temps bref, nazis immigrés et antinazis locaux, Créoles et Germano-Argentins lors de concerts prestigieux avec des dirigeants et des virtuoses de renommée

---

[1] Ainsi Hans Friedrich Blunck, président de la Chambre de la Littérature jusqu'en 1938, Hans Carossa, rallié au nazisme et membre de l'Académie prussienne des arts en 1933, Hans Grimm, vieil « Africain » réactionnaire, auteur du célèbre livre *Volke ohne Raum* et qui dans ses confessions prétendra en 1956 avoir toujours défendu les victimes du nazisme, Arthur Dimler, metteur en scène du Schiller Theater, auteur d'un succès de librairie sulfureux : *Die Sünde wider das Blut*, ou encore Erwin Guido Kolbenheyer, ancien commandant de camp de prisonniers en 1914-1918, champion de la sélection raciale et membre de l'Académie pour l'éducation et les arts.

[2] *Der Weg*, IV (1950), 3, p.310; *ibid.*, IX (1955), 9, p.588.

[3] « Über Heinrich Heine », *ibid.*, XI (1957), 5-6, p.324.

[4] « Thomas Manns letzter Werk », *ibid.*, XI (1957), 10.

[5] *Untermenschen*, *seelenverjudet*, *Judenknecht*, *Weltjudenpresse*, *Hebräokratie* etc..., Le journal parle de « nihilisme asiatique », de « défense de l'intégrité européenne », de « polype ravageur sous le signe de l'étoile de David », « Weltgeschehen », X (1956), 11-12, p.722.

mondiale – Furtwängler, Karl Böhm, Gieseking, Backhaus, Wilhelm Kempf –, événements dont le souvenir restera, la musique étant seule capable de réunir, dans les régions sereines de l'esprit, des compatriotes toujours en proie à des haines inexpiables.

Mais qu'en est-il de la littérature de l'exil, de ses pionniers, de ses figures et de ses représentants, beaucoup d'origine juive et qui ont laissé des souvenirs circonstanciés sur ces étapes latino-américaines de leurs existences de proscrits ? Nous avons évoqué, ailleurs[1], le parcours d'un James Friedmann, originaire d'une famille juive allemande de Poznan (Posen), aventurier, libraire et éditeur, découvreur de talents et héraut de la langue allemande, mémoire vivante de l'immigration intelligente.

A la librairie *Kummer* de Doris Dauber, il avait rencontré Paul Zech, August Siemsen, Mellert, le caricaturiste attitré de l'*Argentinisches Tageblatt*[2], et nombre de militants socialistes exilés, avant de fonder lui même l'*Editorial Cosmopolita,* providence des intellectuels allemands immigrés. « On ne change pas de langue comme on ne change pas de couleur de peau », disait, Inge von Wedemeyer, sociologue des Andes du Pérou et d'Argentine. A défaut d'avoir convaincu Zweig de publier chez lui, Friedmann donnera leur chance à des dizaines de compatriotes soucieux de transmettre leur expérience d'exilés, mais aussi le souvenir d'un pays bien-aimé qui leur avait apporté la sécurité et la paix.

A côté de Hans Jahn (*Babs und die Sieben* et *Hüben und Drüben*), Carlos Völlmer, Livia Neumann (*Hab Mut und Glück* en 1942 et *Puerto Novo* en 1943), il y a tous ceux qui, comme Hans Heinz Altmann, avaient pour viatiques le trésor de la mystique juive et le culte de la langue et de la littérature allemandes.

Sa bibliothèque portative ne quittera jamais Altmann, homme de culture avec Goethe, Schiller, Heine, Storm, Hauptmann, Schopenhauer, le contraire, partant, du voyageur esseulé et sans bagage. Avec lui, bien des compagnons d'infortune, « sauvés de la noyade grâce au navire de la langue natale qui leur avait permis de franchir des mers inconnues pour atteindre les rives étrangères du salut »[3].

Ces hommes, ce sont Johann Luzian et son autobiographie désespérée, *Der Ungläubige Thomas*[4], Werner Bock, professeur de littérature allemande à

[1] Cf. *Les juifs allemands et l'antisémitisme*..., *op.cit.*, pp.223-225.

[2] De nationalité suisse, connu sous le pseudonyme de Clément MOREAU (allusion à Marot). Bête noire de l'ambassade allemande à Buenos Aires à l'époque hitlérienne, cf. W. MITTENZWEI, *Carl Mellert, Clément Moreau : Ein Leben auf der Suche nach der Brüderlichkeit des Menschen*, Berlin, 1977.

[3] H. H. ALTMANN, *Muttersprache- Heimat*..., *op.cit.*, p.14.

[4] « Alles wird anders sein, wird wieder verändert sein bis zur Unkenntlichkeit, wenn wir einmal wieder heimkommen sollten... », *Der ungläubige Thomas*, p.185.

Montevideo, Otto Heuschele, toujours hanté par la patrie perdue[1], Ernst Kroch à l'existence aventureuse, erratique, disloquée, du camp de Lichtenburg à l'Uruguay militarisé ; voyez, parfois optimistes, souvent désemparés, Hans Tolten[2], Fred Heller[3], F. R. Francke[4]. Avec eux encore, Franz Silberstein qui, dans *Die unteilbare Freiheit* appelle de ses vœux en 1941 la fin de la barbarie et l'avènement d'une Europe guérie de la bestialité, Bruno Weil, juriste itinérant, inquiet, dans *Durch drei Kontinente*, de la fin du judaïsme à cause de la perte de ses effectifs, de la division des survivants, de l'affaiblissement des traditions et de la spiritualité[5]. Günter Ballin enfin, fils du célèbre armateur sous Guillaume II, représentant d'une génération jamais en repos depuis 1914 avec la guerre, l'inflation, l'instabilité, la crise, la montée du nazisme et l'antisémitisme pathologique des S.A., aura été, à Buenos Aires, l'une des personnalités les plus respectées de la communauté juive. Germaniste, philologue et polyglotte, homme de théâtre, historien du judaïsme, il est alors le Nestor vénéré de la *Pestalozzi Schule* dans sa lutte farouche contre l'emprise locale nazie. Son autobiographie, *Zwischen Gestern und Morgen*, dialogue imaginaire entre bourreaux nazis et Juifs tyrannisés, est au fond un appel suprême à la tolérance, à la réconciliation et à la liberté.

La fracture de la vie culturelle se double, au plan de l'opinion publique, d'un combat sans quartier entre monarchistes et républicains, conservateurs et libéraux, nationalistes et socialistes, tenants de la race et champions de la lutte des classes. Querelle d'Allemand ? Peut-être pour les Créoles volontiers ironiques, sûrement pas pour les protagonistes rompus aux affrontements à chaque inflexion dramatique de l'histoire européenne et allemande : 1918, 1933, 1945. Insultes, calomnies, dénonciations réciproques jalonnent la carrière des porte voix des deux camps, en tête l'*Argentinisches Tageblatt* et la *Deutsche La Plata Zeitung* (DPLZ).

c- La presse de la discorde

Organe d'information, d'investigation, mais aussi arme de combat, la presse reflète le sentiment d'une collectivité, ici d'une collectivité divisée sur l'intelligence du passé comme sur l'interprétation du présent et les promesses de l'avenir pour l'Europe et pour le monde.

---

[1] « Dann geschah das Unbegriefliche : Die Deutschen entfremdeten sich ihrem eignen besten Selbst…», lettre à W. Bock, 1959.

[2] *Mit uns wandert die Heimat*, 1944.

[3] *Das Leben beginnt noch einmal. Schicksale der Emigraten*, Montevideo, 1945.

[4] *Fremd auf fremder Erde*, 1942 ; *Das waren noch Zeiten*, 1954.

[5] *Baracke 37. Stillgestanden !*, Buenos Aires, 1941.

Fondé par la famille Alemann, l'*Argentinisches Tageblatt* a été plus d'un siècle, de 1887 à 1992, la grande voix libérale des germanophones d'Argentine[1]. D'emblée hostile au nazisme, acerbe, ironique et virulent à l'encontre d'Hitler, de ses hiérarques et de ses sujets sur place[2], le *Tageblatt* a su déjouer les attaques verbales et physiques, les attentats à la bombe parfois, les procès[3], les mesures d'interdiction de vente en Allemagne et de répression contre son directeur et ses éditorialistes[4]. Dès 1940, il avait dû agrandir sa salle de lecture, les 45 000 immigrés arrivés depuis sept ans lui ayant valu une augmentation sensible de son tirage et de ses abonnements – 40 000 peut-être.

Malgré le boycott hitlérien, son cinquantenaire, en 1937, sera salué deux ans plus tard par les plumes les plus fameuses de la galaxie intellectuelle germanophone immigrée : Einstein, Freud, Feuchtwanger, Graf, Kerr, Koestler, Olden, les Zweig et les Mann[5].

Face au *Tageblatt*, la DLPZ – *Deutsche La Plata Zeitung* – de la famille Tjarks, vieil organe monarchiste, s'est très vite alignée sur les positions antisémites du national-socialisme, aidée financièrement, comme tant de feuilles créoles de province[6], par l'ambassade du Reich – mais cela au prix d'une interdiction après la théorique déclaration de guerre à l'Axe en avril 1945 ; d'où la naissance, six mois plus tard, et grâce à l'appui gouvernemental, de la *Freie Presse* conservatrice fondée par Federico Müller-Ludwig, ancien collaborateur de la DLPZ. Dès les années 1950, le nouveau quotidien tire à plus de 30 000 exemplaires, croisant le fer avec un *Argentinisches Tageblatt* qui, pour se distancer chaque fois davantage du justicialisme officiel, se verra suspendu plusieurs semaines et menacé de disparition par les restrictions d'approvisionnement en papier. *Die Freie Presse* profite au contraire de l'afflux des fugitifs du IIIe Reich et de professionnels de l'édition comme Roland Kessler, ex-conseiller de presse du « protectorat de Bohême-

---

[1] Cf. *Argentinisches Tageblatt im hundersten Jahrgang*, Sonderdruck, 1987.

[2] Goebbels était décrit comme une « chaussette germanique à pied bot » (*klumpfüßiger Strumpfgermane*), traité d' « imposteur », Streicher de « pornographe attitré », Göring de « drogué incurable ». Hitler, toujours appelé Schickelgruber ou Grölaz, était « un peintre en bâtiment promu plus grand capitaine de l'histoire ».

[3] L'ambassadeur Thermann avait attaqué *Crítica* au motif d'avoir attenté aux bonnes relations entre l'Argentine et un pays ami. Alemann répliquera par un procès à Thermann qui devait durer plus de quatre ans.

[4] Ernesto Alemann sera déchu de son titre de docteur de l'université de Heidelberg.

[5] Cf. *Fünfzig Jahre Argentinisches Tageblatt : Werden und Aufstieg einer auslandsdeutschen Zeitung*, Buenos Aires, 1939. Cette rétrospective était due à Peter Bussemeyer, le rédacteur en chef du journal, déchu en 1939 de sa nationalité allemande par Goebbels. Il y fait l'éloge d'une *Pestalozzi Schule* « apolitique et libre » incorporée au système argentin et honorée de conférenciers illustres comme Stefan Zweig ou Emil Ludwig.

[6] *El Crisol*, *Clarinada*, *Cabildo*, *La Fronda*, *El Pampero*, *La Razón* qui publie en mai 1937 un reportage de 37 pages à la gloire du IIIe Reich. Ces feuilles relèvent, selon la nomenclature journalistique de Goebbels, de la catégorie N°4 : « ouvertement pro-allemandes ». De même *La Provincia* à Salta, *Restauración* en Entre-Ríos, *La Voz del Chaco* à Resistencia. *El Día* de Jujuy, *La Opinión*, *El Imparcial*, *El Atlántico* etc…

Moravie », Carlos *Freiherr* v. Merck, ancien correspondant local du *Völkischer Beobachter*, mais surtout Wilfred v. Oven, homme lige de Goebbels suivi « jusqu'au bout »[1], promu rédacteur en chef du nouvel organe après une première « reconversion » comme correspondant en Argentine du *Spiegel* et avant de trouver le chemin de la réhabilitation. Entre *Die Freie Presse* et *Der Weg*, l'accord allait de soi et le principe des vases communicants voyait les mêmes plumes acérées passer de l'un à l'autre, au besoin sous divers pseudonymes.

Journal des ex-Waffen-SS, rappelons-le, *Der Weg* aura toujours, jusqu'à sa disparition en 1957, témoigné d'une attitude nationale-socialiste inébranlable, indifférente, jusque dans les pires aberrations, à l'évolution de l'Europe et du monde après 1945.

L'Allemagne nazie est vue ici comme le « paradis perdu » du peuple allemand, l'inverse, pour Sven Hedin, du « bourbier weimarien » cher à Clémenceau et à Poincaré[2]. Après le rappel du « coup de poignard dans le dos » et la stigmatisation des « traîtres » de 1918, la Seconde Guerre mondiale est, sur un fond de leitmotiv antisémite, un thème récurrent du *Weg*.

Le « droit d'expansion de l'Allemagne à l'Est » défendu par l'ancien diplomate Hans-Peter Kleist, ami de Ribbentrop, est-ce autre chose qu'une « heureuse correction d'espace vital » ?

Pour Hermann Sündermann, ex-chef-adjoint de la presse gouvernementale de 1942 à 1945, Hitler avait toujours voulu la paix ; pour Guido Heimann – négationniste immédiat – il n'a jamais réalisé une quelconque « liquidation » planifiée des Juifs[3] ; camions et chambres à gaz n'ont jamais existé et les fours crématoires ont été construits tardivement pour brûler les corps des victimes des bombardements[4]. Enfin, les Waffen-SS, selon Sassen lui-même, n'auraient rien eu à voir avec les gardiens de camps, et si la majorité d'entre eux étaient en 1944 des étrangers, n'est-ce pas la preuve que la défaite de l'Allemagne a bien été celle de l'Europe ? [5]

Ces propos d'un négationnisme éhonté s'accompagnent de jugements répulsifs à l'encontre d'une République fédérale souveraine en apparence seulement[6], vassalisée, corrompue, soumise à la collaboration avec ses occupants. « L'esprit de Bonn » devait ainsi rompre avec l'Allemagne impériale comme avec l'Allemagne nationale-socialiste tant aimée du peuple et des élites. Quant à Adenauer – le « chancelier des alliés » pour Schumacher –, il n'a démontré, derrière une façade cléricale, que son irrésolution et son incapacité[7], la prétendue générosité du plan Marshall – 6,6 milliards de DM – ne pouvant

---

[1] Titre de ses Mémoires publiés chez Dürer en 1949-1950, *Mit Goebbels bis zum Ende.*

[2] « Gedanken am Anfang des neuen Jahres », *Der Weg*, III (1949), 3, p.173.

[3] « Die Lüge von den sechs Millionen », *ibid.*, VIII (1954), 7. L'article sera reproduit dans le mensuel brésilien *O Mundo*, « A maior mentira do século XX ».

[4] « Des miesen Miskas Mieselsucht », *ibid.*, VI (1952), 6, p.432.

[5] E. FRITSCH, « Die SS Gestern und Morgen », *ibid.*, V (1951), 7, pp.485-487;

[6] C'est selon v. LEERS le pays de la servilité, de la flagornerie, de la démocratie de la licence et de l'interrogatoire (*Speichelleckerische Knechtseligkeit der Lizenz- u. Fragebogendemokratie*), « Jus rebellionis », *ibid.*, V (1951), p.52.

[7] V. LEERS (Schwarzenborn), « Mit tiefem Ernst », *ibid.*, VII (1953), 6, p.371.

masquer l'ampleur des frais d'occupation (plus de 40 milliards) et des confiscations (soit 30 milliards).

Qu'est-ce donc que l'Allemagne d'aujourd'hui, sinon un immense camp d'internement où tous les partis d'opposition, poursuivis, sont voués à survivre dans la clandestinité[1] ; tous les Allemands sont surveillés, à l'Ouest comme à l'Est, par les services secrets des occupants et par l'Office de protection de la constitution (*Verfassungsschutzamt*) et ses nombreux agents. « On se tait, quand trois Allemands sont à une table, l'un d'eux est sans conteste un espion »[2]. « Ce peuple est mort, conclut v. Leers, si les Heuss, les Pieck, les Adenauer, les Ulbricht et leurs descendants spirituels signifient notre avenir ».[3]

Ce qui dominait les visions faussement prophétiques du *Weg*, c'était l'obsession antisémite de tous ses rédacteurs, l'idée que les Juifs étaient les maîtres du monde, des Rothschild à Marx, par hommes de paille interposés, tels Churchill, Roosevelt et Eisenhower.

Le monde idéal du *Weg* était un monde utopique fondé sur la disparition des Juifs et sur la prospérité de nations indépendantes et libres, comme les cantons suisses, des frontières molles et une société ouverte ne pouvant qu'aboutir au chaos.

L'avenir de l'Allemagne, selon la profession de foi du jeune Führer éditeur Eberhard Fritsch[4], ne pouvait se concevoir que par le relèvement du Reich, un Reich mystique et sacralisé, dans la fidélité aux grandes heures de son histoire et de son rayonnement sur l'Europe et sur le monde.

En 1953, la revue ne pouvait pas compter sur l'institution d'un quelconque gouvernement nazi en exil, mais elle recevait, cette année-là, l'appréciable concours de nouveaux collaborateurs et correspondants – tous « Vieux nazis », politiciens, militaires ou activistes d'une certaine culture[5], atteints par les mesures prises par le gouvernement fédéral contre les partis extrémistes. Les ventes et les abonnements de la revue – 16 000 en République fédérale et 2500 en Afrique du Sud – lui laissaient alors espérer, grâce à cette

[1] Selon REMER, son leader, « Deutschland und die arabische Welt », *ibid.*, VII (1953).

[2] « Man schweigt, wenn drei Deutsche an einem Tische sitzen, den einer von ihnen ist bestimmt ein Agent », KRAYN, « Spione sehen dich am Agentensumpf Westdeutschland», *ibid.*, VIII (1954), 12, p.204.

[3] « Sind wir am Ende ? Prüfung des Gewissens », *ibid.*, IV (1950), 12, p.1073.

[4] Le *Buenos Aires Herald* du 20.10.1956 qualifiait *Der Weg* de « porte-parole reconnu de l'idéologie nazie survivante à travers le monde », et Eberhard Fritsch de « futur Führer du IVe Reich », tandis que les associations juives d'Argentine (DAID) intervenaient auprès des pouvoirs publics pour faire interdire le journal (dont le tirage était retombé à 5000 exemplaires, après le « pic » surprenant de 1953).

[5] Dont les signatures de Walter Darré, ancien « Führer des paysans du Reich », né lui-même en Argentine, du comte Schwerin v. Krosigk, ancien ministre des Finances, du général Ramcke, défenseur tonitruant des prisonniers de guerre allemands et des anciens Waffen-SS, de l'amiral Litzmann et des chefs nazis d'Amérique du Nord Solon E. Low et A. O. Tittman, ainsi que du représentant de la Ligue arabe à Bonn, H. A. Fahoussa et de l'inévitable Grand Mufti de Jerusalem, Mohammed Hadj Amin el Husseini. Parmi les écrivains et les artistes, Knut Hamsun, ami de Quisling et admirateur d'Hitler (mort en 1949), le poète américain Ezra Pound, supplicié et enfermé dans un asile italien jusqu'en 1958, les Suisses Oltramare et Amandruz, et toujours avec Rudel et v. Leers, Elly Ney, Wil Quadflieg, Sven Hedin.

« rédaction brune » amplifiée[1], un nouvel élan dans le rassemblement néo-nazi d'un bout à l'autre de la planète. En fait, simple répit avant la chute. Avec l'échec de Perón, le réveil des adversaires des nazis immigrés, le triomphe d'Adenauer en octobre 1957 et les mesures prises contre les partis extrémistes (notamment la SRP), les jours du *Weg* étaient comptés. Accusé de « sabotage actif » et de « résistance passive » contre l'Etat de droit, *Der Weg* disparaissait, tué par les procès après avoir longtemps redouté « un nouveau 20 juillet qui ruinerait ses illusions »[2].

Mais qu'en est-il advenu de ces soldats perdus et autres attardés du nazisme englués dans leurs souvenirs, enfoncés dans le déni du réel et de l'évolution ?

d- La voie diplomatique de la réconciliation

La République fédérale avait décidé de nouer des relations diplomatiques avec l'Argentine par l'envoi, en avant-garde, d'une « mission technique » conduite par le Dr. Carl Spiecker, ancien conseiller de presse du chancelier Brüning. Affrontant, dans un premier temps, injures et calomnies de réfugiés nazis impénitents, celui-ci allait voir son entreprise encouragée par l'*Argentinisches Tageblatt*, mais aussi facilitée par une *Freie Presse* conciliante et compréhensive, sur la voie du « ralliement », son directeur, Müller-Ludwig, s'entremettant entre l'envoyé de Bonn et le président argentin.

Dans un premier compte rendu circonstancié, le Dr. Dungs, conseiller de Spiecker, fait état en octobre 1950 de rapports délicats avec la communauté allemande locale, « la plus difficile de toutes celles qui sont hébergées en Amérique du Sud »[3]. Pour lui, il ne faut s'en remettre qu'avec la plus grande prudence à ces groupes fanatisés, les partisans d'une reprise des relations avec l'Allemagne renaissante étant encore ici très minoritaires. Ces exilés se croient, en effet, les seuls représentants de l'Allemagne, la politique suivie depuis 1945 n'ayant conduit, selon eux, qu'à d'irréparables dégâts (*auserordentliche Schaden*).

Le nécessaire changement de mentalité et de ligne politique de ces groupes ne peut être, selon Dungs, que le fruit d'un travail patient, explication

[1] Le mot est de Reinhard Kops (*alias* Maler) déplorant lui-même la vulgarité des nouveaux pamphlétaires abrités par le *Weg*. Voir, sur les phases de cette descente aux Enfers du journal, H. MEDING, *Flucht vor Nürnberg ?*, *op.cit.*, pp.252-263.

[2] « Jugend und Gemeinschaft », *Der Weg*, VI (1952), 5, p.322.

[3] « Im algemeinen dürfte Buenos Aires die schwierigste deutsche Kolonie von ganz Südamerika beherbergen… », Umfang. Zusammensetzung und Probleme der Deutschen Kolonie in Buenos Aires, Bonn, 30.10.1950, Politisches Archiv des Auswärtigen Amtes, III, b, Spiecker-Reise nach Südamerika, cité par H. MEDING, *Flucht vor Nürnberg ?*, *op.cit.*, p.265.

minutieuse pour leur faire prendre conscience de la situation réelle de l'Allemagne d'aujourd'hui.

Compte tenu de cet avertissement, le premier ambassadeur allemand, Dr. Hermann Terdenge, devait à la fois faire référence à la traditionnelle germanophilie argentine, tout en s'efforçant de s'attirer, sinon les faveurs, du moins la bienveillante neutralité d'une « colonie » allemande encore sous le coup de la défaite, de la vengeance des Alliés et de l'exil.

Or, toutes ces craintes allaient très vite se dissiper. Terdenge était reçu sans attendre et avec chaleur à la *Casa Rosada* dès le 8 janvier 1952. L'inauguration solennisée par un « acte » officiel de la nouvelle ambassade d'Allemagne, avec drapeau noir, rouge et or, le 4 avril 1952, était l'occasion pour Perón de rendre le plus vif hommage à une Allemagne mythique, indifférenciée, déracinée de son histoire et limitée à ses affinités électives avec une Argentine inconditionnellement germanophile ; débordant les usages protocolaires, faisant fi de l'A*cte de Chapultepec*[1], fidèle à ses convictions et bravant une fois de plus l'opinion internationale, il n'hésitait pas à redire son admiration pour la valeur du soldat allemand et son attachement à « ces vieux camarades de la Wehrmacht à qui les Argentins doivent dans une large mesure leur instruction et leur éducation »[2].

Tandis que se déroulaient des négociations économiques et commerciales, d'autres concernaient la restitution à leurs anciens propriétaires des biens et institutions sous séquestre depuis avril 1945. Avec la visite du ministre de l'Economie, Dr. Ludwig Erhard, les *Vereine* locaux étaient regroupés dans une *Federación de Asociaciones Argentino-Germanas* (FAAG) présidée par Ludwig Freude, vieil intime du dictateur platéen. Perón lui-même décidait la mise en scène de l'événement, le 25 avril 1955, au *Teatro Colón*. Des milliers de Germano-Argentins, des écoliers aux pensionnaires des maisons de retraite, étaient invités à entendre la harangue présidentielle inchangée célébrant, avec l'alliance indéfectible des deux peuples, les sentiments personnels de l'orateur sanctionnés par des *abrazos* chaleureux si prisés des Latino-Américains. L'hommage rendu à l'intelligence, à la science

[1] Sur cette disposition, voir *Supra*, Première partie, Chap. IV. Rappelons que cet Acte dogmatique résultait de la Conférence interaméricaine de février 1945, prévue à l'origine sans l'Argentine, sur les problèmes de la guerre et de la paix. Manifestation collective contre l'Argentine péroniste, elle entraînait les nations latino-américaines dans le sillage des Etats-Unis, obligeant à des consultations pour d'éventuelles sanctions et même une intervention militaire en cas de menace affectant le continent. Le traité de Rio, en août 1937, « déplaçait » le traité d'assistance réciproque sur le terrain de la guerre froide.

[2] « ... den alten Kameraden der deutschen Wehrmacht, denen wir in besonderem Maße unsere Ausbildung und Erziehung verdanken », rapport par *Der Weg*, VI (1952), 5, p.298.

et à la culture allemandes se concluait sur une nouvelle protestation de fidélité à ceux qui, sans nul doute, avaient toujours été ses plus chauds partisans[1].

Terdenge, pour sa part, s'était assez vite rapproché des responsables de la communauté germano-argentine, quitte à ignorer les irréductibles gravitant autour de Rudel et du « noyau dur » des nazis intransigeants. Reconnaissant qu'avant le rétablissement des relations diplomatiques avec l'Allemagne nouvelle, les néo-nazis tenaient ici « le haut du pavé », il se félicitera cependant de leur perte d'influence et du ralliement de la majorité des immigrés au chancelier Adenauer et à sa politique d'apaisement et d'amnistie. Il écrit même dans ses rapports à Bonn qu'à son avis « ceux qui s'obstineraient dans une attitude de refus seraient moins nombreux ici, en pourcentage, que dans la République fédérale »[2].

Habilement rentré en grâce à Bonn, Wilfred v. Oven confirmera cette stratégie intelligente et fructueuse de celui qui sera resté, pour lui, durant ses quatre années de mission, « le meilleur des ambassadeurs allemands en Argentine »[3].

Même Carlos v. Merck, ci-devant échotier et correspondant du *Völkischer Beobachter*, s'était laissé séduire par ce diplomate avisé ; il se dira prêt lui aussi à se mettre à sa disposition pour l'initier aux réalités argentines et l'accompagner dans sa découverte du pays qu'il apprenait à aimer.

Comme d'autres de ses pairs, Terdenge avait, par obligation diplomatique, peut-être aussi par inclination personnelle, entretenu les meilleures relations avec Perón, et il avait su « convertir » la plupart de ses compatriotes récemment immigrés à la nécessité de faire allégeance à l'Allemagne démocratisée, réhabilitée et déjà prospère qu'il représentait. Mais la chute de Perón entraînait son propre retrait et mettait fin à sa mission, comme une sanction de sa réussite. Entre l'Allemagne désormais attractive et l'Argentine déstabilisée après 1955, en proie aux désordres, aux crises, aux dictatures militaires féroces, mais aussi à l'émigration et à la pauvreté envahissante, le rapport ne serait plus le même.

Reste qu'en quatre ans, Terdenge aura singulièrement contribué à tirer les relations germano-argentines de l'ambiguïté pour en assainir et en faire fructifier le séculaire et précieux héritage.

---

[1] « Ich fühle mich daher als Angehöriger dieses Verbandes, denn es mag ebensolche, aber keinen größeren Freund Deutschlands geben, als ich es bin », « Weltgeschehen », *Der Weg*, IX (1955), 5, p.352. « Perón, le *Bluff old Soldier* qui n'avait jamais entendu un coup de feu, continuait à dénoncer le verdict de Nuremberg et restait un partisan inébranlable de l'Allemagne », écrit R. C. NEWTON, *The Nazi Menace…*, *op.cit.*, p.381.

[2] « …und die Stimmenzahl für die Neo-Nazisten kleiner als in Deutschland selber », *Deutsche Kolonie in Argentinien*, Politisches Archiv des Auswärtigen Amtes, Abt. 3, Bd. 74, p.328. Cité par H. MEDING, p.268.

[3] « Der beste Botschafter, den die BRD je nach Argentinien schickte», écrit-il à H. MEDING le 12.11.1989. Sur W. v. Oven, voir *Supra*, Chap. II, Note N°2, p.148.

CONCLUSION

UN REFUGE EXCEPTIONNEL

De cette revue de l'immigration allemande en Argentine, une Argentine invariablement germanophile des années 1880 jusqu'à la chute de Perón, des enseignements se dégagent, concernant en particulier la fracture ouverte dans la communauté allemande locale depuis 1918 et jusqu'à cet « irréductible compromis » conduisant à la réconciliation.

Il est courant, mais très exagéré, d'avancer que 5000 criminels de guerre nazis, sur un catalogue yankee de quelque 30 000 noms, se seraient réfugiés en République Argentine sous la protection jalouse de Perón. On attribuera même volontiers à ce pays le triste privilège d'un quasi-monopole du crime abrité et impuni, sans distinguer entre culpabilité patente et simple compromission, criminels avérés – de 1 à 2% des arrivants – et réfugiés ou expulsés et apatrides (les deux tiers venus de l'Est de l'Allemagne et des Balkans), tous en quête de sécurité et d'une existence nouvelle outre-océan.

Or, si les estimations habituelles en la matière ne sont pas plus satisfaisantes que les statistiques migratoires argentines officielles, la question de l'identité et de la responsabilité des criminels de guerre – posée par la Déclaration de Moscou dès novembre 1943 et entérinée par le Statut de Londres, prélude au procès de Nuremberg – soulevait aussi bien des difficultés.

Comment d'abord établir avec certitude la responsabilité personnelle, hors hiérarchie, grâce à l'indispensable concours de témoins survivants ? Comment appréhender le criminel en fuite à l'étranger sans l'aide des autorités de ce pays et l'extrader sans un obligatoire traité d'assistance juridique entre nations ? On sait à quel point la justice latino-américaine – pour ne pas parler de la syrienne ou de l'égyptienne – a toujours répugné, sauf exceptions heureuses et comptées (Stangl, Barbie, Bohne) à répondre favorablement aux demandes européennes formulées, la notion de « crime politique » étant jugée par elle insuffisante pour légitimer le processus d'extradition.

En Allemagne, l'administration Adenauer souhaitait « tourner la page » d'une mémoire monstrueuse et funeste ; elle voulait faire table rase des crimes ayant démesurément outrepassé les inévitables exactions du temps de guerre. On a ainsi noté avec les honneurs militaires de la Marine fédérale rendus lors de ses obsèques nationales en mai 1958 à l'amiral Max Bastian, ancien président du Tribunal de guerre durant cinq ans[1], la place grandissante prise alors par les anciens juges militaires du IIIe Reich dans le système judiciaire de la République fédérale ; des réhabilitations qui provoquèrent les protestations de la RDA et la publication de la liste complète des anciens magistrats militaires nazis ayant retrouvé un poste dans les ministères, cours de justice et tribunaux d'Allemagne de l'Ouest[2].

Mais déjà de 1946 à 1949, pour faire fonctionner les services et amorcer la reconstruction du pays, n'avait-on pas été contraint de faire appel à un personnel très souvent compromis avec l'ancien régime déchu ? De la Rhénanie à la Bavière, très souvent les maires mis en place par l'occupant venaient des partis d'extrême droite, car, en dehors d'eux, et les communistes étant exclus, les compétences étaient rares[3]. Ne pas oublier enfin que l'exercice de la justice et l'exécution des peines ne relevaient alors que de la seule autorité des puissances occupantes jusqu'au « traité de transfert » (*Überleitungsvertrag*) de mai 1955 qui octroyait aux services judiciaires fédéraux le soin de rechercher, de poursuivre et de punir les criminels encore en liberté en Allemagne ou ailleurs.

C'est en vertu de cette nouvelle législation que le Dr. Fritz Bauer, procureur général de Hesse, secondé par le Dr. Robert M. W. Kempner, substitut du procureur général des Etats-Unis à Nuremberg et par l'inlassable « chasseur de nazis » Simon Wiesenthal, avait, par devoir professionnel et par obligation morale, décidé de relancer les poursuites, un temps interrompues. Après avoir « localisé » Eichmann et prévenu le gouvernement israélien de sa présence à Buenos Aires, il devait provoquer en 1963 le second procès de 28 gardiens d'Auschwitz.

Avant 1939, les réfugiés juifs et anti-nazis avaient pu trouver à Paris, Londres et New York amitié et bienveillance, souvent une atmosphère chaleureuse qui les avait convaincus de reprendre sitôt que possible le combat contre l'oppression et le fascisme, ses agents, ses alliés et ses complices. De

---

[1] Voir A. GERHARDS, *Tribunal de guerre du IIIe Reich*, Cherche Midi, ministère de la défense, 2014, pp.23-31, 129-135.

[2] Avec création pour Berlin-Est d'un « Comité pour l'unité allemande » (*Ausschuss für deutsche Einheit*) à l'origine de trois publications accusatrices en 1958-1959, la dernière titrée « Mille juges étouffent la liberté et la démocratie », cf. A. WAHL, *La Seconde Histoire du nazisme dans l'Allemagne fédérale depuis 1945*, Paris, A. Colin, *op.cit.*, pp.137-138.

[3] Dès son arrivée à Munich, le 28 mai 1945, le général Patton, sur le conseil du cardinal Faulhaber, désignait comme gouverneur civil allemand Fritz Schaeffer, catholique d'extrême droite qui jugeait les rescapés de la gauche locale plus dangereux que les nazis. Même processus à Aix-la-Chapelle, Cf. C. FITZGIBBON, *Denazification*, Londres, M. Joseph, 1969, pp.88-91 ; J. FAVRET-SAADA, *Le christianisme et ses juifs*, Seuil, 2004, p.346. On sait jusqu'à quel point ce soldat d'élite, célèbre entre tous par son allant et ses compétences stratégiques, était en fait anticommuniste, farouchement antisémite et partisan de la réhabilitation des anciens nazis.

même, ceux qui après 1947 étaient parvenus à fuir les régimes totalitaires installés en Europe par le Kremlin pouvaient-ils espérer, malgré bien des atermoiements, des attitudes attentistes, indifférentes ou même hostiles dans les pays hôtes, faire triompher un jour les valeurs universelles auxquelles ils étaient attachés.

La situation était tout autre pour les rescapés de l'épuration en 1945, survivants d'années terribles, confrontés à la menace du châtiment ou, dans la clandestinité, à un futur sans avenir ; mal acceptés, encombrants, indésirables même chez les Suisses, les Espagnols ou les Portugais, ils étaient incapables de toute façon de s'organiser pour songer à une revanche et ne pouvaient espérer qu'en une éventuelle amnistie[1].

Or, dans ce contexte décourageant pour ces réfugiés d'après-guerre, l'Argentine faisait exception, d'abord par tradition germanophile, et par hostilité aux prétentions hégémoniques anglo-saxonnes sur les Amériques latines dans le cadre d'un panaméricanisme renforcé par l'entrée des Etats-Unis dans le conflit mondial ; ajoutez l'appui offert par Perón à des « indésirables » dont les qualifications professionnelles pouvaient aider à promouvoir dans le cercle encore étroit des puissances, une nation fière et en plein élan, ambitionnant de jouer le premier rôle en Amérique du Sud. Quelques milliers d'Allemands ne pouvaient, certes, triompher à eux seuls du marasme, de la gabegie et de la corruption généralisée frappant le pays, ni des erreurs inhérentes à une politique économique de planification hâtive, autarcique et ruineuse, mais depuis son exil madrilène, en 1967, Perón devait réaffirmer le bien-fondé de cette décision. Dans une interview à Eugenio Rom – *Así hablaba Perón* –, il justifiera à nouveau l'accueil réservé aux anciens Nazis « pour des raisons humanitaires », mais aussi « pour défier les Etats-Unis et l'Union soviétique dans la chasse aux savants », les Allemands, des plus utiles dans leurs spécialités respectives, « nous ayant épargné des années d'apprentissage », dira-t-il.

Il rappellera que plus de 7000 d'entre eux – nombre étonnant ! – auraient travaillé sur le réseau ferré national (racheté aux Britanniques en 1947, mais au matériel usé et à remplacer entièrement), ainsi que dans les usines civiles, fabriques militaires et centres d'essais, contribuant ainsi à l'essor attendu d'un pays longtemps prisonnier de ses structures coloniales. « Peu de gens le savaient, parce que nous ne le disions pas », conclura-t-il, conscient avec le temps de l'irritation qu'avait pu susciter dans l'opinion locale et internationale cette attitude protectrice envers les criminels nazis.

***

[1] Noté par P. SERANT, *Les vaincus…*, *op.cit.*, p.407.

Comprendre l'immigration, c'est être de plain-pied avec la mémoire et l'histoire d'autrui, accompagner ceux qui, coupables ou seulement désespérés et « fatigués d'Europe », souhaitaient s'évader, revivre ailleurs, oublier l'insupportable, dès lors que leur pays avait, par sa faute, manqué au plus sacré des devoirs selon Fontane : maintenir l'homme là où Dieu l'a fait naître.

Le IVe Reich argentin, comme jadis l'Eldorado, la Fontaine de Jouvence ou la Cité des Césars, n'aura jamais été qu'un rêve – pour certains un cauchemar et, avec Bormann, le mythe résiduel de la tragédie européenne le plus « résistant » du XXe siècle. Mais pour des milliers de germanophones coupables, vaincus, ou simplement désemparés, la République Argentine aura bien été, dans la délicate période d'après-guerre et par la grâce d'un *lider* rodomont et de son inoubliable épouse, sinon le « Pays des merveilles », du moins un havre providentiel, un refuge définitif et sûr, pour beaucoup d'entre eux une « nouvelle patrie ».

Sensible à l'amitié des « rien que soldats » ou prétendus tels qu'il admirait et accueillait avec empressement, Perón ne se disait-il pas lui-même honoré que tant d'Allemands infortunés et admirables aient opté, sans hésiter, pour « un itinéraire argentin » ? En fait de IVe Reich, un renfort migratoire non négligeable, un supplément, non pas d'âme, certes, mais d'initiatives, de savoir et de savoir-faire au profit d'une nation se voulant, au-delà d'une dictature militaire tragique, exceptionnelle, bafouant l'ordre constitutionnel et les droits fondamentaux, la plus européenne et – avec le Chili si cher à notre cœur – la plus attachante des Amériques.

Jean-Pierre Blancpain

Lons-le-Saunier, mai 2016

SIGLES

ABWEHR	Services de renseignements et de contre-espionnage des Forces armées (Canaris)
AFA	*Asociación Física Argentina*
AA	*Auswärtiges Amt* (Min. des Affaires étrangères)
ALN	*Alianza Libertadora Nacionalista* (groupement paramilitaire péroniste)
AO	*Ausländische Organisati*on (organisation extérieure du parti nazi – Bohle)
BND	*Bundesnachrichtendienst* (agence de renseignements fédérale – Gehlen)
CAPRI	*Compañia Argentina para Proyectos y Realizaciones Industriales* (aussi *Compañia Alemana para Recién Inmigrados*)
CHADE	*Compañia hispano-americana de Electricidad* (Argentine)
CIC	*Counter Intelligence Corps* (contre-espionnage américain)
DAIA	*Dirección de Asociaciones Israelitas*
DINIE	*Dirección de Industrias del Estado*
GESTAPO	*Geheime Staatspolizei* (police secrète d'Etat)
GOU	*Grupo de Oficiales Unidos* (groupe d'officiers argentins auteurs du *golpe* de juin 1943)
HIWIS	*Hilfswillinge* (collaborateurs étrangers volontaires, souvent ukrainiens ou baltes)
ICAG	*Institución Cultural Argentino-Germana*

IRO	*International Refugees Organization* (fondée en 1947)
JJDC	*Jewish Joint Distribution Committee* (association de secours juif)
MPE	*Movimiento Peronista de los Extranjeros en la República Argentina*
NSDAP	*Nationalsozialistische Deutsche Arbeiter Partei* (parti nazi)
OKH	*Oberkommando des Heeres* (Haut Commandement de l'Armée de terre)
OKW	*Oberkommando der Wehrmacht* (Haut Commandement des Forces armées)
ORPO	*Ordnungspolizei* (police de l'ordre en uniforme, incorporée dans l'association SS, dirigée par Kurt Daluege)
RSHA	*Reichssicherheitshauptamt* (Office central de Sécurité du Reich, dirigé par Heydrich puis Kaltenbrunner)
SD	*Sicherheitsdienst* (Service de la Sécurité du parti nazi – Himmler)
SA	*Sturmabteilungen* (Sections d'assaut – Röhm)
SS	*Schutzstaffeln* (Escouades de protection – Himmler)
SIPO	*Sicherheitspolizei* (police de sécurité rattachée à la SS)
SSVT	*SS-Verfügungstruppen* (troupes SS à la disposition, militarisées, à l'origine de la Waffen-SS)
SSTV	*SS-Totenkopf Verbände* (gardiens des camps avec Eicke, qui formeront la IIIe Division Waffen-SS)
UNRRA	*United Nations Relief and Rehabilitation Administration* (s'occupaient avant l'IRO des « personnes déplacées »)
VDA	*Verein für das Deutschtum im Ausland* (Association pour le germanisme à l'étranger)

GRADES ET EQUIVALENCES

SS	Wehrmacht	Armée Française
SS-Mann ou SS-Schütze	Soldat, Schütze, Oberschütze, Grenadier	Soldat de 1e ou 2e Classe
SS-Sturmmann	Gefreiter	Caporal
SS-Rottenführer	Obergefreiter	Caporal-chef
SS-Unterscharführer	Unteroffizier	Sergent
SS-Scharführer	Unterfeldwebel	Sergent-chef
SS-Oberscharführer	Kompanie-Feldwebel	Adjudant
SS-Hauptscharführer	Oberfeldwebel	Adjudant-chef
SS-Stabsscharführer	Hauptfeldwebel	Major
SS-Sturmscharführer	Stabsfeldwebel	Major d'EM
?	Fähnrich	Aspirant
SS-Untersturmführer	Leutnant	Sous-lieutenant
SS-Obersturmführer	Oberleutnant	Lieutenant
SS-Hauptsturmführer	Hauptmann	Capitaine
SS-Sturmbannführer	Major	Commandant, chef de bataillon
SS-Obersturmbannführer	Oberstleutnant	Lieutenant-Colonel
SS-Standartenführer	Oberst	Colonel
SS-Oberführer	?	Colonel commandant de brigade
SS-Brigadeführer	Generalmajor	Général de division
SS-Gruppenführer	Generalleutnant	Général de corps d'armée
SS-Obergruppenführer	General der Infanterie, der Artillerie	Général d'Armée
SS-Oberstgruppenführer	Generaloberst	Général de groupe d'Armées

REPERES CHRONOLOGIQUES ET CARACTERES ORIGINAUX DU GERMANISME A L'ETRANGER

La France, pour Braudel, était dès le XVe siècle « enveloppée » par une Europe qui avait ainsi tracé et limité son destin. Si elle avait paru encore surpeuplée jusqu'à la Révolution et l'Empire, son poids démographique devait, au sein du concert européen, singulièrement s'affaiblir, de 15,7% en 1800 à 7,9% un siècle plus tard. Après 1918, la panne de main d'œuvre l'avait obligée à une politique d'immigration pour remédier aux effets désastreux de la Grande Guerre, s'ajoutant brutalement à ceux d'une contraception déjà ancienne, diffusée et transmise comme une maladie.

Tardivement unifiée, mais formidable après Sedan, l'Allemagne était pourtant bonne dernière, avec l'Italie, dans le partage du monde où l'Angleterre et la France s'étaient adjugé – dans l'ordre – les meilleurs parts. Ayant longtemps, même encore sous Bismarck, fait peu de cas des possessions extérieures, elle n'avait en 1914 que quelques points d'appui et des lambeaux de colonies, acquisitions au reste vite reperdues en 1918, les Allemands ayant été jugés par Versailles « collectivement et unilatéralement responsables de la guerre », en conséquence « indignes » d'avoir des colonies (art. 231 du traité).

Substitut, en quelque sorte, d'un empire colonial défaillant, l'*Auslandsdeutschtum* célébré par les pangermanistes avant 1914 – l'*Alldeutscher Verband* date de 1891 – soutenait par le DVA (*Verein für das Deutschtum im Ausland*) les activités, en principe apolitiques, des Allemands expatriés. Mais l'institution devait vite servir de relais aux entreprises du parti nazi ; soumise à la tutelle de la SS, ayant à sa tête un *Reichsleiter*, elle était également noyautée par l'AO (*Auslandsorganisation*) du Dr. Böhle, proche de Ribbentrop, cinquième colonne aux méthodes brutales, chargée de la mobilisation des germanophones de l'étranger, mais aussi de l'alignement idéologique des missions diplomatiques et de l'espionnage des personnels.

L'adhésion précoce au national-socialisme des populations *volksdeutsch* périphériques – Baltes, Sudètes, Souabes de Hongrie, Autrichiens surtout – faisait d'elles une avant-garde utile aux ambitions impérialistes hitlériennes immédiates. K. D. Bracher insiste sur le rôle capital des Allemands des régions frontalières du Reich dans la genèse même du national-socialisme, l'histoire du parti n'ayant été, dit-il, que l'aboutissement de la « préhistoire » autrichienne du nazisme. Plus de 1 200 000 Autrichiens ont servi dans la Wehrmacht de 1939 à 1945. Tony Judt fait pour sa part remarquer que dans la SS et l'administration des camps, la représentation autrichienne était disproportionnée et que la vie publique comme les hautes sphères de la culture en Autriche était « saturées » de sympathisants et de militants nazis (A l'Orchestre philarmonique de Vienne, 45 musiciens sur 111 étaient nazis contre 8 sur 110 à celui de Berlin). Dans leurs congrès, les membres du V.D.A. ne manquaient jamais de rendre hommage à toutes les personnalités du régime issues des associations unitaires et défensives des « Allemands de l'extérieur », de Hess à Göring, du Balte Rosenberg (théoricien de la race, auteur du *Mythe du XXe siècle* et rédacteur en chef du *Völkischer Beobachter*) à l'Autrichien Seyss-Inquart (*Reichstatthalter* local, puis bourreau des Pays-Bas), tous deux pendus à Nuremberg, du Führer lui-même au guide de la « Paysannerie du Reich », Richard Walter Darré, « ministre argentin du Reich », ainsi titré par l'écrivain Pedro Ochoa.

En Europe, les Allemands de l'ancien empire Habsbourg n'étaient pas citoyens allemands, mais malgré les assurances données aux minorités des nouveaux Etats en 1919, la contestation des traités et la primauté donnée par les nazis à l'appartenance ethnique sur la nationalité administrative devaient faire du IIIe Reich une puissance à la fois protectrice et irrésistible, plébiscitée par la majorité de ces populations germanophones.

Bien avant la conversion idéologique du V.D.A. et les interventions intempestives de l'AO, les thuriféraires nationalistes anti-weimariens des années 1920 s'étaient plu, dans une démarche téléologique chère à l'idéologie nazie dans son interprétation grossière de l'histoire, à remonter haut dans le temps pour magnifier jusqu'aux bienfaits prétendus de la vieille *Ostsiedlung* médiévale et civilisatrice à partir de la Bohême. On rappelait l'établissement des Souabes du Danube (*Donauschwaben*) dans le Banat hongrois – 2 millions d'âmes en 1920 –, et celui des *Siebenbürger* de Transylvanie, la constitution enfin, au XVIIIe siècle, à l'initiative de Catherine II, d'une constellation de colonies rurales de l'Ukraine à la Caucasie, *Russlands*- ou *Wolgadeutschen* occupant la steppe, une fois l'avant-garde islamique fixée par les Cosaques et l'expansion sibérienne des Russes entamée.

« Peuple en marche », disait-on des Allemands d'Europe orientale et balkanique, fer de lance du fameux *Drang nach Osten* dont la Russie devait inévitablement faire les frais ; vers l'Est donc, mais aussi, par vocations migratoires massives et lointaines, transatlantiques et quasi ininterrompue jusqu'en 1914 – et même au-delà de 1920 à 1932 –, vers les Amériques, pays de peuplement s'il en fut.

Selon Wilcox et Ferenczi, 5,5 millions d'Allemands auraient gagné les Etats-Unis après 1820, mais ils étaient très nombreux dès avant l'Indépendance en 1776. Tonnelat évalue à 5,3 millions le nombre des germanophones américanisés avant 1903 et Pierre Chaunu assurait qu'ils viendraient en tête des nationalités européennes dans l'édification humaine de ce pays avec 24% du solde migratoire avant 1924.

Les Etats-Unis donc, mais aussi le Brésil dès son émancipation avec plus de 50 000 entrées au Rio Grande do Sul avant 1850, le Chili des lacs de cette date à 1875, le Paraguay « jardin de l'Amérique » exsangue en 1870, repeuplé en grande partie d'Allemands de 1880 à 1940, l'Argentine enfin, d'abord en 1873 avec des flux de *Wolgadeutschen* débarquant, par saccades, de Russie, pour s'établir dans l'Entre-Ríos. Au total, selon le *Hanbuch des Deutschtums im Ausland*, quelque 11 millions de Germano-Américains maîtrisant encore la langue ancestrale en 1903, et 35 millions de germanophones hors frontières en 1911, selon Mgr. Werthmann, fondateur cette année-là de *Caritas*. Sous le régime nazi, en 1918, les « Tableaux statistiques » de Winkler faisaient encore état d'une fourchette large de 6 à 14,5 millions de germanophones outre-Atlantique.

Dans cette expansion planétaire de la germanité ainsi éclatée, les Etats-Unis occupent une place de choix, mais aussi – quoique dans une plus faible mesure – l'Argentine germanophile dès les années 1880 et jusqu'au lendemain de la Seconde Guerre mondiale avec le péronisme triomphant. L'apport des Allemands de Russie à la colonisation de la Mésopotamie platéenne a été décisif dès 1873. L'oppression tsarienne, la russification soudainement intensifiée, les ukases obligeant désormais les Allemands au port des armes, mais aussi la faim de terre provoquée par le système agraire archaïque et redistributif du *mir* : autant de raisons cumulées au redépart et à l'acceptation (après la reconnaissance d' « éclaireurs ») de l'offre argentine à peupler un pays encore vide où rien, ou presque rien, n'existait avant l'arrivée de ces nouveaux « faiseurs de terre » dont les compatriotes venaient de faire leurs preuves au Brésil et au Chili. Leur représentation était sans tache, leur ardeur au travail, proverbiale.

Caelum non animum mutant qui trans mare currunt : malgré une « argentinisation » linguistique inévitable, presque achevée en 1939, Horace aura servi de référent à bien des pédagogues expatriés, beaucoup d'entre eux naïvement fiers de leur bagage latin. Les compilations hagiographiques de ces promoteurs ou précurseurs, parfois inconscients, de l'idéologie nationale-socialiste célébraient ainsi, à longueur de *Festchriften*, *Jahresberichte*, *Sonderhefte* et autres *Fest*-et *Jahresschriften* rivalisant de redondances, une culture bloquée faute de ressourcement et d'échanges dans la vénération d'un âge d'or disparu, mais aussi l'espoir d'une ère nouvelle avec le « réveil » prochain de l'Allemagne sous la conduite d'un VDA redynamisé. Des Textes qui renseignent donc autant sur eux-mêmes que sur leur objet.

A l'amalgame nord-américain de règle en matière d'immigration (et malgré la concentration germanique autour des Grands Lacs), s'oppose, en effet, la spécificité de l'héritage ibérique qui favorise au contraire la préservation allogène, ce que Wilhelm Mann appelait euphémiquement en 1927 dans *Volk und Kultur Lateinamerikas* « le sens allemand objectif du patrimoine culturel ».

En 1945, vaincus austro-allemands et *Volksdeutsche* déracinés, désespérés, ex-Waffen SS ou réfugiés de l'Est victimes du nettoyage ethnique d'Europe centrale trouvent à leur tour, difficilement parfois, le chemin de Buenos Aires et de l'Argentine réputée amicale et accueillante . Mais encore ? On connaît avec précision les effectifs, la structure par âge et professionnelle, ainsi que la répartition géographique immédiate de ces communautés germaniques des années 1930. Elles ont fait l'objet de nombreuses études et monographies répertoriées par Ronald C. Newton (Jackisch, Kiessling, Seelisch, Sofer, Spitter, parmi d'autres). De même, s'agissant plus précisément des juifs allemands arrivés là après 1933, les études éclairantes sur leurs origines et leur destin ne manquent pas, œuvre pour la plupart d'historiens israéliens ou nord-américains (Avni, Deutsch, Klich, Elk, Horowitz, Lewin, Josephs, Riegner, Rosewaike, Schwarz, Weissbrot, Winsburg...). Mais comme le soulignait in fine, Newton en 1992 dans The *« Nazi Menace » in Argentina*, « une étude sérieuse concernant les relations de la communauté allemande avec Perón attend encore son historien ». C'était vrai, malgré l'abondance des biographies à sensation, de personnages sulfureux, arrêtés ou insaisissables, mais réels – Barbie, Stangl, Eichmann, Mengele, Schwammberger, Skorzeny –, ou encore l'évocation des sosies ubiquistes d'autres figures obsédantes du crime, tel l'inoxydable Bormann traqué par Farago, dénoncé à la tête d'une Fraternité assassine par Stevenson ou aperçu entre deux autobus à La Paz par Wiesenthal. De là, et tenant lieu de rétrospective historique de la période, une copieuse filmographie de série B (centrée sur Bormann et Mengele), un lot de « chasseurs de nazis » professionnels ou improvisés, toute une littérature de gare où soldats perdus et héros fatigués sont les acteurs d'aventures vécues et dramatisées dans le cabinet de travail de l'auteur. Mais les études sérieuses, celles du solde migratoire, de l'origine et de l'identité des arrivants, de leurs activités avant et pendant la guerre, des modalités de leur intégration dans la « nouvelle patrie » provisoire ou définitive ? Comment les appréhender derrière les rangs – supposés, à tort, majoritaires – de Waffen SS fugitifs nostalgiques et revanchards ?

Hitler est mort en mai 1945, mais un certain Szabo affirmait encore l'avoir aperçu en Patagonie en 1947. On sait aussi que, malgré la présence de sous-marins – d'autant plus invisibles ! –, le bunker antarctique du Führer n'a jamais existé, pas plus que le IVe Reich glaciaire ou tropical de son compère Bormann. Chasseur infatigable parmi d'autres, Farago aura finalement été abusé par des policiers argentins corrompus, d'où la ruine de son argumentation !

Plus sérieuse, l'alliance entre ces rescapés du IIIe Reich et la présidence argentine des années 1945-1955 a bien été longtemps cette « orpheline de l'histoire » déplorée par Holger Meding. Le livre de Guy Walters (*La Traque du Mal*) est une étude de cas, pas une analyse de groupes au-delà des tribulations d'individus peu recommandables, pourchassés et répulsifs dont les activités en Argentine ne sont pas retracées. C'est au contraire à Meding qu'était revenu, vingt ans plus tôt déjà, le mérite essentiel à nos yeux, d'interroger sur place les protagonistes témoins et survivants de cette période exceptionnelle, récente certes, mais faisant encore l'objet d'idées reçues opiniâtres et absurdes dans le grand public, notamment français.

Grâce à leurs confidences – ou à leurs aveux libres, avec la distance et le temps, de remords, mais aussi d'inquiétude et d'esprit de revanche –, il a été le premier à tenter justement en 1992, dans une brillante *Dissertation* universitaire à laquelle nous avons beaucoup emprunté, d'explorer cette *terra incognita* de l'immigration contemporaine, ultime résurgence de ce qu'il n'est pas plus loisible désormais d'appeler l'*Auslandsdeutschtum*.

Cela dit, il nous a semblé inutile de citer ci-après toutes les études concernant, de près ou de loin, cette approche des relations complices et complexes entre le péronisme au zénith et des « visiteurs du soir » en quête désespérée d'un asile, sans le désir toutefois de faire amende honorable et de reconnaître les conséquences souvent atroces de leurs errements. On se limitera donc ici à une orientation bibliographique en langue étrangère (allemand et espagnol principalement), citée en appendice d'ouvrages fondamentaux ayant traité ou abordé cette question.

Pour n'être plus tabou, l'étude de cette migration originale par bien des aspects, n'en demeure pas moins encore victime de visions simplistes et de vulgarisations romanesques, sans rapport avec la vérité historique telle qu'elle exige d'être écrite, vérité ô combien plus prosaïque que l'exubérance de l'imaginaire, mais seule digne d'intérêt et de considération. Car enfin, Perón, déchu et disparu, que restait-il en Argentine, un demi-siècle plus tard du nazisme crépusculaire exporté, objet de tant de spéculations fantasmatiques ? Rien, sinon une « présence spectrale », confiait déjà en 1968 à Ronald Newton notre ami Günter Kahle, lui-même éminent latino-américaniste de passage à Buenos Aires.

RECENSEMENTS ET PUBLICATIONS OFFICIELLES

REPUBLIQUE ARGENTINE

- *Secundo Censo de la República Argentina*, 10.05.1895, 3 vol. Buenos Aires, 1898
- *Tercer Censo Nacional levantado en 1° de junio de 1914*, 10 vol., Buenos Aires, 1916-1917
- *Censo general de Población, Edificación, Comercio e Industrias de la Ciudad de Buenos Aires levantado en octubre 1909*, 2 vol., Buenos Aires, 1910
- *Congreso. Cámara de Diputados*, Diario de Sesiones, 1910-1943, 1945-1955
- *Anales de Legislación Argentina*, Buenos Aires, 1945-1955
- *Congreso Nacional. Cámara de Diputados. Comisión investigadora de Actividades Antiargentinas.* Informes, 29.08-28.11.1941, 1942-1943.
- *Ministerio de Industria y Comercio de la Nación*, Boletín de la Dirección General de Agua y Energía Eléctrica, Buenos Aires, 1950
- *Intitución Cultural Argentino-germana*, Memoria y Balance general, Buenos-Aires, 1956
- *Secretaría de Aeronáutica. Dirección Nacional de Fabricaciones e Investigaciones Aeronáuticas*, Memoria y Balance General, Buenos Aires, 1958
- *Dirección de Migraciones. Informes Estadísticos*, Memorias *1945, 1957*
- *Dirección de Migraciones. Extranjeros por Nacionalidad. Entradas, Salidas, Saldo*, 1938-1947 ; 1948-1958
- *Ministerio de Relaciones Extériores y Culto*, Buenos Aires, Migraciones, Colonización y Turismo, 1945-1955

ALLEMAGNE FEDERALE

- *Auswärtiges Amt, Bonn*

Abt. 3 :

205-00/5 Innenpolitische Angelegenheiten Argentiniens, 2 Bde, 1950- 1954

210-01/5 : Politische Beziehungen zu Argentinien, 1951-1953

212-02 : Faschismus, Neonazismus, Neo-Faschismus, 5 Bde, 1950-1955

215-06:Völkerrecht. Prominente Persönlichkeiten/ Bormann, Skorzeny u. a.

420-04: Deutsche Vereine und Gesellschaften im Ausland, 1951-1953

- *Bd. 70-79*: Politische Beziehungen zu Argentinien 1951-1953
- *Ref. 306 Bd. 5-13*: Politische Beziehungen zu Argentinien, 1951-1957

JOURNAUX ET REVUES

- *LA PRENSA*, Buenos Aires. Depuis 1869, propriété de la famille GAINZA PAZ. Quotidien conservateur
- *LA NACIÓN*, Buenos Aires, depuis 1890, fondée par Bartolomé MITRE. D'opposition conservatrice
- *ARGENTINISCHES TAGEBLATT*, Buenos Aires, 1887-1992. Grand quotidien germanophone libéral et antinazi, fondé par la famille ALEMANN, « tirait » à plus de 40 000 exemplaires. Nombreux reportages (Documents N° 721-729)
- *ARGENTINISCHES WOCHEBLATT*, depuis 1878
- *DIE NEUE DEUTSCHE ZEITUNG*, Buenos Aires, 1916-1926, organe des libéraux allemands.
- *DIE NEUE ZEIT*, Buenos Aires, 1918-1919, 1922-1924, 1934, même orientation
- *DER BUND*, Buenos Aires, mensuel de langue allemande, 1918-1945
- *DEUTSCHE LA PLATA ZEITUNG (DLPZ)*, 1887-1944, organe conservateur, nazifié en 1933
- *LA PLATA POST*, Buenos Aires, édition hebdomadaire de la DLPZ
- *DAS ANDERE DEUTSCHLAND*, Buenos Aires, 1938-1948, journal des réfugiés allemands marxistes
- *DIE JÜDISCHE WOCHENSCHAU*, Buenos Aires, hebdomadaire des juifs allemands d'Argentine
- *MITTEILUNGSBLATT HILFSVEREIN DEUTSCSPRECHENDEN JUDEN*, depuis 1933
- *MITTEILUNGSBLATT DER LANDESGRUPPE ARGENTINIEN DER NSDAP*, Buenos Aires, 1933-1935
- *DER TROMMLER*, Buenos Aires, 1935-1939, organe nazi
- *DIE FREIE PRESSE*, Buenos Aires, 1945-1978, fondateur Federico MÜLLER-LUDWIG, ancien de la DLPZ
- *DER WEG*, Buenos Aires, 1947-1957, fondateur Eberhard FRITSCH, rédacteur en chef Wilem SASSEN (Sluyse), journal des Waffen SS d'Argentine
- *DEUTSCHE KOMMENTARE AM RIO DE LA PLATA*, Buenos Aires, 1962-1967, fondateur W. v. OVEN
- *LA PLATA RUF*, Buenos Aires, 1967-1977, de W. v. OVEN

ELEMENTS BIBLIOGRAPHIQUES

- MEDING (Holger H.): - *Flucht vor Nürnberg? Deutsche und österreichische Einwandereren in Argentinien, 1945-1955*, Böhlau, Cologne-Weimar-Vienne, 1982, Gespräche (60), Literaturverzeichnis (près de 300 titres), pp.279-304

- NEWTON (Ronald C.): - *The « Nazi Menace" in Argentine, 1931-1947*, Stanford Univ. Press, 1992, Bibl. pp.479-505

- FARAGO (Ladislas): - *Aftermath. Martin Bormann and the Fourth Reich*, Simon Schuster, New York, 1974 (Trad. *Le Quatrième Reich*, Belfond, 1974), bibl. pp.430-448.

- WALTERS (Guy), - *Hunting Evil* (trad. *La Traque du Mal*, Flammarion, 2010), Bibl. pp.481-495

- INFIELD (Glenn B.): - *Skorzeny*, Scott Meredith Literary Agency, New York, 1981 (trad. Ed Pygmalion, Paris, 1984), Contacts, Documents, Bibl., pp.347-354

- BLANCPAIN (Jean-Pierre) : - *Migrations et mémoire germaniques en Amérique latine*, P.U.F., Starsbourg, 1994, Sources et bibl., pp.329-340

- Id. : - *Les Européens en Argentine. Immigration de masse et destins individuels, 1850-1950*, L'Harmattan, 2011, Bibl., *Les Allemands en Argentine, 1910-1945*, pp.187-195

- ALTMANN (Hans Heinz): - *Muttersprache. Heimat der Heimatlosen ?* Verlag Dr. Grüb Nachf., Bollschweil, 1992. Bibl. Sur la littérature allemande de l'exil, pp.136-144.

- STEIN (George H.): - *The Waffen-SS*, Cornwell University, New York, 1966 (trad. *La Waffen-SS*, Stock, 1967), bibl. pp.413-419.

INDEX ONOMASTIQUE

-A-

-B-

-C-

D-

-E-

-F-

-G-

-H-

-I-

-J-

-K-

-L-

-M-

-N-

-O-

-P-

-Q-

-R-

-S-

-T-

-U-

-V-

-W-

-Y-

-Z-

Illustrations

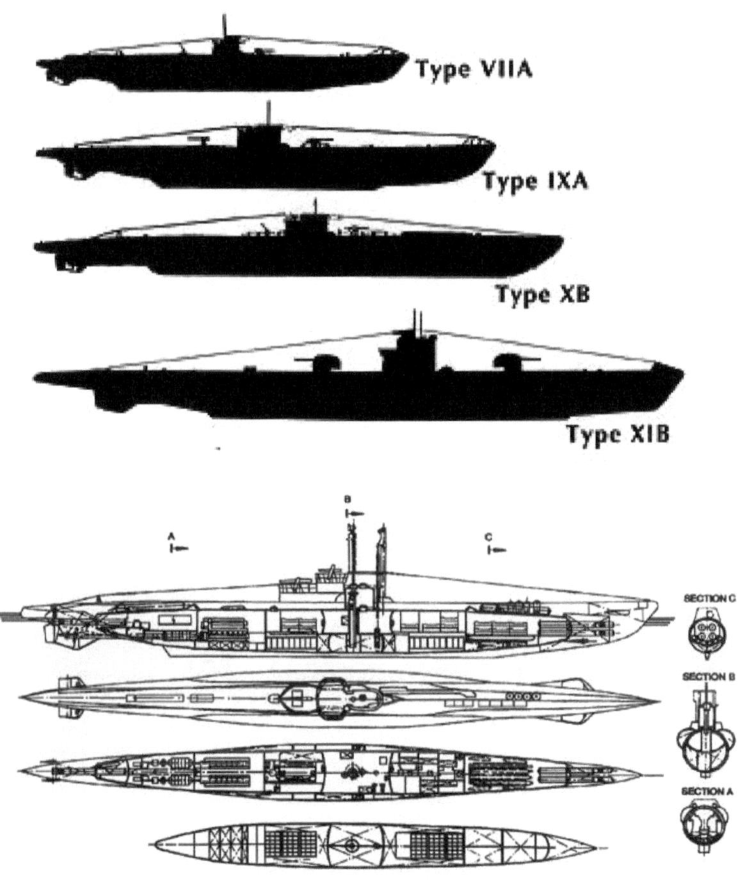

(From Wikimedia Commons, the free media repository)

U-Boote, types VII, IX, X et XI, 1943

(From Wikimedia Commons, the free media repository)

Le sous-marin U-530 et son équipage.

Son jeune commandant Otto Wermuth se rend aux Argentins en juillet 1945.

(From Wikimedia Commons, the free media repository)

Ingénieur autrichien, SS-*Obersturmbannführer* et ancien des divisions *Leibstandarte* et *Das Reich*, Otto Skorzeny, dit *Scarface*, est en 1944 chef des commandos SS, chargé de « missions spéciales ». Emprisonné, évadé, « utilisé » par la CIA, il est conseiller de Perón, intime d'Evita, protecteur des criminels nazis à l'étranger après avoir créé *Odessa*.

Intrigant, affabulateur, « héros et gentleman » pour le procureur yankee Denson, il est jugé dangereux, cynique, cruel par beaucoup d'autres. Mort à Madrid en juillet 1975 chez son ami Léon Degrelle, comme lui nazi impénitent et farouchement antisémite.

(From Wikimedia Commons, the free media repository)

Juan et Eva Perón. Un couple présidentiel rayonnant (1950)

(From Wikimedia Commons, the free media repository)

Volksdeutsche, expulsés d'Europe centrale, partant pour l'Argentine en 1946

(From Wikimedia Commons, the free media repository)

Anciens de la *Condor*, le général Werner Baumbach et le colonel Hans Ulrich Rudel, as et historiens de la Luftwaffe. Avec le général Adolf Galland, hôtes de l'Argentine péroniste après la Seconde Guerre mondiale.

(From Wikimedia Commons, the free media repository)

Le *Generalleutnant* Adolf Galland, ancien chef de la chasse allemande, sera conseiller de Perón et conférencier des écoles militaires argentines jusqu'en 1954.

(From Wikimedia Commons, the free media repository)

Pour de nombreux « chasseurs de nazis » convaincus ou imaginatifs – de Farago à Wiesenthal –, le *Reichsleiter* Martin Bormann, chef de la Chancellerie, fonctionnaire zélé de Hitler, disparu le 2 mai 1945, incarnera durant trente ans le mythe d'un IVe Reich argentin sylvicole ou antarctique.

(From Wikimedia Commons, the free media repository)

Simon Wiesenthal, le « chasseur de nazis » par excellence, glorifié par la traque de quelque 1100 criminels et coupables nazis. Ancien déporté à Gross-Rosen et à Mauthausen, mais personnage complexe, accusé par Guy Walters de plagiat, d'imposture et de « mensonge maladroit ».

(From Wikimedia Commons, the free media repository)

Ante Pavelić, *poglavnik* de l'Etat oustachi croate (1941-1945). Exfiltré en Argentine grâce au Vatican. Protégé de Perón, blessé dans un attentat de l'UDBA titiste, passé au Chili, puis à Madrid où il décède en décembre 1959.

TABLE DES MATIERES

Amérique latine aux éditions L'Harmattan

Dernières parutions

POLITIQUE ÉTRANGÈRE DU BRÉSIL AU XXIe SIÈCLE
L'action autonomiste et universaliste d'une puissance mondialisée
Muxagato Bruno - Préface de Georges Couffignal
Lors de la dernière décennie, le Brésil a opéré une projection internationale sans précédent dans l'histoire du pays, essentiellement grâce à l'action diplomatique volontariste du président Lula. La politique extérieure brésilienne a combiné les relations Sud-Nord et Sud-Sud, dans le but d'affirmer le pays en tant qu'acteur global. L'auteur se propose ici d'explorer la question centrale de l'insertion du géant sud-américain dans le jeu mondial.
(Coll. Recherches Amériques latines, 35.00 euros, 346 p.)
ISBN : 978-2-343-05860-3, ISBN EBOOK : 978-2-336-37616-5

LE DÉMANTÈLEMENT DU BUDGET PARTICIPATIF DE PORTO ALEGRE ?
Démocratie participative et communauté politique
Langelier Simon
Le budget participatif de Porto Alegre au Brésil est fréquemment cité en exemple comme modèle de prédilection offrant une alternative crédible à la démocratie libérale. En donnant accès à ce nouvel espace public aux citoyens, il a redéfini notre conception de la communauté politique et notre rapport avec le pouvoir. Mais, plus de vingt-cinq ans après sa création, que reste-t-il de ce modèle de démocratie participative ?
(Coll. Recherches et documents Amériques latines, 26.00 euros, 248 p.)
ISBN : 978-2-343-05970-9, ISBN EBOOK : 978-2-336-37797-1

MYTHES, RITUELS ET POLITIQUE DES INCAS DANS LA TOURMENTE DE LA CONQUISTA
Szemínski Jan, Ziólkowski Mariusz - Avant-propos de Nathan Wachtel
Traduction en français du polonais et de l'espagnol d'Arnold Lebeuf
À la différence d'autres bâtisseurs d'empires, les Incas ne disposaient d'aucune supériorité technique ou militaire significative sur les peuples qu'ils soumirent ou contrôlèrent. Leur succès s'ancrait dans une habile politique et une propagande efficace dont la doctrine religieuse impériale formait le noyau. Les deux auteurs, philologue et archéologue, étudient les mythes, rites et univers politique des Incas, éclairent les causes supposées de l'effondrement de leur empire.
(Coll. Horizons Amérique Latine, 39.00 euros, 440 p.)
ISBN : 978-2-343-03160-6, ISBN EBOOK : 978-2-336-37347-8

LES MAPUCHE À LA MODE
Modes d'existence et de résistance au Chili, en Argentine et au-delà
Sous la direction de Ricardo Salas-Astrain et Fabien Le Bonniec
Les treize essais réunis ici détaillent les caractéristiques principales du monde socioculturel mapuche au Chili et en Argentine, montrant la revitalisation de leurs ressources sociales et politiques pour s'imposer en tant que protagonistes de leur insertion dans le monde contemporain.
(Coll. Esthétiques, 31.00 euros, 298 p.)
ISBN : 978-2-343-05031-7, ISBN EBOOK : 978-2-336-37415-4

LES DROITS INDIGÈNES EN AMÉRIQUE LATINE

Sous la direction d'Arnaud Martin

La découverte de l'Amérique latine en 1492 marqua, pour les peuples amérindiens, le début d'une longue descente aux enfers. Massacrées, réduites en esclavage ou condamnées à choisir entre l'exclusion et l'assimilation, les populations indigènes semblaient condamnées à disparaître. Cinq siècles plus tard, le constat est tout autre et l'on peut parler d'un «retour des peuples indigènes». Le droit international et interne reflète cette transformation, reconnaissant la légitimité des droits indigènes et leur accordant une protection imparfaite, mais qui constitue un progrès considérable.

(Coll. Droit comparé, 32.00 euros, 318 p.)

ISBN : 978-2-343-05658-6, ISBN EBOOK : 978-2-336-37443-7

LA COOPÉRATION MÉDICALE INTERNATIONALE DE CUBA

L'altruisme récompensé

Howlett - Martin Patrick

Alors que les facultés de médecine cubaines forment gratuitement des milliers d'étudiants issus de milieux défavorisés des pays du Sud, Cuba dispose aujourd'hui d'un nombre de personnel de santé en mission d'assistance à l'étranger plus élevé que toutes les nations du G8 réunies. Si ces services médicaux sont aujourd'hui monnayés auprès des pays qui ont la capacité financière de les rémunérer, l'altruisme et l'internationalisme à l'origine de cette coopération prédominent toujours.

(Coll. Inter-National, 21.00 euros, 214 p.)

ISBN : 978-2-343-06038-5, ISBN EBOOK : 978-2-336-37424-6

ÊTRE NOIR AU BRÉSIL AUJOURD'HUI

Identités et mémoires en mutation

Sous la direction d'Ewa Bogalska-Martin

Traditionnellement, l'identité nationale au Brésil fut construite autour de l'idée de démocratie raciale, allant de pair avec le développement d'une «spécificité positive» du peuple brésilien issu du métissage entre Blancs, Noirs et Indiens. Or, sous l'impulsion du président Lula, le pays connaît un tournant dans le traitement de la question ethnique. La préservation des minorités invisibles dans l'histoire et la culture brésilienne officielle s'exprime aujourd'hui avec force.

(Coll. La Librairie des Humanités, 24.00 euros, 352 p.)

ISBN : 978-2-343-05345-5, ISBN EBOOK : 978-2-336-37141-2

PRATIQUE DE LA CAPOEIRA EN FRANCE ET AU ROYAUME-UNI

Granada da Silva Ferreira Daniel – Préface de Stefania Capone et Matthias Röhrig Assunção

La capoeira, cet art martial d'origine afrobrésilienne, est en pleine vigueur au XXIe siècle dans plusieurs pays de par le monde. Le présent ouvrage analyse les processus de transnationalisation de la capoeira en France et en Angleterre. Si son expansion accompagne l'émigration de Brésiliens en quête de meilleures conditions de vie et de travail à l'étranger, mais elle s'appuie également en grande partie sur l'appropriation et l'adaptation des pratiquants locaux.

(Coll. Inter-National, 29.00 euros, 280 p.)

ISBN : 978-2-343-05209-0, ISBN EBOOK : 978-2-336-37159-7

LES FRANÇAIS AU MEXIQUE – XVIIIe-XXIe SIÈCLE (Volume 1)

Migrations et absences

Sous la direction de Javier Pérez Siller et Jean-Marie Lassus

Quarante chercheurs dressent un bilan sur le sens de trois siècles de présence française au Mexique. Flux migratoires, transferts de savoirs et techniques, marginalité des migrants ou leurs réseaux, leurs traces, négoces, institutions ; fictions, représentations et conflits d'interprétations -plus qu'un simple inventaire, ce volume questionne le phénomène migratoire, multiplie les approches patrimoniales, régionales, militaires, démographiques et politiques, témoins d'une aventure tant individuelle que collective.

(Coll. Recherches Amériques latines, 40.00 euros, 416 p.)

ISBN : 978-2-343-05608-1, ISBN EBOOK : 978-2-336-37041-5

LES FRANÇAIS AU MEXIQUE – XVIIIe-XXIe SIÈCLE (Volume 2)
Savoirs, réseaux et représentations
Sous la direction de Javier Pérez Siller et Jean-Marie Lassus
40 chercheurs dressent un bilan sur le sens de trois siècles de présence française au Mexique. Ce second volume rend compte de la circulation des savoirs et de l'évolution des pratiques dans les domaines des sciences de l'éducation, de la géographie, l'histoire des «antiquités mexicaines», des utopies politiques - dans lesquels les Français ont pris une part peu commune. La dernière partie revisite les fictions et représentations dans les domaines littéraire ou artistique.
(Coll. Recherches Amériques latines, 48.00 euros, 498 p.)
ISBN : 978-2-343-05607-4, ISBN EBOOK : 978-2-336-37040-8

LE DROIT DES DROITS
De l'application des droits fondamentaux en Colombie au prisme du droit comparé
Bernal Pulido Carlos
Les nouvelles constitutions promulguées en Amérique latine à partir de la dernière décennie du XXe siècle, comme celle de Colombie de 1991, ont entraîné des transformations sans précédent dans la structure et le fonctionnement du droit des pays de la région. Le changement le plus important est celui relatif aux droits fondamentaux. De nos jours, ce n'est plus le droit qui est la mesure des droits, mais les droits qui sont la mesure du droit. Les droits fondamentaux sont le prisme à travers lequel il faut interpréter tout le droit ordinaire ; le droit latino-américain d'aujourd'hui est ainsi le droit des droits.
(Coll. Droit comparé, 37.50 euros, 372 p.)
ISBN : 978-2-343-04835-2, ISBN EBOOK : 978-2-336-36848-1

LA REPRÉSENTATION DU SUJET NOIR DANS L'HISTORIOGRAPHIE COLOMBIENNE
Le cas de Carthagène des Indes (1811-1815)
Montes Montoya Angélica
Quelle est l'image de la population noire dans le récit historique des Indépendances en Amérique latine et comment cette image a-t-elle été construite ? Cet essai montre, à partir du cas colombien, quelle représentation des Noirs a été fabriquée par ses historiens du XXe siècle, et interroge la contextualisation des discours historiques, la relation entre récit historique et parcours de l'historien, et les conséquences des discours historiques dans l'ordre du politique comme des représentations socio-raciales.
(Coll. Recherches Amériques latines, 15.50 euros, 154 p.)
ISBN : 978-2-343-05327-1, ISBN EBOOK : 978-2-336-36924-2

CHILI 1973-2013
Mémoires ouvertes
Sous la direction de Hélène Finet et Francis Desvois
Le coup d'État militaire du 11 septembre 1973 contre Salvador Allende a fortement divisé la société chilienne. Les tensions entre les différents partis politiques accompagnent les divergences entre «ceux de l'intérieur» et les exilés. Pour ces derniers, le conflit de générations produit une dialectique inédite entre la fidélité à l'avant et là-bas des parents et un ici et maintenant occidentalisé. Cet ouvrage questionne un pays sur lequel planent l'ombre omniprésente du président Salvador Allende et le souvenir de Pablo Neruda, mort quelques jours après le coup d'État.
(Coll. Recherches Amériques latines, 17.50 euros, 176 p.)
ISBN : 978-2-343-05407-0, ISBN EBOOK : 978-2-336-36768-2

ADOPTIONS, DONS ET ABANDONS AU MEXIQUE ET EN COLOMBIE
Des parents vulnérables
Sous la direction de Françoise Lestage et Maria-Eugenia Olavarria
Depuis les années 1990, les études sur la parenté ont connu un nouvel essor en Europe et aux États-Unis tout en empruntant d'autres voies que celles de l'anthropologie «classique» : le genre, la sexualité ou les représentations de la conception et du corps. Les textes de ce volume participent

de ce renouveau et affirment également l'intérêt de relier deux champs de l'anthropologie : la parenté d'une part, la migration et les études interethniques de l'autre. L'étude est conduite au Mexique et en Colombie.
(Coll. Recherches Amériques latines, 22.00 euros, 220 p.)
ISBN : 978-2-343-05147-5, ISBN EBOOK : 978-2-336-36509-1

RYTHMES BRÉSILIENS
Musique, philosophie, histoire, société
Sous la direction de Zélia Chueke
Depuis le début du XIXe et surtout au XXe siècle, les échanges musicaux entre la France et le Brésil ont connu un développement ponctué par des coups de cœur : des compositeurs, des styles, des rythmes ont laissé des empreintes profondes de part et d'autre. Les auteurs explorent les composantes de la «brésilité» et de l'ouverture au monde de l'autre côté de l'Atlantique à l'aune des influences et confluences réciproques et sous plusieurs angles : historiques, éducatifs, cognitifs.
(Coll. L'univers esthétique, 38.00 euros, 380 p.)
ISBN : 978-2-343-04819-2, ISBN EBOOK : 978-2-336-36548-0

HISTOIRES (LES) DE VIE EN AMÉRIQUE LATINE HISPANOPHONE
Entre formation, mémoire historique et témoignage
Sous la direction de José Gonzalez Monteagudo
Cet ouvrage donne un regard pluriel, engagé et actuel sur la recherche biographique, l'histoire orale, la mémoire historique, les identités, les histoires de vie en formation et les récits de témoignage en Amérique latine hispanophone. Il montre clairement la richesse, la variété et le dynamisme du champs biographique-narratif dans ces contextes sociaux et éducatifs de l'Amérique latine.
(Coll. Histoire de vie et formation, 29.00 euros, 290 p.)
ISBN : 978-2-343-01994-9, ISBN EBOOK : 978-2-336-36816-0

AMÉRIQUE (L') ESPAGNOLE (1492-1700)
Textes et documents
Sous la direction de Bernard Grunberg et Julian Montemayor
Avec la collaboration d'Éric Echivard, Josiane Grunberg, Éric Roulet
L'histoire de l'Amérique espagnole de 1492 à 1700 comporte trois grandes périodes : celle des découvertes de 1492 à 1516, celle de la conquista de 1516 à 1568/73 et celle de la colonisation. Le présent ouvrage propose un certain nombre de textes et de documents très variés pour permettre à tout un chacun de mieux comprendre l'histoire de l'Amérique espagnole. On y trouvera les documents fondateurs, souvent cités en référence mais plus rarement mis à la portée des lecteurs français.
(46.00 euros, 460 p.)
ISBN : 978-2-343-03886-5, ISBN EBOOK : 978-2-336-36386-8

BAKARI II (1312) ET CHRISTOPHE COLOMB (1492)
À la rencontre de Tarana ou l'Amérique
Diagne Pathé
Bakari II, empereur du Mali, a accompli en 1312 le voyage transatlantique d'exil dont il ne devait pas revenir. Ce voyage de découverte et de conquête est rapporté par l'historien arabe El Omari en 1324, dans son Kitaab. Bakari II ouvre ainsi la voie à la navigation européenne et à Christophe Colomb, familier de la navigation africaine. Ils ont ainsi ouvert les portes de la mondialisation amorcée par l'expansion des conquêtes musulmanes et l'essor des sciences.
(29.00 euros, 282 p.)
ISBN : 978-2-343-04116-2, ISBN EBOOK : 978-2-336-36377-6

L'HARMATTAN ITALIA
Via Degli Artisti 15; 10124 Torino
harmattan.italia@gmail.com

L'HARMATTAN HONGRIE
Könyvesbolt ; Kossuth L. u. 14-16
1053 Budapest

L'HARMATTAN KINSHASA
185, avenue Nyangwe
Commune de Lingwala
Kinshasa, R.D. Congo
(00243) 998697603 ou (00243) 999229662

L'HARMATTAN CONGO
67, av. E. P. Lumumba
Bât. – Congo Pharmacie (Bib. Nat.)
BP2874 Brazzaville
harmattan.congo@yahoo.fr

L'HARMATTAN GUINÉE
Almamya Rue KA 028, en face
du restaurant Le Cèdre
OKB agency BP 3470 Conakry
(00224) 657 20 85 08 / 664 28 91 96
harmattanguinee@yahoo.fr

L'HARMATTAN MALI
Rue 73, Porte 536, Niamakoro,
Cité Unicef, Bamako
Tél. 00 (223) 20205724 / +(223) 76378082
poudiougopaul@yahoo.fr
pp.harmattan@gmail.com

L'HARMATTAN CAMEROUN
BP 11486
Face à la SNI, immeuble Don Bosco
Yaoundé
(00237) 99 76 61 66
harmattancam@yahoo.fr

L'HARMATTAN CÔTE D'IVOIRE
Résidence Karl / cité des arts
Abidjan-Cocody 03 BP 1588 Abidjan 03
(00225) 05 77 87 31
etien_nda@yahoo.fr

L'HARMATTAN BURKINA
Penou Achille Some
Ouagadougou
(+226) 70 26 88 27

L'HARMATTAN SÉNÉGAL
10 VDN en face Mermoz, après le pont de Fann
BP 45034 Dakar Fann
33 825 98 58 / 33 860 9858
senharmattan@gmail.com / senlibraire@gmail.com
www.harmattansenegal.com

L'HARMATTAN BÉNIN
ISOR-BENIN
01 BP 359 COTONOU-RP
Quartier Gbèdjromèdé,
Rue Agbélenco, Lot 1247 I
Tél : 00 229 21 32 53 79
christian_dablaka123@yahoo.fr

Achevé d'imprimer par Corlet Numérique - 14110 Condé-sur-Noireau
N° d'Imprimeur : 132940 - Dépôt légal : octobre 2016 - *Imprimé en France*